本成果受国家自然科学基金项目“创业环境对农民创业的影响及环境优化研究——以江西为例”（71163018）、国家自然科学基金项目“农业龙头企业绿色创业：行为测度、驱动机理及绩效评价研究”（71473111）和国家自然科学基金项目“家庭农场创业代际传递：弹性测度、内在机理及匹配效应”（71773045）联合资助

创业环境对农民创业影响及其优化研究

朱红根◎著

CHUANGYE HUANJING DUI NONGMIN CHUANGYEYINGXIANG JIQIYOUHUAYANJIU

图书在版编目（CIP）数据

创业环境对农民创业影响及其优化研究/朱红根著. —北京：经济管理出版社，2017.10
ISBN 978-7-5096-5472-9

Ⅰ. ①创…　Ⅱ. ①朱…　Ⅲ. ①农民—创业—研究—江西　Ⅳ. ①D669.2

中国版本图书馆 CIP 数据核字（2017）第 274213 号

组稿编辑：何　蒂
责任编辑：杨国强　张瑞军
责任印制：黄章平
责任校对：雨　千

出版发行：经济管理出版社
（北京市海淀区北蜂窝 8 号中雅大厦 A 座 11 层　100038）
网　　址：www. E-mp. com. cn
电　　话：(010) 51915602
印　　刷：北京玺诚印务有限公司
经　　销：新华书店
开　　本：720mm×1000mm/16
印　　张：17
字　　数：296 千字
版　　次：2017 年 10 月第 1 版　2017 年 10 月第 1 次印刷
书　　号：ISBN 978-7-5096-5472-9
定　　价：46.00 元

前　言

积极促进农民创业，不仅可以推动城镇化和农村非农产业的发展，还可以拓宽农民就业渠道，增加农民收入，对于统筹城乡经济发展、全面建设小康社会及建设社会主义新农村，具有重要的意义。早在2006年两会召开期间，中央就强调取消一切限制农民创业的政策规定，革除一切束缚农民创业的体制弊端，激发农民自主创业的潜能，营造鼓励农民干事业、帮助农民干成事业的社会氛围。2010年中央一号文件专门提出要“增强农民科学种田和就业创业能力”，“完善促进创业带动就业的政策措施，将农民就地就近创业纳入政策扶持范围”。可见，当前农民创业问题受到党和国家的高度重视。

江西地处经济欠发达的中部地区，是传统的农业大省，全省农民创业活跃程度与周边经济发达省份相比还存在较大差距，创业绩效还不高，仍属于农民创业的“寂静”地区。因此，如何通过政府宏观政策的导向与扶持，创造良好创业环境，激发农民创业意愿、引导农民创业行为、提高农民创业绩效，对于推动协调城乡、区域经济发展，落实科学发展观，具有十分重要的意义。但目前，农民创业环境到底怎样？农民对创业环境的满意度如何？创业环境对农民创业的影响程度如何，政府如何评判？农民对创业环境诉求的优先序怎样，政府如何优化？现有的研究成果仍无法回答上述问题，而这些问题的回答是政府从政策层面科学优化创业环境、积极推进农民创业的基础前提，也是促使农民走出“不敢创业、不想创业、不会创业”困境的关键所在。

2011年，本课题组幸运地中标国家自然科学基金项目《创业环境对农民创业影响及其环境优化研究——以江西为例》，通过课题组成员的共同努力，项目研究成果通过了国家自然科学基金委的验收。在项目研究成果充实、完善和提升的基础上，形成了本著作。本著作作为课题的后续研究成果之一，共分为16章：

第1章关于课题背景和研究内容介绍，阐述了开展本课题的必要性和意义，明确了本项目研究的逻辑思路、技术路线、数据来源、样本特征描述和研究方法。

第 2 章关于国内外研究动态。主要从创业概念界定、农民创业的定义、类型、创业环境指标梳理、创业环境对创业的影响、创业绩效测量等方面进行了国内外梳理，为本研究提供良好借鉴。

第 3 章梳理本文的理论基础。梳理并回顾了劳动力转移理论、创业环境理论、创业模型、顾客满意度理论，从理论上为本书研究提供支撑。

第 4 章关于农民创业动机的分析。本章实证分析了农民创业动机及其对创业绩效的影响。结果表明：年龄、一技之长、与政府工作人员是否有联系、家庭人员数量都对成长型和价值型创业动机有显著的正影响。风险偏好和婚姻状况都会提高价值型创业动机的发生概率，而性别和人均收入则会提高成长型创业动机发生概率。文化程度对农民创业动机没有显著影响。通过创业动机对农民创业绩效影响模型回归结果可知相较于生存型创业动机，价值型创业动机对绩效有显著影响，而成长型创业动机并未通过显著性检验且其系数为负，与假设不符。此外，家庭人均收入、性别、婚姻状况对农民创业绩效均有显著影响。

第 5 章关于农民创业区域选择分析。采用多元 Logistic 回归模型对农民创业区域选择的影响因素进行实证分析。结果表明：个体特征因素和资源禀赋环境因素对农民创业区域选择的影响最显著；社会资本、金融支持环境和政策支持环境等对农民创业区域选择有不同程度的影响。具体来讲，年龄越大，越保守的农民越有可能选择在本村创业；收入越低的农民越倾向于在乡镇范围内创业；文化程度越低的农民越倾向于在本县范围内创业；资源禀赋环境越好，农民越有可能选择在本村创业；与政府工作人员有联系的农民更倾向于在乡镇范围内创业；金融支持环境和政策支持环境越好，女性越有可能选择在本村创业。

第 6 章农民创业代际传递分析。利用农民创业调查数据，对农民创业代际传递进行理论与实证分析。在构建农民创业代际传递的理论分析框架、探讨农民创业代际传递发生的作用机制基础上，分别运用二元和多元 Logistic 模型对农民创业代际传递进行实证分析。结果表明：父母有创业经历的农民，子女自己创业的可能性更大；父母创业可提高子女在相同行业创业的概率，并且父亲创业行业的代际传递效应更明显，母亲只在特色种植养殖业、餐饮服务业及商贸业等行业存在代际传递现象。另外，农民年龄、性别、婚姻状况、文化程度、风险态度、技能状况以及家庭人均收入水平对农民创业有不同程度的影响。

第 7 章关于农民创业扩张意愿分析。此章分别运用交互分析和二元 Logistic

模型分析了影响农民创业扩张意愿的因素，结果表明：在农民个体特征中，年龄、婚姻状况、技能状况以及风险态度等因素对农民创业扩张意愿有重要影响；在社会资本中，与国有银行或政府机构的良好关系能显著促进农民创业扩张意愿，与政府高层关系的好坏是影响农民创业扩张意愿的重要因素，经常参加社会活动对农民创业扩张意愿有显著影响。

第 8 章关于农民创业环境满意度评价分析。主要采用因子分析法，从政策支持环境、社会经济环境、科技文化环境、金融服务环境和基础设施环境五个方面的创业环境对农民满意度进行评价。分析结果显示，被调查地区农民对创业环境的总体满意度处于一般水平，相对而言，基础设施环境的满意度较高，而科技文化环境和金融服务环境的满意度偏低。

第 9 章关于创业环境对农民创业意愿影响分析。本章主要从三个方面考察创业环境对农民创业意愿的影响：首先分析总体创业环境及农民基本特征对创业意愿的影响，其次单独分析各维度创业环境及农民基本特征对创业意愿的影响，最后分析各维度创业环境及农民基本特征共同对创业意愿的影响。

第 10 章关于金融环境、政策支持对农民创业意愿的影响。本章考察金融环境、政策支持与农民创业意愿之间的逻辑联系，以便对“在什么情况下农民更愿意成为创业者”给予合理的解释。研究结果表明，农村地区金融环境对农民创业意愿有显著正影响；政策支持能减少农民创业的交易成本，降低创业风险，从而提升他们的创业意愿。研究还发现，年纪越轻，文化程度越高，风险偏好越强的农民，其创业意愿越强；男性农民的创业意愿比女性更强，创业榜样能显著激发农民的创业热情。

第 11 章关于创业环境对农民创业行为影响研究。本章将在以上理论分析及描述性统计分析的基础上，运用 Logistic 回归分析从各维度创业环境对农民是否在创业的影响、各维度创业环境对农民创业形式的影响、各维度创业环境对农民创业区域的影响三个方面考察创业环境对农民创业行为的影响。

第 12 章关于创业环境对农民创业绩效影响的结构方程模型分析。本章主要利用结构方程模型（SEM）考察了创业环境对农民创业绩效的影响及各具体环境的作用路径，结果表明：创业环境对农民创业绩效有重要影响，其中，金融服务环境、社会经济环境和基础设施环境对农民创业绩效有直接的正向影响效应；政策支持环境通过金融服务环境对农民创业绩效产生间接正影响，创业氛围环境和科技文化环境通过社会经济环境对农民创业绩效产生间接正影响；资源禀赋环境对农民创业绩效影响不显著。

第 13 章关于创业环境对农民创业效率影响的 DEA-Tobit 模型分析。本章主要运用 DEA-Tobit 模型实证分析了创业环境对农民创业绩效的影响。结果显示，创业环境不同维度对农民创业绩效的影响存在以下特征：经济发展环境和基础设施环境越好，农民的创业绩效越高，而科技文化环境和资源禀赋环境反而对农民创业绩效的提高有不利影响。政策支持环境、创业氛围环境、金融服务环境等对农民创业绩效影响不显著。

第 14 章关于家庭资本禀赋对农民创业绩效影响。本章通过构建计量经济模型，实证分析了家庭人力资本、社会资本、经济资本、金融资本和政策资本对农民创业绩效的影响，结果表明：人力资本方面，家庭人口数和参加技能培训能显著提高农民创业绩效；社会资本方面，与政府高层的联系和各种类型朋友数对农民创业绩效有显著正影响；经济资本方面，家庭人均纯收入能促进农民创业的成功率，而家庭农业收入比重越高，农民创业绩效越差；金融资本方面，与国有银行保持良好的关系和低息贷款获得的难易程度是影响农民创业绩效的重要因素；政策资本方面，获得政府支持的农民其创业绩效更好，从政府部门获取相关政策支持越容易，农民创业的成功率越高。

第 15 章关于关系资本对农民创业成长影响分析。主要考察了关系资本对农户创业的影响、作用机制及关系资本作用随融资约束的变化。我们发现：①关系资本在农户创业成长过程中发挥着重要作用，政治关系资本和人际关系资本越多的农户，其创业成功的概率更高。②政治关系资本和人际关系资本越多，农户越便利地从金融机构获得融资，从而为农户的创业成长提供资金支持。同时，农户从金融机构获取融资越便利，其受到的融资约束就越小，从而农户创业成功的可能性就越大。③随着农村金融市场的不断完善，农户依托政治关系资本和人际关系资本进行民间融资的依赖性会越小，从而导致关系资本对农户创业成长的作用会有所减弱。

第 16 章关于农村创业环境的优化研究。基于实证研究结论，本章分别从政策支持环境、社会经济环境、科技文化环境、金融服务环境以及基础设施环境五个层面提出优化农村创业环境的对策建议。

本著作凝聚了课题组其他成员的辛勤劳动，他们是南京财经大学产业经济与学报编辑部的康兰媛副教授，江西农业大学经济管理学院刘小春博士、胡华兵博士、陈胜东博士以及硕士研究生杨新萍、许婷婷、解春艳、江慧珍、彭安明、刘磊、鹿金凤、王晋、尤志良、胡金德、梁曦、姚莉萍、李婷、张媛媛、刘斐。本课题研究的野外调查和资料收集工作得到了国家统计局江西调查总队周献华副总队长、陈志诚处长、刘顺伯处长的大力支持和帮助。在此表示衷心感谢！

目　录

第1篇　农民创业基础理论篇

第2篇 农户创业行为篇

第3篇 创业环境对农民创业行为影响篇

第4篇 创业环境对农户创业绩效影响篇

第 1 篇

农民创业基础理论篇

第1章　绪　论

1.1　研究背景和意义

积极促进农民创业，不仅可以推动城镇化和农村非农产业的发展，还可以拓宽农民就业渠道，增加农民收入，对于统筹城乡经济发展、全面建设小康社会及建设社会主义新农村，具有重要的意义（姜长云，2008；初明达，2010）。早在2006年两会召开期间，中央就强调取消一切限制农民创业的政策规定，革除一切束缚农民创业的体制弊端，激发农民自主创业的潜能，营造鼓励农民干事业、帮助农民干成事业的社会氛围。2010年中央一号文件专门提出要“增强农民科学种田和就业创业能力”，“完善促进创业带动就业的政策措施，将农民就地就近创业纳入政策扶持范围”。可见，当前农民创业问题受到党和国家的高度重视。

其实，激发农民创业活力是我国农村发展的一条宝贵经验。改革开放以后，政府给农民松绑，不少地区农民纷纷创业，他们从乡镇企业起步，从小商品生产入手，所创办的企业经历了从小到大、从弱到强的自我积累、自行成长的历程，在短短十几年的时间里，中国农村工业完成了发达国家需要用近百年才能完成的工作（胡定寰，2002）。当前，随着农村第二、第三产业的快速发展，随着农民非农就业经验和家庭财富的不断积累，特别是随着社会主义新农村建设的扎实推进，中国农村已发生了深刻变化，我国农民创办小型企业、微型企业以及创业性地发展农业产业化还有巨大的空间（韦吉飞，2010）。

江西地处经济欠发达的中部地区，是传统的农业大省。近年来，特别是2008年国际金融危机发生后，政府出台了一系列鼓励农民创业的政策措施，农民创业环境不断得到改善，农民创业得到了较快发展。尽管如此，全省农民创业活跃程度与周边经济发达省份相比还存在较大差距，创业绩效还不高，仍属于农民创业的“寂静”地区，加上后金融危机时代随着我国经济的强劲复苏，长三角、珠三角地区又相继出现了“用工荒”。在此背景下，农民创业意愿如何？创业行为会发生怎样变化？如何通过政府宏观政策的导向与扶持，创造良好创业环境，激发农民创业意愿、引导农民创业行为、提高农民创业绩效，对于推动协调城乡、区域经济发展，落实科学发展观，具有十分重要的意义。

应该说，影响农民创业的因素有很多，但创业的核心要素是创业环境，一个地区的创业成功与否、创业活跃程度与其创业环境密不可分，创业环境越好，创业活动越活跃；创业环境越差，创业活动越低迷。全球创业观察中国报告指出，我国属于创业环境相对较差但创业活动相对活跃的国家，创业活动程度受到创业环境的制约。对农民而言，影响其创业的关键因素在于创业环境本身。但一直以来，农民创业环境不尽如人意，国家扶持力度不够，创业政策缺失，缺乏技术、资金等必要因素的支持，使得农民创业不仅缺乏总体的农民创业政策框架，而且具体的支持政策也不多，有些地方甚至出现了抑制农民创业的城乡“二元政策”，农民创业动力严重不足。近年来，特别是金融危机后，政府出台了一系列政策措施鼓励农民创业，农民创业环境不断得到改善，农民创业得到了较快发展。创业环境是农民创业强大的外在驱动力，研究农民创业环境，可以指导创业行为，增加创业机会，规避创业风险，有利于农民获取创业资源，降低创业成本，使创业活动活跃起来，提高创业成功率。良好的创业环境可以为管理活动营造包容与促进的氛围，激发农民的创业意愿，引导农民创业行为。但目前，农民创业环境到底怎样？农民对创业环境的满意度如何？创业环境对农民创业的影响程度如何，政府如何评判？农民对创业环境诉求的优先序怎样，政府如何优化？现有的研究成果仍无法回答上述问题，而这些问题的回答是政府从政策层面科学优化创业环境、积极推进农民创业的基础前提，也是促使农民走出“不敢创业、不想创业、不会创业”困境的关键所在。因此，本书拟从创业环境入手，构建适合江西农民创业环境评价指标体系，实证考察创业环境对农民创业的影响大小及作用机制，并提出优化农民创业环境的对策建议。相信本研究成果，一方面，为全面系统地考察创业环境对农民创业的影响大小及其作用机制提供理论判断依据；另一方面，在实践上为政府进一步优化创业环境，促进江西农民积极创业和成功创业提供决策依据。

1.2　分析框架

1.2.1　研究内容

第 1 章关于课题背景和研究内容介绍，阐述了开展本课题的必要性和意义，明确了本项目研究的逻辑思路、技术路线、数据来源、样本特征描述和研究方法。

第 2 章关于国内外研究动态。主要从创业概念界定、农民创业的定义、类型、创业环境指标梳理、创业环境对创业的影响、创业绩效测量等方面进行了国内外梳理，为本研究提供良好借鉴。

第 3 章梳理本文的理论基础。梳理并回顾了劳动力转移理论、创业环境理论、创业模型、顾客满意度理论，从理论上为本书研究提供支撑。

第 4 章关于农民创业动机的分析。本章实证分析了农民创业动机及其对创业绩效的影响。

第 5 章关于农民创业区域选择分析。采用多元 Logistic 回归模型对农民创业区域选择的影响因素进行实证分析。

第 6 章农民创业代际传递分析。在构建农民创业代际传递的理论分析框架、探讨农民创业代际传递发生的作用机制基础上，分别运用二元和多元 Logistic 模型对农民创业代际传递进行实证分析。

第 7 章关于农民创业扩张意愿分析。此章分别运用交互分析和二元 Logistic 模型分析了影响农民创业扩张意愿的因素。

第 8 章关于农民创业环境满意度评价分析。主要采用因子分析法，从政策支持环境、社会经济环境、科技文化环境、金融服务环境和基础设施环境五个方面的创业环境对农民满意度进行评价。

第 9 章关于创业环境对农民创业意愿影响分析。本章主要从三个方面考察创业环境对农民创业意愿的影响：首先分析总体创业环境及农民基本特征对创业意愿的影响，其次单独分析各维度创业环境及农民基本特征对创业意愿的影响，最后分析各维度创业环境及农民基本特征共同对创业意愿的影响。

第 10 章关于金融环境、政策支持对农民创业意愿的影响。本章考察金融环境、政策支持与农民创业意愿之间的逻辑联系，以便对“在什么情况下农民更愿意成为创业者”给予合理的解释。

第 11 章关于创业环境对农民创业行为影响研究。本章将在以上理论分析及描述性统计分析的基础上，运用 Logistic 回归分析从各维度创业环境对农民是否在创业的影响、各维度创业环境对农民创业形式的影响、各维度创业环境对农民创业区域的影响三个方面考察创业环境对农民创业行为的影响。

第 12 章关于创业环境对农民创业绩效影响的结构方程模型分析。本章主要利用结构方程模型（SEM）考察了创业环境对农民创业绩效的影响及各具体环境的作用路径。

第 13 章关于创业环境对农民创业效率影响的 DEA-Tobit 模型分析。本章主要运用 DEA-Tobit 模型实证分析了创业环境对农民创业绩效的影响。

第 14 章关于家庭资本禀赋对农民创业绩效影响。本章通过构建计量经济模型，实证分析了家庭人力资本、社会资本、经济资本、金融资本和政策资本对农民创业绩效的影响。

第 15 章关于关系资本对农民创业成长影响分析。本章主要考察了关系资本对农户创业的影响、作用机制及关系资本作用随融资约束的变化。

第 16 章关于农村创业环境的优化研究。本章分别从政策支持环境、社会经济环境、科技文化环境、金融服务环境以及基础设施环境五个层面提出优化农村创业环境的对策建议。

1.2.2 分析框架

依据“环境—认知—行为”理论，创业环境通过影响创业主体的认知（指农民对创业环境期望与感知之间的差异程度，即农民对创业环境满意度大小），进而影响农民创业意愿强弱、创业行为选择及其创业绩效的大小。因此，本课题首先分析农民对创业环境的满意度；然后遵循“意愿—行为—绩效”逻辑思路，重点考察创业环境对农民创业意愿的激励作用、对创业行为的引导作用以及对创业绩效的促进作用三个核心问题，从而判断总体创业环境优化的必要性及各项具体创业环境的优化价值。图 1-1 揭示了创业环境对农民创业影响的逻辑分析框架。

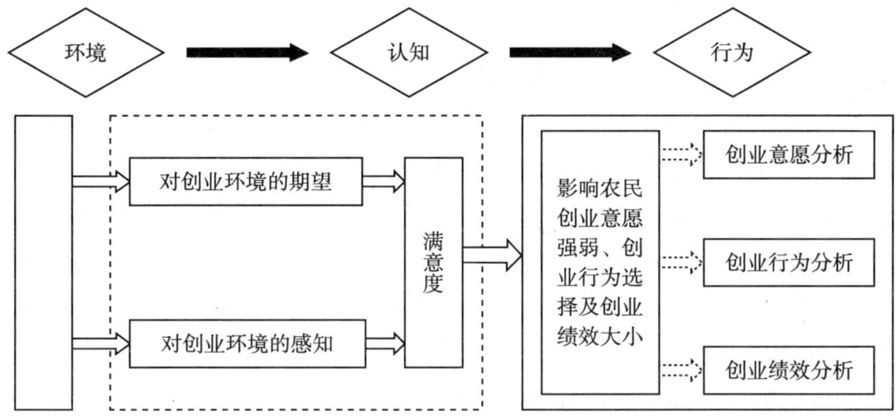

图 1–1 创业环境对农民创业影响的分析框架

1.3 研究方法

1.3.1 文献研究法

进入中国知网下载大量相关文献，在仔细研读的基础上，对创业环境和农民创业绩效影响因素相关文献进行归纳总结，以期为研究的开展提供借鉴和参考。

1.3.2 描述性统计法

对研究所涉及的农民样本特征（个体特征、家庭特征和社会特征）、创业环境（政策支持环境、社会经济环境、创业氛围环境、科技文化环境、金融服务环境、基础设施环境和资源禀赋环境）及农民创业绩效指标体系进行具体分析。

1.3.3 因子分析法

因子分析是把每个原始变量分解成两部分：一部分由所有变量共同具有的少数几个因子构成，即所谓公共因素部分；另一部分是每个变量独自具有的因素，即所谓独特因素部分。

设有 P 个测量变量 x_1，x_2，…，x_p，每个变量可作如下分解：

$$x_1 = \alpha_{11}f_1 + \alpha_{12}f_2 + \cdots + \alpha_{1m}f_m + \alpha_1\varepsilon_1$$

$x_2 = \alpha_{21}f_1 + \alpha_{22}f_2 + \cdots + \alpha_{2m}f_m + \alpha_2\varepsilon_1$

$x_p = \alpha_{p1}f_1 + \alpha_{p2}f_2 + \cdots + \alpha_{pm}f_m + \alpha_p\varepsilon_p$

上式为因子模型，其中 f_1，f_2，…，f_m 为公共因子，它们是在各个变量中共同出现的因子。可以把它们看作高维空间中所张起的互相垂直的 m 个坐标轴。ε_i(i = 1，2，…，p）表示影响 x_i 的独特因子。α_{ij} 为因子载荷，它是第 i 个变量在第 j 个主因子上的负荷，或者叫作第 i 个变量在第 j 个主因子上的权，它反映了第 i 个变量在第 j 个主因子上的相对重要性。α_i 为独特因子的载荷。因子分析的基本问题就是要确定因子载荷。

因子载荷矩阵的确定思路如下：

设 n 个原始观测数据样品分别为 $x = (x_{11}, x_{21}, \cdots, x_{p1})'$。

$x_2 = (x_{12}, x_{22}, \cdots, x_{p2})'$，…，$x_n = (x_{1n}, x_{2n}, \cdots, x_{pn})'$它们可写成原始数据矩阵。

$$X = (x_1, x_2, \cdots, x_p) = \begin{bmatrix} x_{11} & x_{12} & \cdots & x_{1n} \\ x_{21} & x_{22} & \cdots & x_{2n} \\ \vdots & \vdots & \vdots & \vdots \\ x_{p1} & x_{p2} & \cdots & x_{pn} \end{bmatrix}$$

为方便起见，假定经标准化处理后得到的数据矩阵仍记为 X。它的相关矩阵 R 和协方差矩阵 S 完全一样。这时相关矩阵可表示为：$R = X \cdot X'$

R 矩阵的特征方程为$|R - \lambda|$，假定其 p 个特征值满足如下关系：$\lambda_1 > \lambda_2 > \cdots > \lambda_{ip} \geqslant 0$，相应的特征向量为 U_1，U_2，…，U_p 外，以每个特征向量为列向量构成的矩阵为：

$$U = [U_1, U_2, \cdots, U_p] = \begin{bmatrix} U_{11} & U_{12} & \cdots & U_{1p} \\ U_{21} & U_{22} & \cdots & U_{2p} \\ \vdots & \vdots & \vdots & \vdots \\ U_{p1} & U_{p2} & \cdots & U_{pp} \end{bmatrix}$$

U 为正交矩阵，它满足 $U'U = UU' = I$

$$那么\ R = X'X = U \begin{bmatrix} \lambda_{11} & & & O \\ & \lambda_2 & & \\ & & \ddots & \\ O & & & \lambda_p \end{bmatrix} U' = U\Lambda U'$$

上式两边左乘以 U′，右乘以 U 得：

$$U'XXU = U'U\Lambda U'U = \begin{bmatrix} \lambda_{11} & & & O \\ & \lambda_2 & & \\ & & \ddots & \\ O & & & \lambda_p \end{bmatrix}$$

令 $F = U'X$，则上式变为：

$$FF' = \Lambda = \begin{bmatrix} \lambda_{11} & & & O \\ & \lambda_2 & & \\ & & \ddots & \\ O & & & \lambda_p \end{bmatrix}$$

F 称为主因子阵，可写成：

$$\begin{aligned} F &= [F_1,\ F_2,\ \cdots,\ F_n]_{p*n} \\ &= U'x \\ &= U'[x_1,\ x_2,\ \cdots,\ x_n] \\ &= [U'x_1,\ U'x_2,\ \cdots,\ U'x_n] \end{aligned}$$

故 $F_a = U'X_a(\alpha = 1,\ 2,\ \cdots,\ n)$ 人即每一个 F_a 为第 α 个数据样品的主因子观测值，可写成：$F_a = [f_{1a},\ f_{2a},\ \cdots,\ f_{pa}]'$

在因子分析中，通常只选其中 m 个（$m < p$ 主因子，即根据变量的相关选出第一主因子 f_1，使其在各变量的公共因子方差中所占的方差贡献为最大，然后消去这个因子的影响，而从剩余的相关中，选出与人不相关的因子，使其在各个变量的剩余因子方差贡献中为最大，如此往复，直到各个变量的公共因子方差被分解完毕为止。

例如，如果我们按所选取的各主因子的信息量之和占总体信息量的 85%，那么应选择 m 使得：

$$\frac{\lambda_1 + \lambda_2 + \cdots + \lambda_m}{\sum_{i=1}^{p} \lambda_i} \geqslant 85\%$$

选定了 m 之后，我们就可将 U 矩阵分为两部分，以确定因子模型。由 $F_a = U'X_a$ 得：

$X_a = UF_a$ 即

$$X_a=[U_1, \cdots, U_m, U_{m+1}, \cdots, U_p]\begin{bmatrix} f_{1a} \\ \vdots \\ f_{ma} \\ f_{(m+1)} \\ \vdots \\ f_{pa} \end{bmatrix}$$

令：

$U_{(1)}=[U_1, U_2, \cdots, U_m]_{p*m}$

$U_{(2)}=[U_1, U_2, \cdots, U_m]_{p*(p-m)}$

$$f_{(1)a}=\begin{bmatrix} f_{1a} \\ \vdots \\ f_{ma} \end{bmatrix}_{m*1} \qquad f_{(2)a}=\begin{bmatrix} f_{(m+1)} \\ \vdots \\ f_{pa} \end{bmatrix}_{(p-m)*1}$$

则：

$$x_a=[U_{(1)}, U_{(2)}]\begin{bmatrix} f_{(1)a} \\ \vdots \\ f_{(2)a} \end{bmatrix}$$

$$=U_{(1)}f_{(1)a}+U_{(2)}f_{(2)a}$$

$$=[U_1, U_2, \cdots, U_m]\begin{bmatrix} f_{1a} \\ f_{2a} \\ \vdots \\ f_{ma} \end{bmatrix}+U_{(2)}f_{(2)a}$$

其中，$U_{(1)}f_{(1)}$ 为 m 个主因子所能解释的部分，而 $U_{(2)}f_{(2)}$ 为其残余部分，记为 E_a，则：

$X_a=U_{(a)}f_{(1)a}+E_a \quad (\alpha=1, 2, \cdots, n)$

由于该式对任意的样品都成立，故式中的 α 可去掉，这样可得因子模型：

$X_1=U_{11}f_1+U_{12}f_2+\cdots+U_{1m}f_m+\varepsilon_1$

$X_2=U_{21}f_1+U_{22}f_2+\cdots+U_{2m}f_m+\varepsilon_2$

$X_p=U_{p1}f_1+U_{p2}f_2+\cdots+U_{pm}f_m+\varepsilon_p$

其中的主因子系数矩阵 $U_{(1)}$ 称为因子载荷矩阵。

由于特征向量 U_i 通常是用单位向量表示的，故需要进行规格化处理，即

$\alpha_{ij}=U_{ij}\sqrt{\lambda_j}$

所以，因子载荷矩阵为：

$$A=(\alpha_{ij})=\begin{bmatrix} U_{11}\sqrt{\lambda_1} & U_{12}\sqrt{\lambda_2} & \cdots & U_{1m}\sqrt{\lambda_m} \\ U_{21}\sqrt{\lambda_1} & U_{22}\sqrt{\lambda_2} & \cdots & U_{2m}\sqrt{\lambda_m} \\ \vdots & \vdots & & \vdots \\ U_{p1}\sqrt{\lambda_1} & U_{p2}\sqrt{\lambda_2} & \cdots & U_{pm}\sqrt{\lambda_m} \end{bmatrix}$$

因此，因子模型为：

$X_1=a_{11}f_1+a_{12}f_2+\cdots+a_{1m}f_m+a_1\varepsilon_1$

$X_2=a_{21}f_1+a_{22}f_2+\cdots+a_{2m}f_m+a_2\varepsilon_2$

$X_p=a_{p1}f_1+a_{p2}f_2+\cdots+a_{pm}f_m+a_p\varepsilon_p$

从以上分析可见，因子分析与主成分分析有很大差别。主成分分析是将主分量表示为原观测变量的线性组合，而因子分析是将原观测变量表示为公共因子的线性组合；主成分分析的主分量数 m 和原变量数 P 相等，它是将一组具有相关性的变量变换为一组独立的变量，而因子分析的目的是要使公共因子数 m 比原变量数 p 小，而且要尽可能地选取小的 m，以便尽可能地构造一个结构简单的模型。在主成分分析中，原观测变量对某一主成分的影响大小，由该主成分相应的特征向量确定，而在因子分析中，原观测变量在某一主因子上的载荷，由该主因子相应的特征向量确定。

1.3.4　计量经济模型

模型 1：结构方程模型

结构方程模型可以分为两部分：测量模型和结构模型。测量模型是指观测变量与潜变量之间的关系；结构模型是指潜变量之间的关系。其中，潜变量需要通过观测变量来进行衡量，而不能直接观测得到。

（1）测量模型。测量模型包括两个方程式：外生潜变量 ξ 与外生显变量（观测变量）X 之间的关系方程式；内生潜变量 η 与内生显变量（观测变量）Y 之间的关系方程式。

$X=\Lambda_X\xi+\delta$,

$Y=\Lambda_Y\eta+\varepsilon$

式中：

$Y=(Y_1, Y_2, \Lambda, Y_p)^T$ 是内生变量的观测值构成的向量（$p\times1$），

$\eta=(\eta_1, \eta_2, \Lambda, \eta_m)^T$ 是潜在因变量构成的向量（$m\times 1$），

$\varepsilon=(\varepsilon_1, \varepsilon_2, \Lambda, \varepsilon_p)^T$ 是 Y 的测量误差构成的向量（$p\times 1$），

$X=(X_1, X_2, \Lambda, X_q)^T$ 是外生变量的观测值构成的向量（$q\times 1$），

$\xi=(\xi_1, \xi_2, \Lambda, \xi_n)^T$ 是潜在自变量构成的向量（$n\times 1$），

Λ_x 是 X 对 ξ 的回归系数矩阵（$q\times m$），

$\delta=(\delta_1, \delta_2, \Lambda, \delta_q)^T$ 是 X 的测量误差构成的向量（$q\times 1$）。

（2）结构模型。结构模型假定，潜在外生变量与潜在内生变量之间存在着因果关系：

$\eta=B\eta+\Gamma\xi+\zeta$

式中：

η 是潜在因变量构成的向量（$m\times 1$），

ξ 是潜在自变量构成的向量（$n\times 1$），

B 是因变量之间关系的回归系数矩阵（$m\times m$），

Γ 是自变量与因变量之间关系的回归系数矩阵（$m\times n$），

ζ 是残差项构成的向量（$m\times 1$）。

模型 2：DEA-Tobit 两阶段模型

第一步，采用数据包络分析法（DEA）测算出每个农民创业的效率值，其值被限制在 0~1。假设被调研的创业农民样本有 n 个，每个农民在创业上有 m 种投入要素，s 种产出，则对于任一个创业农民 i，其相对创业效率可通过以下模型求解：

$$\begin{cases}\min[\delta-\varepsilon(e^tS^-+e^tS^+)]\\ s.t.\sum_{i=1}^{n}\lambda_i x_{ij}+S^-=\delta x_{j0}\\ \sum_{i=1}^{n}\lambda_i y_{ir}-S^+=y_{r0}\\ \beta\sum_{i=1}^{n}\lambda_i=\beta\\ \lambda_i\geqslant 0,\ S^-\geqslant 0,\ S^+\geqslant 0\\ j=1,\ \Lambda,\ n;\ j=1,\ \Lambda,\ m;\ r=1,\ \Lambda,\ s\end{cases}$$

式中，δ 为农民的相对创业效率，e 为非阿基米德无穷小量，S^-为投入要素冗余变量，S^+为产出要素松弛变量，λ_i 为第 i 个农民的组合系数，$x_{ij}(j=1, \Lambda, m)$

为投入要素，$y_{ir}(r=1, \Lambda, s)$ 为产出要素。假定 $\beta=0$，即前沿面为平面，求解 CCR 模型得到技术效率；假定 $\beta=1$，即前沿面为凸超曲面，求解 BCC 模型得到纯技术效率；技术效率除以纯技术效率得到规模效率。

本项目中初步选用创业资金投入、创业参与人数为投入要素，选用创业利润、雇员人数、社会影响力（纳税额）为产出要素（当然，投入和产出的最终指标将在今后研究中进一步完善），分别求解得到农民创业技术效率、创业纯技术效率和创业规模效率。

第二步，采用 Tobit 模型分析影响农民创业效率的决定因素。由于 DEA 计算出的效率数值是分布于 0~1 的双截尾数据，将该数值作为因变量时，普通最小二乘法（OLS）就不再适用，要解决这类问题需要采用基于最大似然估计原理的 Tobit 模型。其形式为：

$$
\begin{cases}
E_i^* = \beta_0 + \sum_{j=1}^{k} \beta_j X_{ji} + \mu_i \\
E_i = E_i^*, \ \text{if} \quad E_i \in (0, \ 1] \\
E_i = 0, \ \text{if} \quad E_i \in (-\infty, \ 0) \\
E_i = 1, \ \text{if} \quad E_i \in (1, \ +\infty)
\end{cases}
$$

式中，E_i 是由 DEA 模型得到的第 i 个农民的创业技术效率或创业纯技术效率或创业规模效率，E_i^* 为潜变量，β_j 为回归参数向量，x_{ij} 为第 i 个农民的第 j 个创业效率影响因素，具体参见模型（5）。本模型重点研究创业环境、农民个体特征、家庭特征、农民社会资本状况、创业特征及交互项分别对农户创业技术效率、创业纯技术效率和创业规模效率的影响大小、方向及作用机制。

模型 3：二元 Logistic 选择模型

二元 Logistic 模型是离散选择法模型之一，是社会学、生物统计学、临床、数量心理学、市场营销等统计实证分析的常用方法。模型的函数形式为：

$$
p_i = F(Z_i) = F(\alpha + \sum_{j=1}^{m} \beta_j x_{ij}) = \frac{1}{1 + e^{-(\alpha + \sum_{j=1}^{m} \beta_j x_{ij})}}
$$

式中，p_i 表示因变量，其值是一个二元选择的 0~1 变量，α 为常数项，x_{ij} 表示影响因变量的第 j 个解释变量，m 表示解释变量的个数，β_j 为解释变量的回归系数。$\frac{p_i}{1-p_i}$ 为事件发生比，简称“odds”。对 odds 进行对数变换，得到 Logistic

回归模型的线性表达式为：

$$\mathrm{Ln}\left(\frac{p_i}{1-p_i}\right)=\alpha+\sum_{j=1}^{m}\beta_j x_{ij}$$

式中，参数 β 常用极大似然估计。

1.4 数据来源

本书研究所用数据来自课题合作单位国家统计局江西省调查总队于 2012 年 1~3 月在江西省进行的抽样调查。江西省地处经济欠发达的中部地区，是传统农业大省。近年来，江西省政府出台了一系列鼓励农民创业的政策措施，创业环境不断得到完善，农民创业得到了较快发展。尽管如此，江西省农民创业的活跃程度与周边经济发达省份相比还存在较大差距，该省仍属于农民创业的“寂静”地区。因此，如何创造良好的创业环境，以增强农民的创业意愿，激发农民的创业热情，对于推动江西省协调城乡和区域经济发展具有重要意义。

此次抽样调查的问卷内容涉及农户个体特征（包括受访者性别、年龄、文化程度、婚姻状况、风险偏好）、家庭特征（包括家庭人口数、家庭收入、家庭社会资本状况）、创业环境评价（包括政策支持环境、社会经济环境、科技文化环境、金融服务环境及基础设施环境等）、创业意愿等方面。为了保证调查数据的代表性和科学性，根据经济发展水平和区域特点，课题组以县（市、区）为基本单位将江西省划分为赣北、赣中、赣西、赣东和赣南五大区域；然后在赣北区域随机抽取南昌县、都昌县、九江县、鄱阳县、新建县、余干县、乐平市 7 个县（市），在赣中区域随机抽取分宜县、丰城市、安福县、高安县、吉安县、遂川县、泰和县、峡江县、永丰县、新余市渝水区、萍乡市袁州区 11 个县（市、区），在赣西区域随机抽取武宁县、修水县、铜鼓县、万载县 4 个县，在赣东区域随机抽取东乡县、玉山县、金溪县、临川市临川区、南城县、南丰县、弋阳县 7 个县（区），在赣南区域随机抽取会昌县、宁都县、上犹县、信丰县、兴国县、于都县 6 个县；接着，在每个县（市、区）随机抽取 4 个乡镇，在每个样本乡镇按距乡镇政府的远近随机抽取 2 个村，在每个样本村按每间隔 10 户抽取 1 户的方式等距抽取 7 户农户，并在每户样本农户中随机抽取一个成年人作为受访者。

这样，此次调查共抽取了 35 个样本县（市、区）、140 个样本乡镇、280 个样本村；共发放问卷 1960 份，回收 1855 份，其中，有效问卷 1716 份，问卷有效回收率为 92.5%。

1.5　样本特征分析

1.5.1　样本农户个体特征

1.5.1.1　年龄状况分布

图 1–2 中被调查农民的年龄显示，创业农民的年龄主要分布在 30~40 岁和 40~50 岁，占全部被调查人数的 38.1%和 35.7%。在 30 岁以下的创业农民中仅占全部人数的 14.10%，同样 50 岁以上的占比也达 12.10%。综合看，创业农民大多年龄结构偏大但考虑到农民创业除了创业意识外，还是自身有一定积蓄后才选择创业。

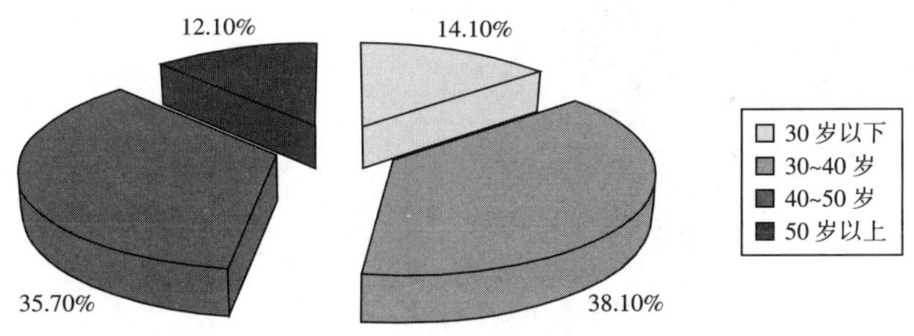

图 1–2　被调查农民年龄情况

1.5.1.2　性别特征

被调查女性人数为 242 人，占总调查人数的 14.1%；而男性农民创业者则为 1474 人，占 85.9%。可以看出，男性在农民创业中占据着绝对的主导地位，男性在创业行为中可能更好地发挥自身优势，如图 1–3 所示。

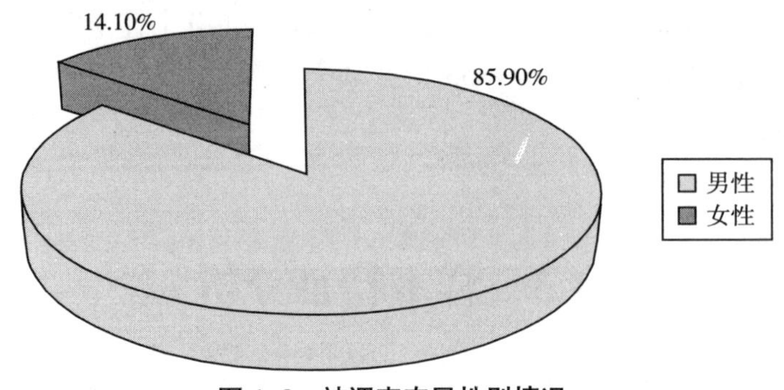

图 1–3　被调查农民性别情况

1.5.1.3　文化程度特征

从图 1–4 中可以看到初中文化水平的农民创业者所占比例最高，共占 54.3%；其次为高中，占 26.6%。其他文化程度，小学、中专及以上、文盲则分别占 11.3%、6.5%和 1.3%。可见，农民创业者文化学历多集中于初中和高中，反映了当前农村地区的教育现状。

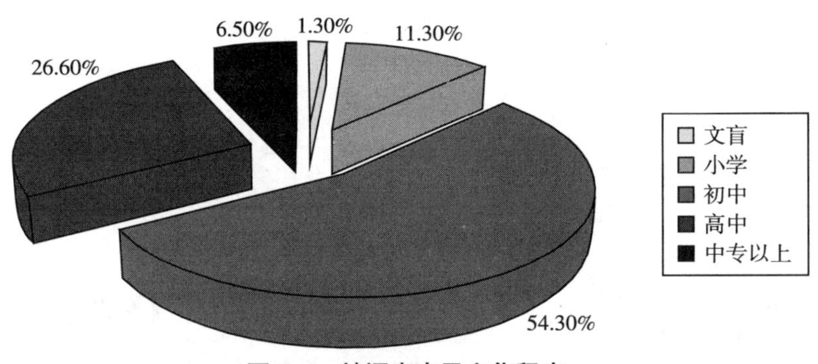

图 1–4　被调查农民文化程度

1.5.1.4　技能特征

如表 1–1 所示，关于农民创业者是否有一技之长的调查中，有 63.1%的人有一技之长，而关于农民创业者是否参加过技能培训等，有 51.3%的人表示接受过相关技能培训。两项调查对比看，农民创业者中虽然接受过培训和未接受过培训的人各占一半，但不影响部分农民创业者通过自学等形式完成自我教育并习得一技之长。

表 1–1 被调查农民技能程度

项目		比例（%）
是否有一技之长	是	63.1
	否	36.9
是否接受过培训	是	51.3
	否	48.7

1.5.2 样本农民家庭特征

在家庭人数方面，4~6 人的农民家庭占比为 76.4%；在人均年纯收入方面，一半以上的农民家庭人均年纯收入超过 7500 元，而 6501~7500 元和 5001~6500 元收入段的农民家庭分别占 20.6%和 19.4%；创业农民家庭中农业收入比重较低，72.7%家庭的农业收入比重在 20%及以下的范围，如表 1–2 所示。

表 1–2 农民家庭特征的描述性统计

统计类别	范围	频数	有效百分比（%）
家庭人数	3 人及以下	38	9.4
	4~6 人	308	76.4
	7 人及以上	57	14.1
家庭人均年纯收入	5000 元及以上	18	4.5
	5001~6500 元	78	19.4
	6501~7500 元	83	20.6
	7500 元及以上	224	55.6
家庭农业收入比重	20%及以下	293	72.7
	21%~50%	89	22.1
	50%及以上	21	5.2

1.5.3 样本农户社会资本特征

如表 1–3 所示，没有与政府工作人员有联系的农户占 61.7%，而经常与政府工作人员有联系的占 38.3%。在我国关系型社会发展的今天，政府工作人员其职务职能决定着在政策下发及实施过程中，他们可以以第一人的身份了解政策并且执行政策。因此对于农民创业者来说，政策资源获取的主要途径是通过政府工作人员的交集而在第一时间获得政策信息。这对于政策资源的获取也是决定性因素。

表 1–3　农户是否经常与政府工作人员有联系

	频率	百分比（%）
同政府工作人员没有联系	1058	61.7
同政府工作人员有联系	658	38.3
合计	1716	100

如表 1–4 所示，“在创业过程中获得过政府直接支持”的占 35.4%，而还有 27.5%的农民创业者“没有政府支持”。这表示农民创业者在政策资源获取过程中存在着某些因子导致的政策不均等现象。

表 1–4　农户是否获得政府支持

	频率	百分比（%）
未获得政府直接支持	608	27.5
获得政府直接支持	472	35.4
缺失	636	37.1
合计	1716	100

在表 1–5 中，认为政府政策支持获得程度十分容易的仅占全部农民创业者中的 0.3%；认为政府政策获取较为容易的占全部农民创业者中的 8.4%；认为现有的政府政策支持十分困难和较为困难的分别占 4.8%和 15.6%。但近半的人数选择了一般，既在考量范围之内又在能力之内，占 33.9%。可见，对于政府政策获取难度来说还是在合理的设定之中，对于大部分农民创业者来说是可以接受的。

表 1–5　获得政府政策支持难易程度分析

获得政府政策支持难易程度	频率	百分比（%）
十分困难	82	4.8
较困难	267	15.6
一般	571	33.9
较容易	144	8.4

续表

获得政府政策支持难易程度	频率	百分比（%）
十分容易	6	0.3
缺失	636	37.1
合计	1716	100

在表 1-6 中，关于资金资源获得难易程度方面，认为当前资金资源获取难度十分困难或较为困难的分别占 1716 份样本中的 10.1%和 25.7%。认为资金资源获取难度较为容易或十分容易的占 4%和 0.3%，认为一般的占总人数的 22.6%。在资源获取难度上，农民创业者在资金获得方式上还存在相应的困难，考虑到在创业初期可能缺乏质押和抵押物品，加之现有银行贷款制度导致的农民创业者资金困难也就显而易见了。

表 1-6　获得资金资源难易程度

		频率	百分比（%）
资金获得难易程度	十分困难	175	10.1
	较困难	441	25.7
	一般	389	22.6
	较容易	69	4
	十分容易	6	0.3

在表 1-7 中，作为信息的主导角色，政府在市场经济体系中仍然扮演着十分重要的角色。而政府高层作为政府各部门的领导班子在信息发布和制定过程中都是决策者的身份。因此在人脉关系上，认识政府高层的占全部人数的 5.8%，而不认识政府高层的则占总人数的 94.2%。创业者的社会地位和影响力都处于较弱阶段，因此在高层的人脉圈子中，数据也就显得再正常不过了。

表 1-7　农户是否与政府高层联系

是否同政府高层联系	频率	百分比（%）
否	1616	94.2
是	100	5.8
合计	1716	100

但在市场体制下，市场参与者信息获得途径是多种多样的，其中较为重要的是市场环境下信息获得的方式以及从竞争对手上获得的信息。因此在其他途径信息获得的难易程度和在竞争对手上获得的难易程度如表 1-8 所示，在多渠道信息资源获得上认为信息获得程度较为容易和十分容易的占 7%和 0.4%；而认为较难和十分困难的分别占到 33.5%和 7.2%。

表 1-8　农户信息资源获取难易程度

信息资源获取难度	频率	百分比（%）
十分困难	78	7.2
较困难	362	33.5
一般	513	47.5
较容易	120	7
十分容易	7	0.4

1.6　农民创业行为特征

考虑到农民创业行为应该包括具体的创业意向并且付诸行动，因此在农民创业行为指标分析中可以参考被调查农民是否有创业行为进而考虑到数据分析。如表 1-9 所示，在农民是否目前仍在创业的调查中，62.9%的受访者表现目前正在进行创业活动。因此农民创业行为分析过程中，农民创业的样本数还是足够的。

表 1-9　农民创业行为描述性分析

是否在创业	频率	百分比（%）
否	636	37.1
是	1080	62.9
合计	1716	100

农民创业绩效指标主要考量现有创业的农民创业者现在是否认为创业成功，在被调查的农民中有 1080 份样本为已经创业的农民，因此针对这 1080 农民创业者调查中，认为自己创业比较成功或很成功的分别占 36.7%和 1.0%；而认为自己创业很不成功或是不成功的占 1.1%和 16.0%。认为一般的占 45.2%。

表 1-10　农民创业绩效描述性分析

农民创业是否成功	频率	百分比（%）
很不成功	12	1.1
不成功	173	16.0
一般	488	45.2
比较成功	396	36.7
很成功	11	1.0

将农民创业行为指标分为农民是否在创业、农民创业形式和农民创业区域三个方面。所调查的农民中，正在创业的有 1080 人，占有效样本的 62.9%，没有在创业的有 636 人（见表 1-11）。农民创业大部分选择个体户形式，共有 822 人，占创业人数的 76.1%。其次选择的创业形式是合伙企业，比重为 15.1%，选择其他形式的创业农民比重仅为 8.8%。在农民创业区域选择方面，在本乡镇的人数最多，比重为 32.7%，仅比选择在本村的比重高 1.8%，选择在本县城创业的比重为 20.8%，合计在本县城及以内创业的农民占创业农民的 84.4%。

表 1-11　农民创业形式和区域指标描述性分析

指标	分类	频数	比例（%）
农民是否在创业	否	636	37.1
	是	1080	62.9
农民创业形式	个体户	822	76.1
	合伙企业	163	15.1
	其他形式	95	8.8
农民创业区域	本村	334	30.9
	本乡镇	353	32.7
	本县城	225	20.8
	县城以外	168	15.6

1.6.1 农民基本特征与农民是否在创业的交叉分析和 χ^2 检验

表 1–12 农民基本特征与农民是否在创业的交叉分析

分类	变量	范围	农民是否在创业		
			否（%）	是（%）	χ^2 显著性水平
农民个体特征	年龄	30 岁及以下	47.8	52.2	10.125***
		30~39 岁	35.4	64.6	
		40 岁及以上	36.0	64.0	
	性别	女	50.4	49.6	21.526***
		男	34.9	65.1	
	婚姻状况	未婚	54.8	45.2	11.861***
		已婚	36.2	63.8	
	文化程度	文盲	21.7	78.3	18.712***
		小学	44.8	55.2	
		初中	33.8	66.2	
		高中	38.2	61.8	
		中专及以上	49.1	50.9	
	风险偏好	冒险型	26.0	74.0	41.082***
		中间型	36.0	64.0	
		保守型	48.4	51.6	
	是否有一技之长	否	49.8	50.2	69.352***
		是	29.6	70.4	
	是否参加过技能培训	否	46.4	53.6	61.078***
		是	28.2	71.8	
农民家庭特征	家中是否有老人或未成年人	否	43.7	56.3	7.094***
		是	35.6	64.4	
	家庭农业收入比重	20%及以下	29.8	70.2	58.538***
		21%~50%	48.1	51.9	
		50%及以上	47.5	52.5	
农民社会特征	是否与政府工作人员有联系	否	42.0	58.0	28.436***
		是	29.2	70.8	
	是否与国有银行及政府机构存在良好关系	否	41.9	58.1	50.493***
		是	23.0	77.0	

续表

分类	变量	范围	农民是否在创业		
			否（%）	是（%）	χ^2 显著性水平
农民社会特征	是否有众多家庭成员	否	43.0	57.0	19.071***
		是	32.7	67.3	
	是否有很多各种类型的朋友	否	49.5	50.5	47.209***
		是	31.9	68.1	
	是否经常与朋友们保持联系	否	50.5	49.5	27.609***
		是	34.3	65.7	

注：*、**、*** 分别表示在 10%、5%、1%的水平下显著。

表 1-12 显示，农民基本特征与农民是否创业的交互关系，结果表明，在农民个体特征方面，农民年龄与农民是否创业呈正相关并且在 1%的显著性水平上显著，40 岁及以上农民创业的比例比 30 岁及以下农民创业的比例高。农民性别与其是否创业在 1%的显著性水平下呈正相关，男性农民创业比例比女性高 15.5%。农民婚姻状况与其是否创业呈正相关且在 1%水平上显著，表明已婚农民创业比例比未婚农民高。农民文化程度与其是否创业呈倒 U 形关系，即初中文化程度的农民创业比例比小学文化程度的农民高 11%，高中文化程度的农民创业的比例仅比小学文化程度的农民高 6.6%，而中专及以上文化程度的农民创业的比例反而比小学文化程度的农民低 4.3%。农民的风险偏好与农民是否创业呈负相关，且在 1%水平上显著，表明风险偏好越趋向于保守的农民创业的可能性越小。农民是否有一技之长、是否参加过技能培训与农民是否创业均呈显著正相关，表明有一技之长、参加过技能培训的农民创业的可能性比没有一技之长、没有参加过技能培训的农民高。

在农民家庭特征方面，家中是否有老人或未成年人与农民是否创业呈正相关并且在 1%的水平上显著，家中有老人或未成年人的农民创业的比例比没有的高出 8.1 个百分点。家庭农业收入比重与农民是否创业呈显著负相关，表明家庭农业收入比重越高，农民创业的可能性越大。

在农民社会特征方面，农民是否与政府工作人员有联系与农民是否创业呈正相关且在 1%的水平上显著，与政府工作人员有联系的农民比与政府工作人员没有联系的农民创业的比例高出 12.8%。农民是否与国有银行及政府机构存在良好关系与农民是否创业呈显著正相关，表明与国有银行及政府机构存在良好关系的农民创业的可能性比与国有银行及政府机构不存在良好关系的农民高。农民是否有众多家庭成员与农民是否创业呈正相关且在1%的水平上显著，有众多家庭成员的农民创业的比例比没有众多家庭成员的农民高10.3%。农民是否有很多各种类型的朋友以及是否经常与朋友们保持联系与农民是否创业存在显著正相关。

1.6.2 农民基本特征与农民是否采用合伙企业形式的交叉分析与 χ^2 检验

在农民个体特征方面，农民性别与农民是否采用合伙企业形式在5%的水平上显著相关，男性农民比女性农民选择合伙企业的比例高7.6%。农民的风险偏好与农民是否采用合伙企业形式在1%的水平上显著相关，冒险型农民选择合伙企业的比例分别比中间型、保守型农民高出7%和10.5%。

农民个人特征的年龄、婚姻状况、文化程度、是否有一技之长、是否参加过技能培训与农民创业形式都不相关。在农民家庭特征方面，家中是否有老人或未成年人、家庭收入比重与农民创业形式不相关。农民社会特征的6个变量与农民创业形式都不相关，如表1–13所示。

表1–13 农民基本特征与是否采用合伙企业形式的交叉分析

分类	变量	范围	农民是否采用合伙企业形式		
			否（%）	是（%）	χ^2 显著性水平
农民个体特征	年龄	30岁及以下	90.5	9.5	4.037
		30~39岁	86.0	14.0	
		40岁及以上	83.2	16.8	
	性别	女	91.7	8.3	4.813**
		男	84.1	15.9	
	婚姻状况	未婚	92.1	7.9	1.592
		已婚	84.6	15.4	
	文化程度	文盲	77.8	22.2	4.344
		小学	88.8	11.2	
		初中	84.6	15.4	
		高中	83.3	16.7	
		中专及以上	91.2	8.8	

续表

分类	变量	范围	农民是否采用合伙企业形式		
			否（%）	是（%）	χ^2 显著性水平
农民个体特征	风险偏好	冒险型	78.8	21.2	10.820***
		中间型	85.8	14.2	
		保守型	89.3	10.7	
	是否有一技之长	否	86.2	13.8	0.555
		是	84.4	15.6	
	是否参加过技能培训	否	83.7	16.3	0.863
		是	85.8	14.2	
农民家庭特征	家中是否有老人或未成年人	否	85.6	14.4	0.085
		是	84.8	15.2	
	家庭农业收入比重	20%及以下	85.6	14.4	3.784
		21%~50%	85.5	14.5	
		50%及以上	78.1	21.9	
农民社会特征	是否与政府工作人员有联系	否	85.2	14.8	0.082
		是	84.5	15.5	
	是否与国有银行及政府机构存在良好关系	否	84.8	15.2	0.045
		是	85.3	14.7	
	是否有众多家庭成员	否	85.1	14.9	0.012
		是	84.8	15.2	
	是否有很多各种类型的朋友	否	85.0	15.0	0.005
		是	84.9	15.1	
	是否经常与朋友们保持联系	否	84.2	15.8	0.058
		是	85.0	15.0	

注：*、**、*** 分别表示在 10%、5%、1%的水平下显著。

1.6.3　农民基本特征与农民创业区域的交叉分析与 χ^2 检验

如表 1-14 所示，在农民个人特征方面，农民年龄与农民创业区域选择呈负相关，且在 1%的水平上显著，30 岁及以下的农民选择县城以外的比例比 40 岁及以上选择县城以外的高出 13.8%。农民文化程度与创业区域呈显著正相关，表明农民文化程度越高，选择离家越远的县城或县城以外的区域创业的可能性越大。农民的风险偏好与创业区域呈负相关，且在1%水平上显著，表明风险偏好越趋向于保守的农民，创业选择在离家较远的区域的可能性越小。农民是否有一技之长与创业区域的选择呈显著正相关，有一技之长的农民选择在县城以外创业的比例比没有一技之长的农民高出7.7个百分点。

表 1–14　农民基本特征与农民创业区域的交叉分析

<table>
<tr><th rowspan="2">分类</th><th rowspan="2">变量</th><th rowspan="2">范围</th><th colspan="5">农民创业区域</th></tr>
<tr><th>本村(%)</th><th>本乡镇(%)</th><th>本县城(%)</th><th>县城以外(%)</th><th>χ^2 显著性水平</th></tr>
<tr><td rowspan="20">农民个体特征</td><td rowspan="3">年龄</td><td>30岁及以下</td><td>16.8</td><td>27.4</td><td>30.5</td><td>25.3</td><td rowspan="3">38.284***</td></tr>
<tr><td>30~39岁</td><td>27.4</td><td>30.2</td><td>23.2</td><td>19.2</td></tr>
<tr><td>40岁及以上</td><td>35.6</td><td>35.3</td><td>17.6</td><td>11.5</td></tr>
<tr><td rowspan="2">性别</td><td>女</td><td>37.5</td><td>35.8</td><td>15.0</td><td>11.7</td><td rowspan="2">5.813</td></tr>
<tr><td>男</td><td>30.1</td><td>32.3</td><td>21.6</td><td>16.0</td></tr>
<tr><td rowspan="2">婚姻状况</td><td>未婚</td><td>21.1</td><td>36.8</td><td>26.3</td><td>15.8</td><td rowspan="2">2.019</td></tr>
<tr><td>已婚</td><td>31.3</td><td>32.5</td><td>20.6</td><td>15.5</td></tr>
<tr><td rowspan="5">文化程度</td><td>文盲</td><td>22.2</td><td>38.9</td><td>38.9</td><td>0</td><td rowspan="5">30.594***</td></tr>
<tr><td>小学</td><td>43.0</td><td>33.6</td><td>10.3</td><td>13.1</td></tr>
<tr><td>初中</td><td>31.8</td><td>33.0</td><td>19.3</td><td>15.9</td></tr>
<tr><td>高中</td><td>24.8</td><td>34.0</td><td>25.5</td><td>15.6</td></tr>
<tr><td>中专及以上</td><td>31.6</td><td>19.3</td><td>28.1</td><td>21.1</td></tr>
<tr><td rowspan="3">风险偏好</td><td>冒险型</td><td>23.3</td><td>34.7</td><td>20.8</td><td>21.2</td><td rowspan="3">18.220***</td></tr>
<tr><td>中间型</td><td>31.5</td><td>33.9</td><td>20.3</td><td>14.4</td></tr>
<tr><td>保守型</td><td>38.1</td><td>27.0</td><td>22.3</td><td>12.6</td></tr>
<tr><td rowspan="2">是否有一技之长</td><td>否</td><td>35.8</td><td>33.3</td><td>20.8</td><td>10.1</td><td rowspan="2">12.333***</td></tr>
<tr><td>是</td><td>28.9</td><td>32.4</td><td>20.9</td><td>17.8</td></tr>
<tr><td rowspan="2">是否参加过技能培训</td><td>否</td><td>30.8</td><td>33.7</td><td>19.9</td><td>15.6</td><td rowspan="2">0.594</td></tr>
<tr><td>是</td><td>31.0</td><td>32.0</td><td>21.5</td><td>15.5</td></tr>
<tr style="display:none"></tr>
<tr><td rowspan="5">农民家庭特征</td><td rowspan="2">家中是否有老人或未成年人</td><td>否</td><td>40.2</td><td>30.5</td><td>16.1</td><td>13.2</td><td rowspan="2">9.087**</td></tr>
<tr><td>是</td><td>29.1</td><td>33.1</td><td>21.7</td><td>16.0</td></tr>
<tr><td rowspan="3">家庭农业收入比重</td><td>20%及以下</td><td>26.3</td><td>33.9</td><td>23.5</td><td>16.2</td><td rowspan="3">32.251***</td></tr>
<tr><td>21%~50%</td><td>36.6</td><td>30.2</td><td>16.8</td><td>16.4</td></tr>
<tr><td>50%及以上</td><td>50.0</td><td>30.2</td><td>11.5</td><td>8.3</td></tr>
</table>

续表

分类	变量	范围	农民创业区域				
			本村（%）	本乡镇（%）	本县城（%）	县城以外（%）	χ^2 显著性水平
农民社会特征	是否与政府工作人员有联系	否	30.8	30.1	21.2	17.9	8.024**
		是	31.1	36.1	20.4	12.4	
	是否与国有银行及政府机构存在良好关系	否	32.3	30.8	20.6	16.3	4.945
		是	28.0	36.9	21.2	13.9	
	是否有众多家庭成员	否	29.6	32.3	21.7	16.4	0.928
		是	31.7	32.9	20.3	15.0	
	是否有很多各种类型的朋友	否	38.6	24.8	23.2	13.4	14.528***
		是	28.6	35.1	20.1	16.2	
	是否经常与朋友们保持联系	否	37.7	24.7	21.2	16.4	5.910
		是	29.9	33.9	20.8	15.4	

注：*、**、*** 分别表示在 10%、5%、1%的水平下显著。

在农民家庭特征方面，农民家中是否有老人或未成年人与农民创业区域选择呈正相关，且在 5%的水平上显著，表明家中有老人或未成年人的农民选择离家较远的区域创业的可能性较大。农民家庭农业收入比重与农民创业区域选择呈显著负相关，家庭农业收入比重在 20%及以下的农民选择县城及县城以外区域创业的比例比家庭农业收入比重为 21%~50%和 50%及以上的农民分别高出 6.5%和 19.9%。

在农民社会特征方面，农民是否与政府工作人员有联系与农民创业区域选择呈显著负相关，表明与政府工作人员有联系的农民选择离家较近的区域创业的可能性更大。农民是否有很多各种类型的朋友与农民创业区域选择呈正相关，且在 1%水平上显著，有很多各种类型的朋友的农民选择县城以外创业的比例比没有很多各种类型的朋友的农民高 2.8%。

第 2 章　国内外研究动态

2.1　关于创业定义研究

创业研究始于 18 世纪中期，自法国经济学家 Cantillon 首次提出“entrepreneur”一词以来，创业研究开始兴起，在 20 世纪 80 年代得到迅猛发展，至今，创业研究仍是具有创新性的研究主题，各个领域的学者从不同角度对创业理论进行研究，如经济学、金融学、管理学、社会学、教育学、心理学、法学、公共政策学、商业伦理学、城市规划学等。

如今的创业概念十分宽泛，创业也成为一个跨学科的多层面复杂现象，研究者对创业概念的界定各抒己见，有的基于企业家个性与心理特质定义创业概念，有的基于识别和捕捉创业机会，有的基于创建新组织和开展新业务活动。Low 和 Macmillan（1988）、Singh（2001）提出简明的创业定义，认为创业就是创办新企业。Timmons（1999）认为，创业超越了创建企业的概念，创业活动存在于各种形式组织中，并对创业提出宽泛的定义，认为创业是一种思考、推理和行动的方法，不仅受到机会的制约，还要求创业者具有缜密的实施方法，并讲求高度平衡技巧的领导艺术。Shane 和 Venkataraman（2000）提出基于创业机会的广义定义，认为创业在商业领域中，应致力于理解创造新事物的机会如何出现并被特定个体发现或创造，又是如何被这些人运用各种方法开发或利用，产生各种结果的。Ronstadt（1984）定义创业是一个创造增长财富的动态过程，创造财富的人承担着资产价值、时间承诺、提供产品或服务的风险。Hisrich（1986）认为，创业是创造不同价值的过程，需要投入必要时间、付出努力，承担相应心理、金融和社会风险，并能在个人成就感和金钱上得到回报。玛丽·库尔特（2004）认为，创业是一种过程，在这个过程中，个体或团队使用组织力量去寻求机遇、创造价值及谋求发展，通过创新来满足需求，而不管企业家手中有怎样的资源。

面对创业概念定义的分歧，有些学者试图归纳出一个综合概念。Gartner（1990）采用德尔菲法对创业概念进行探究，认为创业内涵体现在创业者个人特性和创业行为结果两个方面。Morris（1998）总结了欧美地区有关创业的主要教科书和核心期刊中出现的创业定义，通过这 77 个定义内容中关键词出现的频率揭示创业内涵，出现频率最高的关键词是开创新事业，创建新组织；创造资源的新组合，创新；捕捉机会；风险承担；价值创造。

国内学者在创业研究中也对创业进行了解释，郁义鸿等（2000）认为，创业是发现和捕捉机会，创新产品或服务，实现潜在价值的过程。宋克勤（2002）认为，创业是创业者通过识别商业机会、组织各种资源提供产品或服务，以创造价值的过程。张健、姜彦福、林强（2003）认为，创业内涵包括开创新业务，创建新组织；利用创新实现各种资源的新组合；通过发掘潜在机会创造价值。陈震红、刘国新、董俊武（2004）认为，创业是个体在动态的时间与环境中，通过一定组织形式，发掘并利用潜在机会创造价值的过程。林嵩、姜彦福（2005）认为，创业本质上是一种创造新价值活动，不仅指从创业机会到创办新企业的过程，也指成熟大企业内部开展新业务，即公司创业。

关于创业的定义很多，不同学者从不同角度对创业定义的表述不同，朱仁宏对国外创业研究进行了归纳和总结（见表 2-1）。尽管学者们对创业概念界定不统一，但对创业内涵上的认识基本一致，主要包括创新、发掘机会、组织资源、创造价值等。

表 2-1　创业定义对照

定义的焦点	作者	定义/解释 *	定义中的关键修饰词
识别机会的能力	Knight（1921）	成功地预测未来的能力	成功；预测未来
	Kirzner（1973）	正确地预测下一个不完全市场和不均衡现象在何处发生的套利行为与能力	正确；预测；不完全市场和不均衡现象
	Leibenstein（1978）	比你的竞争对手更明智、更努力地工作的能力	更明智、更努力地工作
	Stevenson、Roberts 和 Grousbeck（1985）	是洞察机会的能力，而不是已控制的资源，驱动了创业	洞察机会

续表

定义的焦点	作者	定义/解释 *	定义中的关键修饰词
识别机会的能力	Conner（1991）	按资源观点，从根本上来说，辨识合适投入的能力属于创业家的远见和直觉。但在目前，这种远见下的创造性行为却还没有成为资源理论发展的重点	资源观点；辨识合适投入；远见和直觉
创业家个性与心理特质	William Bygrave（1989）	首创精神、想象力、灵活性、创造性、乐于理性思考和在变化中发现机会的能力	在变化中发现机会
获取机会	Stevenson、Roberts 和 Grousbeck（1994）	根据已控制的资源去获取机会	根据已控制的资源
	Shane and Venkataraman（2000）	创业就是发现和利用有利可图的机会	发现和利用；有利可图
	The US National Commission on Entrepreneurship（2003）	不断的变化会产生创造财富的新机会（创业就是）经济（主体）利用这些新机会的方式	利用；不断的变化
创建新组织与开展新业务的活动	Schumpeter（1934）	进行新的结合	新
	Cole（1968）	发起、维持和开展以利润为导向的有目的业务活动	发起、维持和开展；有目的
	Vesper（1983）	开展独立的新业务	新；独立的
	Gartner（1985）	建立新组织	建立；新
	The Academy of Management（1987）	创办和管理新业务、小企业和家族企业，创业家特征和创业家的特殊问题	创办和管理；新、小、家族、创业家；特殊
	Low 和 MacMillan（1988）	创办新企业	创业；新

注：* 表中的解释来自 1998 年 Low 和 Macmillan 对原作者定义的阐释。

资料来源：朱仁宏. 创业研究前沿理论探讨——定义、概念框架与研究边界 [J]. 管理科学.2004，17（8）：71-77.

2.2 关于创业环境维度研究

早期的创业研究侧重于考察创业者才能、个性特质和社会文化背景等，随着研究深入，创业环境研究引起学者们重视，创业环境已成为影响创业的核心要素。创业环境构成因素研究是认识和评估创业环境的前提，从不同角度研究创业环境呈现不同特征。

（1）政策和制度环境。政策和制度环境可以为创业者创造新的市场机会，有利于企业创新性发展。例如，政府制定的税收优惠政策、金融政策、贸易政策、福利政策等会直接影响创业者的创业决策和企业选择。

（2）经济环境。创业机会不仅需要人口需求，还需要人口购买力。实际购买力取决于可支配收入、储蓄、信贷和债务等。不同国家和地区，收入水平和分配及产业结构差异很大。全球产业结构包括四种：自给型经济，无法产生创业机会；原料出口型经济，较容易出现工具、设备、消费品和奢侈品的创业机会；工业化进程中的经济，新的富有阶级和扩大的中产阶级对某些新产品有需要，这些市场容易产生创业机会；工业化经济，各种产品或服务都容易出现创业机会。经济环境影响着家庭收入分配、消费者储蓄、债务和信贷适用性等，从而影响消费支出能力。在高储蓄国家和地区，新创企业获得资本相对容易，并能以较低资金成本开展创业活动。而债务—收入比高的消费者更可能购买新产品或服务，从而为创业者创造更多创业机会。

（3）技术环境。新技术和新产品不断涌现是未来技术创新的主要驱动力，新技术的“创造性破坏”带来无限的创业机会。同时，多样性的技术渠道和畅通性的技术转移对新创企业的绩效产生积极影响。

（4）社会文化环境。人们赖以生长的社会环境造就了人们的价值观和世界观。不同的社会文化环境影响着人们的生活方式和消费方式，产生了来自不同地区、不同群体的消费需求，从而形成了不同的市场。随着地理迁移的便利性和追求个性化的需求，大众市场日益转变为更加分散的具有个体差异特性的小众市场，每一个群体都有其独特的爱好和消费特征。创业者对于社会文化环境的变化产生的新市场、新业态的深刻认识和有效把握可能会创造出新的创业机会。

（5）自然环境。原材料短缺、能源成本增加、环境污染治理使得创业者在勘探、开发和研发有价值新材料、新能源或节能产品等方面有很大的创业机会。面对自然环境的变化，人们在优化生态环境、促进社会经济可持续发展方面，为创业者提供了广阔的发展空间。

国外很多学者对影响创业行为的创业环境的构成要素进行了研究，众说纷纭，数量最多的多达 22 个，最少的只划分了 2 个。如表 2–2 所示。

表 2-2　国外创业环境构成要素对照

作者	构成要素
Dill	①任务环境；②一般环境
Hunger、Korsching 和 Auken	①必要性的环境；②支持性的环境
Henri Grundsten	①感性环境；②理性环境
Sahlman	①宏观环境；②政策环境
Deborah Markley	①社会氛围环境；②公共基础建设环境；③政策支持环境
Shane	①经济环境；②政治环境；③社会文化环境
AnnaLee Saxenian	①以地区网络为基础的工业体系；②密集的社会网络；③开放的人才市场；④地区的社会文化氛围
Gnyawli 和 Fogel	①社会经济条件；②创业与管理技能；③政府政策和规程；④创业资金条件；⑤创业的非资金支持
Joerg Baten	①工资水平；②个人财富；③政策；④产业聚集程度；⑤区域专业化程度
Poter	①市场的开放程度；②享有竞争者的竞争状态；③替代产品的威胁；④购买者的还价能力；⑤供应商的还价能力
Fred	①政治和经济环境；②转型冲突；③不健全的法律环境；④政策的不稳定性；⑤非正式的约束；⑥不发达和不规范的金融环境；⑦文化环境
GEM	①金融支持；②政府政策；③政府项目；④教育和培训；⑤研究开发和转移；⑥商业环境和专业基础设施；⑦国内市场开放程度；⑧有形基础设施的可得性；⑨文化与社会规范
Bloogood 和 Sapienza	①家庭和支持系统；②财务资源；③员工；④顾客；⑤供应商；⑥地方社区；⑦政府机构；⑧文化环境；⑨政治环境；⑩经济环境
Bruno 和 Tyebjee	①风险资本可用性；②有经验的创业者存在；③技能娴熟的劳动力；④供应商的可接近性；⑤消费者和新市场的可接近性；⑥政府的干预；⑦周边的大学；⑧土地和设施的可用性；⑨交通便利性；⑩人们的创业态度；⑪支持服务的可用性；⑫人们生活水平
Gartner	①市场的开放程度；②享有竞争者的竞争状态；③替代产品的威胁；④购买者的还价能力；⑤供应商的还价能力；⑥风险资本可用性；⑦有经验的创业者存在；⑧技能娴熟的劳动力；⑨供应商的可接近性；⑩消费者和新市场的可接近性；⑪政府的干预；⑫周边的大学；⑬土地和设施的可用性；⑭交通便利性；⑮人们的创业态度；⑯支持服务的可用性；⑰人们生活水平；⑱人口中近期移民的高比例；⑲较大规模的城市区域；⑳雄厚的工业基础；㉑金融资源的可用性；㉒工业专业化程度

资料来源：刘唐宇. 中部欠发达地区农民工回乡创业影响因素研究——以江西赣州地区为例 [D]. 福建农林大学博士学位论文，2010.

国内学者对创业环境概念的研究大致包括三种：一是平台论，把创业环境看作创业活动的平台，认为创业环境是政府和社会为创业者创建新企业所搭建的一个公共平台（叶依广和刘志忠，2004）；二是因素论，认为创业环境是创业过程中发挥重要作用的各种因素的组合（张玉利和陈立新，2004）；三是系统论，认为创业环境是创业的外部条件，是由综合因素构成的多层面的复杂系统（池仁勇，2002）。段利民（2012）对国内创业环境的相关研究进行了总结，如表 2-3 所示。

表 2-3　国内创业环境构成要素对照

研究者	创业环境构成要素
池仁勇（2002）	创业网络系统、创业风险管理系统、创业孵化系统、创业者培训系统、企业培训系统、成功报酬系统
张玉利（2004）	社会经济条件、政府政策和工作程序、金融与非金融支持、创业与管理技能
郭元源（2006）	环境支撑、经济基础、文化支撑、科教支撑、服务支持
蔡莉（2007）	政策法规环境、科技环境、市场环境、融资环境、文化环境、人才环境
苏益南（2009）	经济环境、政策环境、教育和培训环境、社会文化环境、融资环境
张秀娥、何山（2010）	资源要素环境、嵌入型要素环境

资料来源：段利民，杜跃平. 创业环境对大学生创业意愿的影响：兼对 GEM 模型的再检验［J］. 技术经济，2012（10）：64-70.

2.3　创业环境对创业的影响研究

2.3.1　关于政策环境的影响

Dana（1990）对马来西亚的实证研究显示，政府设立的商业发展部门过多的程序要求和集中的权力阻碍了创业，同时在圣马丁的研究中提出商业规章过多压制了创业增长。Young 和 Welsch（1993）指出，政府规章过多、税率高、通胀率增长、营运资本缺乏、获取贷款困难和货币价值的季节性波动是墨西哥创立企业的关键障碍。Fonseca 等（2001）认为，政府制定的政策和法律对于创业者的意愿和行为都具有重要影响，创建企业成本高的国家，个人成为创业者的意愿很低。张玉利和陈立新（2004）认为，政府政策通过行政体制和市场体制改革对市场机会产生重要作用，特别是经济转型国家，政府的改革和开放政策通过经济增长和市场变化率影响创业机会增加。信继欣和彭华涛（2007）研究发现，政府通过政策支持、法律规范及优良服务，营造公平、友好的创业环境，可以激发区域的创业活动。Fonseca 等（2001）认为，政策和法律对于创业者的意愿和行为都存在重要影响。

2.3.2　关于经济文化环境的影响

Bosma 和 Harding（2007）研究发现，人均 GDP 相近的国家表现出类似的创业活动，国际间的创业活动水平随着人均 GDP 的变化呈现显著不同。Minnitti 和 Bygrave（1999）提出，影响创业的环境因素是指创业个体才能以外的、不会因人而异的因素，包括制度因素和经济环境因素两个方面。朱明芬（2010）实证分析了农民创业行为的影响因素，结果显示，区域经济发展水平对农民创业与否起着决定性的作用，地区经济越发达，农民创业越容易。袁应文（2008）研究认为，社会和公众对创业活动的积极态度对激发人们的创业意愿有重要影响，如果社会大多成员怀疑创业的可行性，创业意愿将受到抑制，创业活动难以发展。崔萌（2010）研究认为，创业氛围对创业成功率有着显著的影响。钟王黎和郭红东（2010）实证分析表明，农民亲朋好友中创业人数与其创业意愿呈正相关，农民受周围创业氛围的影响，创业意愿更强烈。

2.3.3　关于教育和培训环境的影响

Pennings（1982）、Hawkins（1993）研究表明，提供创业培训和咨询服务能提高新创企业诞生率。Hyungrae 和 Lee（1996）对韩国 48 家新创企业的研究表明，受教育程度对创业具有积极影响，有教育背景的创业者比没有教育背景的创业者更有可能获利。Turker 和 Selcuk（2009）调查表明，如果高校能提供足够的创业教育和激励，年轻群体的创业者数量会有所增加。张秀娥、王冰、张铮（2012）认为，教育和培训是创业活动开展的必要条件，也是创业者将潜在商业机会变为现实的基础，创业者掌握创业技能对选择创业方向和把握未来企业发展路径十分必要。

2.3.4　关于金融服务环境的影响

Pennings（1982）发现融资渠道的可获性对新创企业诞生率有重要贡献。Hawkins（1993）调查发现，日本大部分创业者通过信用保证协会或地方政府获得了创立企业的贷款，促进了创业的发展。Meier 和 Pilgrim（1994）实证研究表明，在发展中国家，缺少创业资金、信贷计划以及金融体系的制约是影响潜在创业者创新和成功的最大障碍。Bartik（2001）对美国的区域创业环境研究显示，金融市场中的创业投资、政府税收等因素的差异决定着区域创业活跃程度的不同。Kenschnigg 和 Nielsen（2004）通过建立有双重道德风险的创业融资模型，分析出税收政策对激励机制有很大影响，对创业投资的发展具有明显的促进作用。

2.3.5 关于基础设施和自然环境的影响

完善的农村基础设施可以在充分开发利用现有资源、引进外部资源、提高生产效率方面促进农村经济发展，因此，农村基础设施建设被视为农村创业者进行创业的必要条件（Fox et al.，2001；Skuras et al.，2000；孙红霞等，2010）。Marshall（2001）认为，信息通信技术能把先进的城市金融服务普及到农村地区，改善农村教育，并推动农村创业。Ba 等（2000）认为，农村地区要鼓励农民创业，必须具备良好的信息通信技术，因为信息通信技术能够帮助小企业针对特定的目标顾客设计专门产品，并与大企业进行有效的竞争。王天权（2006）认为，农村交通设施、信息化通信设备落后，农民获取信息和知识的渠道少，制约了农民创业的发展空间，而农村基础设施的改善，各级政府招商引资条件优惠等条件使相当一部分有创业意愿的农民选择返乡创业。农村地理位置决定供应商、消费者、信息资源的可获性程度，影响企业投入和产出成本、信息传播和政策执行，从而影响农民创业及创办企业的发展（North et al.，2000）。同时，自然资源、地貌风光等客观上也会造成农村创业机会的差异性，影响农民的创业行为（孙红霞等，2010）。林斐（2004）认为，利用本地资源条件是驱动农民工返乡创业的基础动力，农民返乡创办企业多是依托当地资源建立和发展起来的。

2.4 关于农民创业研究

农户（农民）创业问题成为近年来学术界关注的焦点，许多学者做了大量研究，成果丰富（白南生、何宇鹏，2002；郑风田，2006，2011；盖庆恩、朱喜、史清华，2013；催海兴，2008；崔传义，2008；李含琳，2008；林斐，2002，2004；郭红东、陈亦悠，2015；李学术，2010；易朝辉，2015；庄晋财，

2015；刘传江、黄国华，2016）。

通过在中国知网搜索"农户（农民）创业"这一关键词，发现涉及这一主题的文献总体呈不断增加的趋势（见图 2–1）。其中，有些学者集中关注农户创业的驱动力（程郁、罗丹，2009；许昆鹏，2013；高静、张应良，2013）；有些学者探讨了农户创业的影响因素（朱明芬，2010；朱红根，2012；郭红东、陈亦悠，2015；李后建，2016）；而有些学者分析了农户创业的特点（罗明忠，2012；马驰、喻文婷，2007）；还有些学者评价了农户创业效果（杨学儒，2013；刘雨松，2014；韦吉飞、李录堂，2010）并提出了促进农户创业的政策建议（赵西华、周曙东，2006；刘唐宇，2010；傅晋华，2015；侯俊华，2016）。

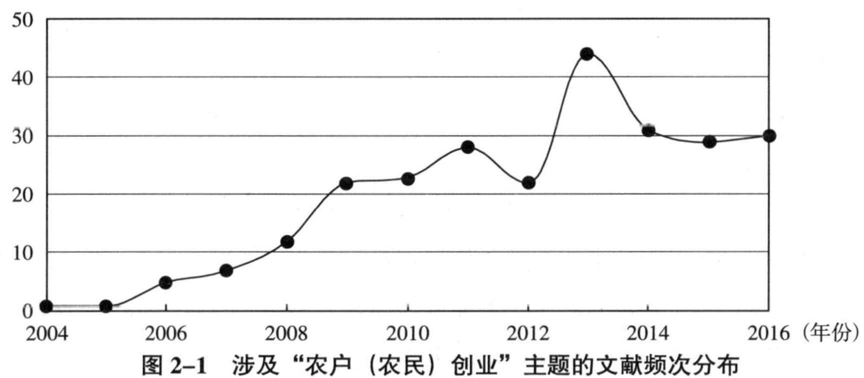

图 2–1　涉及"农户（农民）创业"主题的文献频次分布

2.4.1　农民创业定义

对于农民创业，学术界尚缺乏统一观点，各种学术观点的出发点和结论也都存在各种差异。吴昌华（2006）在其文章中从国内外创业理论及现象出发，从农民创业的宏观环境到创业理论进行了完整的分析，将农民创业这一概念正式提出：农民创业其实质是在辨识、开发和利用机会能力较强的农民为了拓展或开辟市场，通过重组现有生产要素、经营方式、生产领域等各类信息和资源以实现自身利益的最大化。其中所采用的手段是以农民自身所积累的资金、资源、信息为基础，整合所掌握技能和思想观念等，以此实现自身预期。在吴昌华的观点中不难发现其对农民创业的概念是在农民创业所表现出的普遍方法、形式、组织结构基础上提出的总结。因此，其文章中赋予了农民创业的两种形式：第一种农民创业的形式是在农民原有土地基础上，以自身务农经验和所积累的农业生产要素为基础，以一种全新的规模或组织形式从事农业生产经营活动。有别于传统的农业活动，这种农民创业通常以联合体的形式进行农业生产，具备了创业的各类要素，并且以自身利润最大化为目标。第二种农民创业的形式有别于第一种，其创业基础不再是以自身土地为基础，同时其从事行业和经营活动都与农业脱离，转为从事第二产业甚至第三产业。徐辉等（2008）将农民创业行为分类为集体创业和个人创业，并指出：农民创业的内容指农民或返乡农民在农村扩大养殖或种植规模、从事农产品加工、生产、销售或创办各类企业的行为均算作农民创业。但无论是集体创业还是个人创业，其表现为积极与各类服务组织和中介组织合作从事农产品购销、传播或技术承保；或是兴建特色种植、养殖基地的形式推广新农业技术；或是为其他大型企业提供配件、为小企业提供服务等。

2.4.2 关于农民创业模式的研究

曹卫秋等（2000）提出，农民的创业形式主要包括个体户、合伙企业、独资私营企业以及建筑队等形式上比较松散的经济组织等。吴昌华等（2006）根据农民创业过程中的行为特点以及资源配置的方式，将农民创业的模式划分为自主开发型创业模式、专业合作组织带动型创业模式以及“老板村官”带动型创业模式。李建华和刘建宏（2009）对福建省科技特派员在帮助农民创业实践过程中的经验进行了总结，认为他们在创业过程中主要采用了农村专业合作组织、示范基地、实体承包、自办企业 4 种模式。刘爱梅和张国良（2010）通过对浙江省农民创业进行研究，将创业活动总结为家庭工业、经商回归、打工转型、产业带动、企业裂变和家族孵化 6 种模式。

2.4.3 关于农民创业影响因素

国外以农民为主体的创业方面的研究相对来说较少。主要从影响创业行为实施的因素出发。Andreas Eckert（1999）通过研究喀麦隆农村社会文化体系对农民创业行为的影响，得出影响非洲农民创业行为的最重要因素是经济和文化因素。Skuras 等（2005）提出，农村创业者进行创业的必要条件是农村基础设施建设。Laf Uente 等（2006）通过对比分析了泰罗尼亚农村地区农民的创业状况之后，得出创业模范对周边地区农民创业行为有着显著的正向影响，而且创业模范的数量越多，其示范效应也就越大。Aidis 等（2008）通过对比分析俄罗斯不同民族农民的创业行为，发现之间存在着较大的差别。Meccheri 和 Pelloni（2006）

认为，自然资源禀赋对农民的创业活动有着较大的影响，农民选择创业项目与当地所拥有的自然资源有着紧密的关系，如旅游资源相对丰富的地区，旅游业以及与旅游相关的其他行业也相当发达。Kader（2009）通过对马来西亚地区的调查，发现当地农民创办企业取得成功的关键是政策支持。Tate（2010）通过实证分析13年的欧洲农业相关数据，发现环境政策的变化影响当地农民的创业行为。Ring和Peredo（2010）通过调查发现，农村地区的商业网络影响着新生企业的创建。

国内对农民创业的影响因素进行了大量有效探讨。赵西华和周曙东（2006）调查发现，政策支持、创业环境、创业资本、创业经验和胆识等因素的缺乏影响了农民创业。郭军盈（2006）认为，我国农民的创业主要受自身、体制以及外部环境等因素的影响。韦吉飞、王建华、李录堂（2008）通过实证研究，发现人力资本、培训、社会背景和经历等对农民创业行为有积极影响。吴勇和蔡根女（2010）通过对影响农村微型企业创业的宏观因素的考察，发现城乡收入与工业化程度对农村微型企业的创业活动有重要影响。王静等（2011）研究表明，家庭环境、经济发展水平和人力资本三个因素是影响农民创业行为的重要因素。黄敬宝、杨同梅和刘玉凤等（2012）基于四个省份的106份问卷调查数据，运用描述性统计分析的方法得出影响农民创业的主要因素是获得较高的收入、照顾家庭和获得工作的自主性，而农民创业者面临的最主要问题包括创业能力、创业资源和创业环境。符志伟（2012）利用Logistic模型，对恩施州地区农民创业行为的影响因素进行了研究，结果表明，创业的主要动机、创业意识、家人态度、风险偏好、年龄、市场信息的获取、税收优惠等因素均对该地区的农民创业行为有显著影响。樊永瑞（2013）通过实证研究得出，压力和动力是农民工返乡创业的前因变量，生计资本整合是压力和动力影响创业行为的中介变量，政策扶持对创业行为也具有明显的调节作用。王振芳、滕国玲（2012）发现婚姻、风险偏好、打工经历、培训、金融支持和政府政策等都对农民创业有显著影响。朱红根、康兰媛（2013）研究结果表明，年龄、性别、文化程度、风险偏好、创业榜样对农民的创业意愿有显著影响。罗明忠和邹佳瑜（2012）的研究结果表明，社会资本对农民创业的动机、实施和选择都有重要的影响。罗媛杰（2014）研究结果表明，年龄、风险规避对农民创业有显著负影响，家庭背景、从商经验、成就需求、控制点和自主性对农民创业有显著正影响。张应良等（2014）研究发现，户主特征对东中西部地区农民创业成功都存在显著影响，创业特征对东中部地区农民创业成功存在显著影响。李长峰、庄晋财（2014）发现，创业资本、社会资本、资本环境、技术环境、先前经验以及制度环境因素对农民工创业者在创业初期选择行业具有重要影响。张益丰、郑秀芝（2014）研究结果表明，企业家才能、产业环境与制度环境的异质性因素对农民创业意愿有显著影响，而企业家才能、创业项目与本地农业产业化契合程度、自身资源禀赋以及政府扶植力度都对农民创业绩效有显著正影响。黄俊等（2014）研究表明，农民的性别、年龄、打工经验、认为外部环境提供支持、创业来源于自身创新等变量对农民创业意愿均有显著影响。黄少安（2003）认为，土地、户籍和教育制度三个方面对我国农民创业有着较大的影响。

2.4.4 关于农民创业效果研究

目前，关于农民创业的效果，大部分学者集中关注农户创业对农村收入（贫困）的影响。例如，温锐（2004）通过实证分析的手段证明了农民创业对于农民创收增收的影响性，并且提出解决我国“三农”问题的关键在于农民增收问题的解决，而农民增收的主要手段是实现农民的自主创业。李含琳（2008）从农民创业行为对于社会和经济的影响角度出发，阐述了农民创业行为对于农村发展的重要意义。李岳云（2008）同样验证了农民创业行为对于新农村建设和乡镇统筹发展的重要战略意义。古家军等（2012）研究了东中西部地区农民创业行为对农民人均收入的影响，认为东中部地区的农民创业行为对农民增收有显著的促进作用。韦吉飞（2013）用基尼系数分解法和收入模拟法研究了农民创业对农村收入不平等及贫困的影响，结果表明农民创业活动有利于农村贫困家庭收入的提高。韦吉飞、李录堂（2010）将农村私营企业投资者和个体户占农村总体就业人数的比重作为反映农民创业活跃程度的指标，通过实证分析验证了农民创业与农村经济增长之间的拉动效应。刘雨松（2014）对农户创业活跃度和农户收入的关系进行实证研究，结果发现农户创业活跃度和农户收入之间存在长期稳定的相关关系。薛继亮、李录堂（2009）测算了农民创业对专业化分工和农业经济增长的作用。芮正云、庄晋财（2014）对农户创业与农村经济增长之间的互动关系进行实证研究，结果表明：农户创业对农村经济增长具有显著的正向影响，而农村经济增长并不会导致农户创业活动的增加。高静、张应良、贺昌政（2013）基于分工理论对农民创业促进农村经济发展的内在机理进行研究，结果发现农民创业对农户增收、农业生产率提高的贡献很大。

2.5　关于创业环境对农民创业行为影响的研究

李岭梅、赵鹏程（2005）认为，农民创业是内因和外因相互作用的结果。其中，外因包括政策环境和市场环境等。罗明忠、皱佳瑜和卢颖霞（2012）发现，政府行政成本、法律保障、资金帮助、技术支持和风险补偿等政府优惠政策对农民创业有重要影响。张海洋、袁雁静（2011）根据村庄附近金融机构分布情况，构建了金融环境指数的计算方法，并进一步分析村庄金融环境对农户创业行为的影响，结果表明，金融环境确实影响着农户的创业行为；四大国有银行对农户创业影响不大，农村信用社和新型农村金融机构对农户创业有积极的影响。钱晓燕（2009）研究发现，外部创业环境的优劣直接影响着农民创业机会和对机会的把握程度。赵西华（2005）研究发现，创业环境、优化政策和创业信息等因素都影响着农民创业行为。郑风田（2006）认为，应该从创业辅导、金融支持、创业机会、创业服务等方面构建鼓励失地农民创业的政策支持体系。郭军盈（2006）认为，目前我国社会经济中存在的“双二元结构”及由此形成的土地制度、户籍制度和教育制度等影响了农民创业的机会。朱红根、康兰媛、翁贞林等（2010）研究得出，政策支持力度是影响农民工返乡创业意愿的重要因素。肖华芳、包晓岚（2011）实证分析了融资环境与农民创业的关系。程郁、罗丹（2009）发现，金融机构的信贷约束不会直接影响农民创业选择，但会对农民创业过程中资源获取结构和创业层次、水平产生影响。吴昌华、戴天放、魏建美（2006）总结了 5 个农民创业的制约因素，其中创业资金不足与城镇化进程缓慢是两个重要的经济因素。Fox（2001）认为，农村创业者会把基础设施建设看作在农村地区进行创业的重要条件。Marshall，T（2001）认为，信息通信技术能把先进的城市金融服务普及农村地区，改善农村教育，并推动农村创业。王天权（2006）认为，农村交通设施、信息化设备落后，农民获取知识和信息的渠道少，制约了农民创业的发展空间，同时也增加了农民创业的风险。Ray（1998）研究发现，农村创业可以使当地文化商品化，并从文化的角度重新评估土地价值，从而推动农村创业和创新。Andreas Eckert（1999）考察了 1880~1950 年社会文化体系对喀麦隆农民创业行为的影响，结果表明，农村的地理位置会影响农民创业以及农村企业的成长和发展，并且不同的农村自然资源、气候、地貌和自然风光客观上会造就不同的农村创业机会，从而影响农民的创业行为。林斐（2004）认为，利用本地资源条件是驱动农民工回乡创业的一个重要原因。夏公喜、湛中林、李明水（2009）等学者对南京市郊区（县）农民创业情况的调查表明，离市中心和工业集中区越远，农民创业比例越低。解春艳（2013）研究表明，政策支持环境、社会经济环境、科技文化环境、金融服务环境、基础设施环境都分别显著影响创业意愿。卢旭（2013）得出，创业环境对创业行为的发生存在一定影响，落后的金融服务、不够完善的基础设施环境、较弱的政府扶持力度均制约了农民工创业行为的发生。潘杰（2014）研究表明，区域经济发展水平和基础设施环境影响农民创业行为。

2.6 关于创业环境对农民创业绩效影响的研究

张应良、汤莉（2013）对东部两省 284 份样本数据进行实证分析，研究结果表明，政府支持力度和贷款难易程度等环境因素对农民绩效有重要影响。杨文兵（2011）研究发现，农民家庭创业环境对创业绩效具有显著间接影响。朱红根（2012）研究结果表明，政策资源获取对农民工返乡创业绩效有重要影响；对初始创业农民工影响较大，而对达到一定创业水平的农民工影响较小。蒋剑勇（2014）研究发现，农民创业者强关系（家人、亲友）中的创业榜样对提高农民创业企业绩效发挥着重要作用。刘炼春（2013）通过构建结构方程进行实证分析，发现创业政策支持对农民创业企业的生产绩效和成长绩效会产生显著正向影响。周惠珺（2013）研究表明，创业地距市场中心越近，其产生创业绩效会越高；反之，越低。杨新萍（2012）研究发现，创业区域基础设施环境和政策支持环境（税收减免、信息咨询、信贷扶持、创业培训）对农民工返乡创业绩效有正向影响。潘杰（2014）研究指出，经济发展水平越高，设施越完善，农民创业机会越多，创业成功率越大。黄中伟（2004）研究认为，市场是浙江农民创业成功的关键因素。米运卿、赵立莹（2006）提出，只有为农民创造良好的社会环境，才会提高农民创业的成功率。朱红根等（2015）通过建立创业环境对农民创业绩效影响的结构方程模型，发现金融服务环境、社会经济环境和基础设施环境对农民创业绩效有直接正向影响；政策支持环境通过金融服务环境对农民创业绩效产生间接正影响，创业氛围环境和科技文化环境通过社会经济环境对农民创业绩效产生间接正影响；资源禀赋环境对农民创业绩效影响不显著。

第 3 章　理论基础

3.1　核心概念界定

关于农户创业范畴界定，以往对于创业的研究范畴建立在城市居民家庭，因此将创业界定为创办企业组织或实现自就业以与以往的工资性工作相区别（Cagetti and De Nardi，2006；Evans and Jovanovic，1989；Holtz-Eakin et al.，2001；Hurst and Lusardi，2004）。然而，与城市居民存在差异的是，农户本身就是一种自我就业的群体，但这种就业并非都是非农经营活动。本研究中，广义上的农户创业为创办了家业和创办了事业的群体性活动，主要包括传统农业的规模化经营、新技术应用、新产品推广、开展新业务、建立新组织等。具体分为三大类：

（1）农户种养业创业：包括种植业、养殖业、林业和渔业，既有传统农业产业的规模化经营，也有对传统农业改造的新兴产业。

（2）农户创办企业创业：创办企业、商业流通和三产服务等。该类涵盖的形式具体为私营企业、加工作坊（如木匠、篾匠、弹棉花、豆制品加工）、流动服务（如缝纫、泥瓦匠、油漆匠、运输等）。

（3）农户创办合作社创业：创办农民合作经济组织和专业协会等。

3.2　劳动力转移理论

国外学者从不同的角度阐述了农业剩余劳动力转移的理论，主要代表有刘易斯模型、拉尼斯—费模型和哈里斯—托达罗模型。

3.2.1 刘易斯模型

刘易斯分析和提出了发展中国家存在着的一种二元经济结构：城市比较发达的现代工业部门和农村传统的自给自足的农业部门。在传统农业部门，由于缺乏资本投入，人口持续增长，使得劳动力过剩，形成了不充分就业和隐蔽性失业的状态，劳动力的边际生产率接近零甚至小于零。而在现代工业部门中，随着生产发展和资本积累的不断扩大，规模日益扩大，扩大的速度超过了城市本身的人口增长，劳动力的边际生产率逐步提高。因而在允许农业部门劳动力可以自由流动的前提下，农业劳动力不断向工业转移，这就是刘易斯的“劳动力无限供给下的经济发展模式”。

3.2.2 拉尼斯—费模型

费景汉、拉尼斯（1964）将农业部门劳动力向城镇的转移和经济发展联系起来，分三个阶段进行分析。

第一阶段：农业部门劳动力的边际生产率接近零，由于存在着大量的隐性失业者，农业部门劳动力的转移不会造成农业总产出的减少。

第二阶段：农业部门劳动力边际生产率大于零且小于平均工资水平，在此阶段存在着一定的隐性失业者，随着工业部门的规模扩张，这些剩余劳动力转移到工业部门。

第三阶段：农业部门劳动力边际生产率不小于平均工资水平，隐性失业者完全被吸纳，传统农业被完全商品化，农民和工人的收入都由劳动力的边际生产率来决定，工业部门与农业部门对劳动力的需求呈竞争属性。

3.2.3 哈里斯—托达罗模型

该模型认为，农村劳动力是否迁移到城市进行就业的决定因素不仅包括城乡的实际收入差异，还包括就业的概率，即主要取决于城乡预期收入差异，差异越大，流入城市的人口越多。托达罗认为，农村劳动力在城里待的时间越长，他在城里获得的工作概率越大，从而他的预期收入越高。据此得出，长期看，城市预期收入比农村预期收入要高，因而，农村劳动力愿意转移到城市里寻找就业机会。

哈里斯—托达罗模型比刘易斯模型和拉尼斯—费模型这两个模型更适合发展中国家的事实，该模型揭示了在城镇存在高失业率的情况下农业剩余劳动力仍向城镇转移这一现象。

3.3　计划行为理论

计划行为理论（Theory of Planned Behavior，TPB）认为，人的行为是经过深思熟虑的计划结果，已被许多学者广泛运用在各种情境下，作为探讨和诠释个人采取某一特定行为的主要理论基础。分三个阶段来分析行为的形成过程：一是行为意图决定了行为，二是行为意图受到行为的态度、主观规范、控制认知三个内生的心理因素共同或部分作用影响，三是个体特征、对事物的信念和态度、工作特性和情境外生变量决定了其行为的态度、主观规范和控制认知心理因素。具体分析过程如图 3–1 所示。

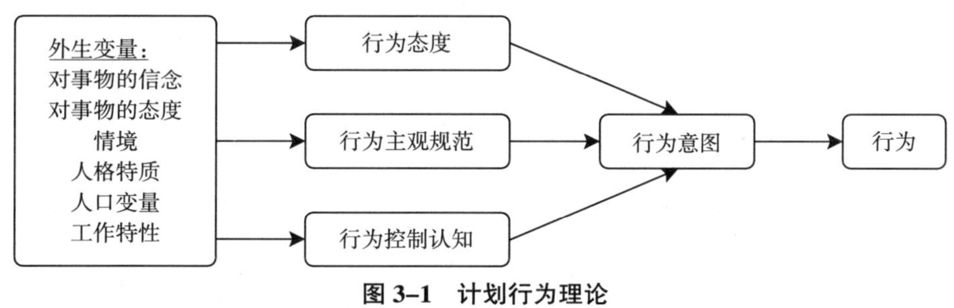

图 3–1　计划行为理论

资料来源：Ajzen（1989）。

TPB 认为，行为意图是预测行为的最好方法（Fishbein and Ajzen，1975），即意图越强，行为执行的可能性越高，换言之，行为意图与行为之间息息相关（Ajzen，1991）。因而该理论假定，个体对行为的态度越正面，即对该行为认识的实际控制越多，则个体从事该行为的意图越强；当预测的行为不能受自己完全控制时，行为控制认知会对行为产生影响。

3.4 创业理论模型

3.4.1 蒂蒙斯创业过程模型

蒂蒙斯所构建的理论模型，如图 3–2 所示，一方面以机会、团队及资源三大关键要素精练概括了创业过程的复杂性，并指出创业机会是整个过程的核心要素，创业资源是过程推进的必要支持，而创业团队则是发现和开发机会、整合资源的主体；另一方面重点描述了机会模糊性、市场不确定性、资本市场风险以及其他外生因素影响下的关键要素之间的动态匹配过程。在他看来，要实现要素之间的弹性平衡，扮演决策者角色的创业团队需要具备一定的创造力、领导力和沟通能力。在创业初期，创业团队的决策重心在于挖掘和选择合适的机会，并迅速组织所需资源以把握机会；而随着新企业的建立与壮大，它将面临更加复杂的市场环境和更为严峻的竞争挑战，此时创业团队的决策重心则应转向合理配置各项资源和规范建设管理体系，以提高自身应对风险的综合能力。显然，蒂蒙斯的创业过程理论模型高度适应了创业过程的复杂性和动态性特征，为分析创业现象提供了一个颇为有力的系统性手段。

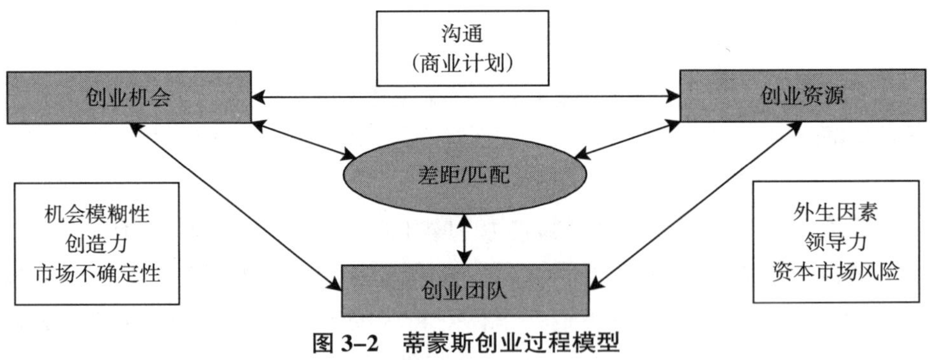

图 3–2 蒂蒙斯创业过程模型

3.4.2 加纳（Gartner）创业模型

加纳在 1985 年指出，新企业创建是一个新企业组织过程，即按照既定目标将各个相互独立行为进行排列组合以达到理想结果。他研究认为，新企业创业结构模型包括创业者、创业组织、创业过程和创业环境四个维度。并进一步分析了创业环境维度的具体内容：金融资源和风险资本的可获性，供应商、顾客和新市场的可获性，土地和自然资源的可获性，政府政策影响，支持性服务的可获性。

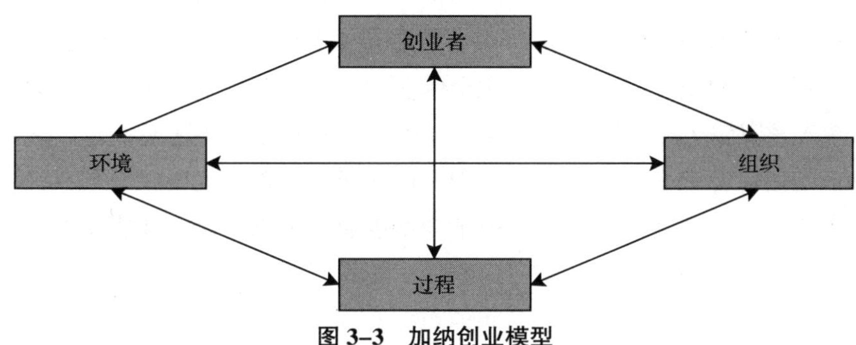

图 3-3　加纳创业模型

3.4.3　威克姆（Wickham）创业模型

Wickham（1998）研究提出基于学习过程创业模型，内容包括以下三个方面：

第一，主张创业活动包括创业者、创业机会、创业组织和创业环境四个要素，且这四个要素之间相互影响、相互制约。

第二，在创业活动过程中，该模型倡导创业者的重要作用，并进一步指出，创业就是创业者识别创业机会、管理创业组织和适应创业环境的学习过程。

第三，创业就是在学习中发现和解决问题，并不断适应创业环境的过程，而创业组织是一个学习型组织。通过学习，实现要素之间转化和平衡，进而成

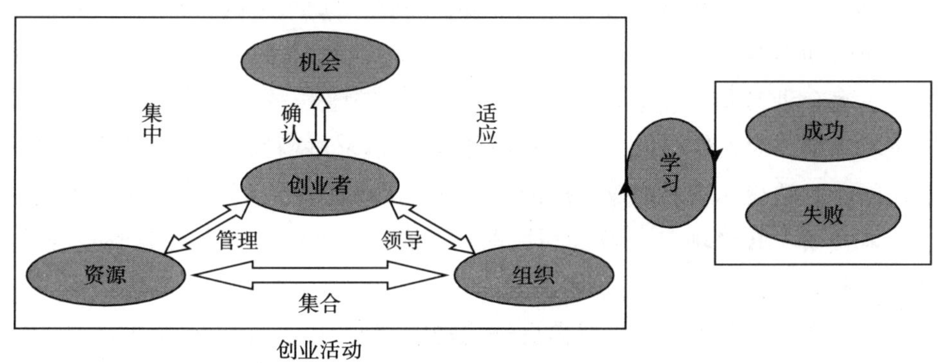

图 3-4　威克姆创业模型

功完成创业。

3.4.4 Shane 和 Venkataraman 创业模型

以往研究通常基于自行给定的诸多元素展开讨论，这使得创业研究的定义和框架含混不清，也欠缺适当的理论基础。Shane 和 Venkataraman 于 2000 年在《管理学评论》上发表的《创业作为一个研究领域的前提》一文则改变了这一局面。如图 3–5 所示，提出了一个以创业机会的发现、评价和开发为主线的创业研究概念框架，试图为创业研究领域搭建统一的理论平台。不难发现，与以往成果相比，他们的研究特色在于：第一，把创业机会作为创业研究的核心要素，关注机会的来源、发现和开发；第二，相较于环境因素更重视考察个体在围绕机会展开的一系列关键活动中的影响；第三，拓展了创业研究的边界。

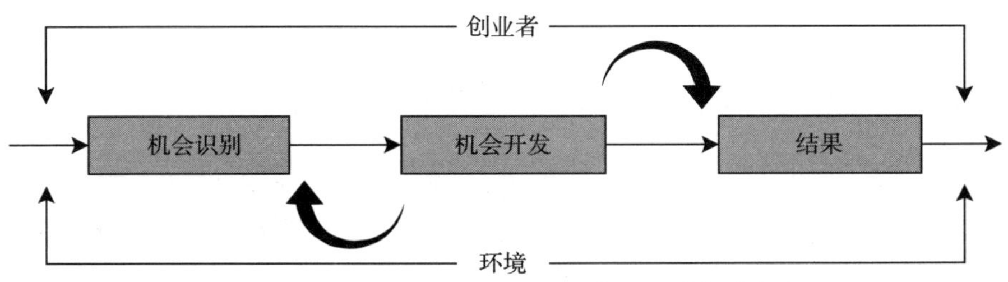

图 3–5 Shane 和 Venkataraman 创业研究概念框架

3.4.5 GEM 创业模型

GEM 是由英国伦敦商学院和美国百森商学院共同发起成立的研究项目。GEM 研究在国别层次上主要关注 5 个问题：创业活动水平的状态、特性和变化；不同创业活动类型的特性、差异和变化；创业与区域经济发展关系；创业环境条件的优劣及创业政策评价。GEM 提出的国际经济增长的概念模型（见图 3–6），将促进经济增长的条件分成一般国家条件和创业条件两种，分别表示现有大中小企业发展的基础和环境、创业活动的基础和环境。其中，创业环境条件由金融支持、政府政策、政府项目、教育与培训、研究开发转移、商业和专业基础设施、市场开放程度/进入壁垒、有形基础设施、文化和社会规范 9 个维度组成，用于反映对创业产生显著影响的主要社会经济特征。

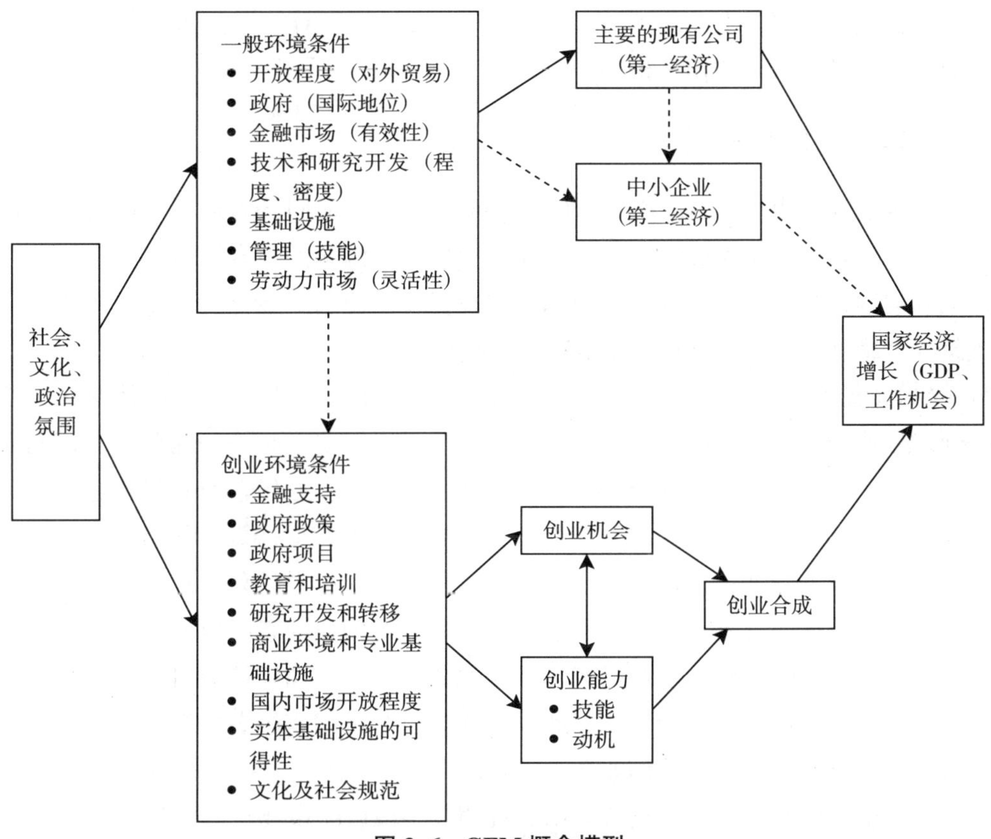

图 3–6　GEM 概念模型

资料来源：高建，姜彦福，李习保等. 全球创业观察中国报告——基于 2005 年数据的分析. 北京：清华大学出版社，2006.

GEM 模型研究了两套推动国家或地区经济增长的机制，既相互补充又相互独立。

第一套机制是图 3–6 中上半部分的描述，反映了作为一个国家国际贸易代表的大企业和成熟企业的地位（第一经济）。它隐含着这样的假设：如果适当改善国家条件，将增强大企业的国际竞争力，为国家经济创造更多产品和服务需求，这些需求的增加会为更多小企业提供市场机会。当国际贸易环境非常稳定，生产技术和市场变化很小时，成熟企业对经济增长的推动作用尤其明显。

第二套体制是图 3–6 中下半部分的描述，强调创业活动的地位和作用。该机制分为两部分：一是创业机会，二是创业者能力。当市场环境处于动荡变革时，企业需要具备高度的创新性和对市场变化的灵敏反应才能获得成功，此时创业活动对经济增长的推动作用更为显著。GEM 主要集中于对第二套体制的研究，即创业活动与经济增长的作用机制。

3.4.6 五维度模型

五维度模型由 Gnyawli 和 Fogel 于 1994 年提出，他们认为外部环境对新创企业的生存与发展有很大影响力，是创业过程中多种因素的组合，该组合包括政府政策和规程；社会经济条件；创业和管理技能；创业的资金支持；创业的非资金支持 5 个维度的指标，并设计了 33 个子维度。

（1）社会经济条件。社会经济主要包括两个方面，一是地区经济状况，二是公众对创业的态度，它影响创业环境其他四个维度。地区经济状况良好，该地区机构和居民收入多，可投资资金也相对较多，创业者创办新企业获得资金支持更容易；同时创业机会随之增加，使得创业者对创业和管理技能的需求增加，促进了社会对创业和管理技能培训和服务的质量与数量的发展。公众对创业的态度直接影响政府政策和规程及创业非资金支持，公众对创业的态度影响政府态度，政府政策和规程会向有利于创业行为的方向发展；同时，如果社会对创业行为态度积极，会增强企业的非资金支持。此外，社会公众对创业的态度还将严重影响创业者的创业意愿，从而影响创业活动的发展。

（2）政府政策和规程。政府运用宏观调控手段影响市场机制产生，特别是在经济转型国家，政府的改革开放政策通过经济增长和市场变化率对创业机会产生影响。同时，政府通过建立健全政策和规程，为创业者提供广阔的发展机会，营造一种适度承担风险条件下追求利润的企业文化。

（3）创业和管理技能。缺乏创业技术与管理技能不仅会大大降低人们的创业意愿，而且会阻碍创业者的事业发展。而具备良好的技术和管理技能，可以使创业者在创业过程中克服各种困难。因此，对创业者的创业技术和管理技能的培训和教育显得尤为重要。

（4）创业的资金支持。创业者需要的资金支持主要有分散创业风险、积累原始资本和扩大融资三个方面。由于创业初期的不稳定性和高风险性以及创业者对融资成本的考虑，难以获得金融机构的有效支持，因此，新创企业的资金来源主要是自有资金、亲朋借贷等。创业企业进入成长阶段，不确定性逐渐降低，风险投资才开始介入。

（5）创业的非资金支持。非资金支持包括孵化器设施、社会关系网络、政府对研发项目的支持力度、基础设施等方面。在如何进行市场研究、准备商业计划、获得贷款等方面，创业者尤其需要援助，孵化器在这方面发挥的作用很大。相关研究显示，新创企业初期，创业者将大量时间花费在与相关企业和组织建立关系网络上，使关系网络成为增强创业能力的有效机制。政府针对创业的研发项目，向创业者提供政策优惠、技能培训、咨询服务等促进创业。基础设施是创业的前提和保障，包括便利的交通设施、现代化的通信设施、良好的水电气设施等。

3.5 顾客满意度指数

顾客满意度（Customer Satisfaction Degree，CSD）是顾客消费后对消费对象和消费过程的一种主观情感反应，是顾客满意水平的量化指标，是从顾客对产品或服务的质量评价中抽取的潜在变量，是对传统的、具有物理意义的产品或服务的质量评价标准的突破，是人们对质量认识的飞跃，使不同的产品或服务之间具有了质量上的可比性。

1989 年，美国密歇根大学商学院质量研究中心费耐尔（Fornell）博士总结理论研究成果，提出把顾客期望、购买后感知、购买价格等多方面因素组成一个计量逻辑模型，即费耐尔模型。以此模型运用偏微分最小二次方求解所得出的指数，就是顾客满意度指数（Customer Satisfaction Index，CSI）。费耐尔博士的研究成果是迄今为止最成熟和运用最广泛的顾客满意度指数理论。CSI 测量模型吸取了成熟的抽样调查和统计理论，人们可以利用这一模型展开对顾客满意度形成要素的调查，预测关键要素改进对提高顾客满意度的效果。近年来，一些国家根据本国的顾客满意度理论与实践，建立了适用于本国的顾客满意度指数模型，具有代表性的有瑞典顾客满意度指数（SCSB）、美国顾客满意度指数（ACSI）、欧洲顾客度满意指数（ECSI），我国在 2001 年由清华大学研究小组构建了中国顾客满意度指数（CCSI）。

3.5.1 瑞典顾客满意度指数（SCSB）

瑞典首先采用费耐尔博士及其研究团队设计的具有因果关系的瑞典顾客满意度指数（Swedish Customer Satisfaction Barometer，SCSB）模型，成为世界上首个在国家层面进行顾客满意度调查的国家。瑞典顾客满意度指数模型（见图 3-7）包含了 5 个结构变量、10 个测量变量和 6 个关系，变量包括顾客期望、感知价值、顾客满意度、顾客抱怨和顾客忠诚，其中顾客满意度是最终目标变量，顾客期望和感知价值是顾客满意度的原因变量，顾客抱怨和顾客忠诚是顾客满意度的结果变量。

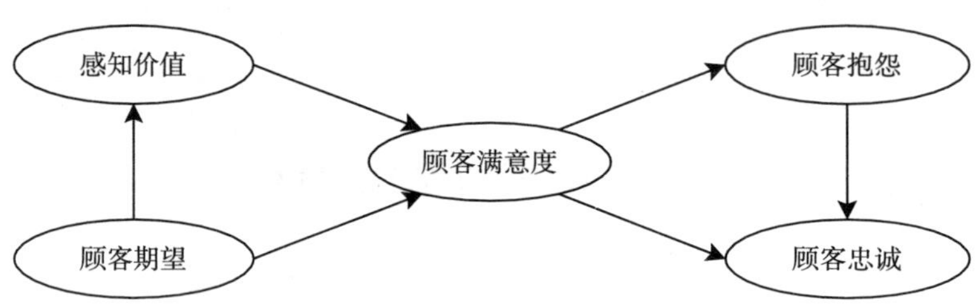

图 3-7 瑞典顾客满意度指数模型（SCSB）

资料来源：Fornell，Claes. A National Customer Satisfaction Barometer：The Swedish Experience. Journal of Marketing，1992（56）：6-21.

利用该模型对瑞典 32 个行业中 100 多家公司进行的顾客满意度调查分析表明，顾客满意度不仅能帮助企业计算未来收益，以做出合理投资决策，而且能够有效测量经济产出质量。

3.5.2 美国顾客满意度指数（ACSI）

美国顾客满意度指数（American Customer Satisfaction Index，ACSI）模型（见图 3-8）是费耐尔博士及其研究团队在瑞典顾客满意度指数模型的基础上提出的，与之相比，不同的是增加了感知质量这一变量。该模型包含 6 个结构变量、15 个测量变量和 9 个关系。1994 年美国利用 ACSI 模型对 40 个行业中 200

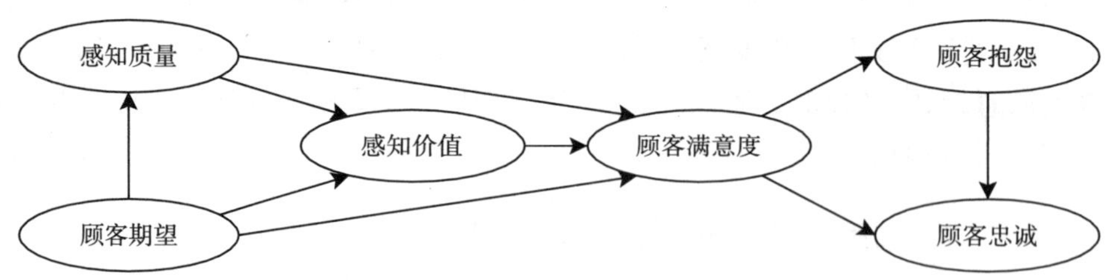

图 3-8 美国顾客满意度指数模型（ACSI）

资料来源：Forell Claes，Michael D. Johnson，Eugene W. Anderson，etal. The American Customer Satisfaction Index：Nature，Purpose，and Findings. Journal of Marking，1996（60）：7-18.

多家公司的产品或服务进行调查分析，调查结果代表了美国国内生产总值的40%。自 1994 年起，美国质量协会每季度在《财富》杂志上公布一次顾客满意度指数调查结果，顾客满意度评价已经成为现代质量管理关注的焦点。美国 30 个重要联邦政府机构确定用 ACSI 作为测量顾客满意度的工具。

3.5.3 欧洲顾客满意度指数（ECSI）

欧洲顾客满意度指数（European Customer Satisfaction Index，ECSI）研究由欧洲委员会、欧洲质量组织和欧洲质量管理基金等机构共同资助完成。ECSI 模型（见图 3-9）与 ACSI 模型相比，增加了形象这一变量，删除了顾客抱怨，并将感知质量分为感知硬件质量和感知软件质量两部分。就有形产品而言，感知硬件质量为产品本身质量，感知软件质量为服务质量；就服务产品而言，感知硬件质量为服务属性质量，感知软件质量代表在服务过程中同顾客交互作用的一些因素，如服务提供人员的行为、语言、态度、服务场所环境等因素。

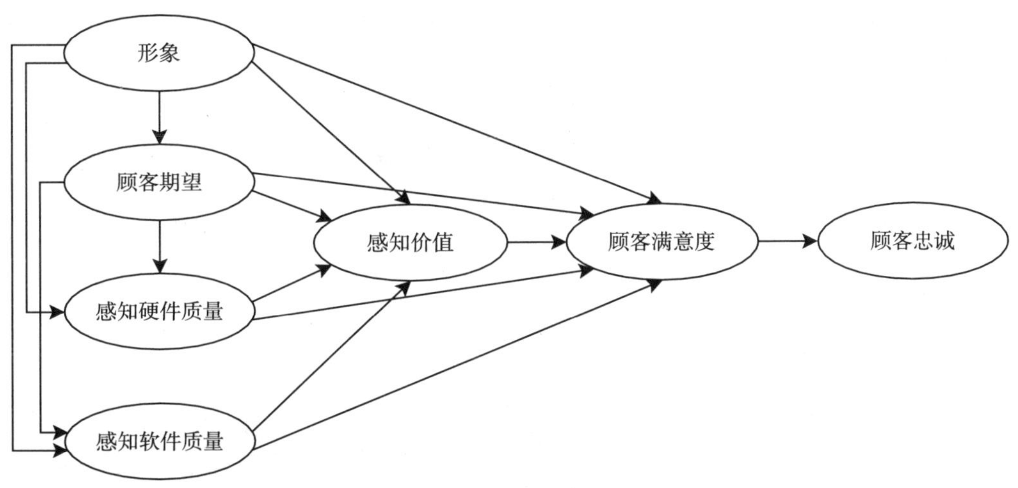

图 3-9 欧洲顾客满意度指数模型（ECSI）

资料来源：Vilares，Manuel Jose and Pedro Sim oes Coelho，The Employee-Customer Satisfaction Chain in the ESCI Model［J］. European Journal of Marketing，2003（37）：1706.

1999 年，欧洲委员会等机构在欧盟 12 个国家开展顾客满意度调查，丹麦作为最初试用 ECSI 模型的国家，其应用 ECSI 模型的邮政系统经验被国际邮政协会采用，并在 19 个欧洲国家的 21 个邮政系统中使用，得到广泛赞同。

3.5.4 中国顾客满意度指数（CCSI）

1995 年，清华大学首先开始研究中国顾客满意度指数，2000 年，中国标准化研究院和清华大学开展了两次全国性调查试验，于 2002 年开始推广应用中顾客满意度指数。中国满意度指数模型（见图 3-10）在借鉴和吸收了 SCSB 模型、ACSI 模型等模型优点的基础上，结合中国消费者行为的实际特点，构建包括感知质量、顾客期望、品牌形象、感知价值、顾客满意度和顾客忠诚 6 个变量的中国满意度指数模型。

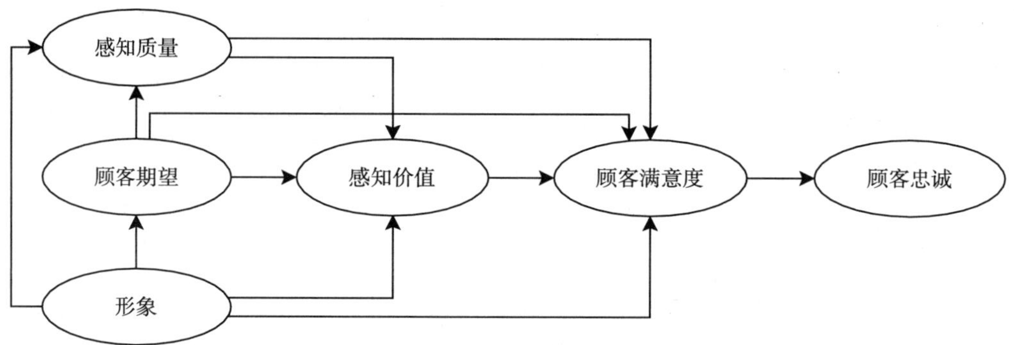

图 3-10 中国顾客满意度指数模型（CCSI）

第 2 篇

农户创业行为篇

第 4 章　农民创业动机分析

4.1　文献回顾与理论分析

创业已经成为推动各国经济发展的重要动力，各国或各地区政府制定经济政策的重要目标之一就是不断提高各国内以及各地区内人们创业水平。一般来说，在我国欠发达区域，经济发展水平滞后的主要原因之一是创业不活跃，因此，激发欠发达地区农民创业的热情从而推动欠发达地区创业是实现农村经济发展的重要措施。近年来，由于农民创业较大地带动了农村经济发展，提高了农民收入以及生活水平，促进了城乡一体化发展以及推动了农业产业化，从而不断得到国家的重视。农民创业动机可以理解为激发维持和调节农民所从事的创业活动，并且引导农民超越自身的经营目标的内部心理过程或者内在动力。这种内在动力在不同影响因素的作用下，会对农民创业行为产生不同影响，并且成为决定农民创业是否成功的关键。因此，本部分重点分析了影响农民创业动机的影响因素以及不同创业动机对农民创业绩效所产生的影响。

4.1.1　文献回顾

关于影响创业动机的因素，Solymossy（1997）基于马斯洛需求层次理论提出 9 种创业动机影响因素，即工作满意度、社会地位、经济需要、权力、健康、成就、独立、机会和职业稳定性。Christopher L. Shook 和 Richard L. Priem（2003）认为，创业动机受个体的心理特征、社会特征和认知特征影响。Kuratko（1997）等、Robichaud（2001）等通过对北美国家进行调查研究，探讨激励类型对创业成功的决定机制从而得出创业激励分为四类：内部回报，独立自主性，外部回报以及家庭安全。这四类因素决定了创业激励的水平，进一步影响了创业成功与否。Suzuki（2002）指出，创业动机是个体与环境相互作用的结果，并且经过对比硅谷和日本高科技新创企业的创业后，发现日本创业者以社会导向为创业驱动力的占大多数，而硅谷创业者的创业动机更多是受个体因素导向，如个体的成就感和个人财富的积累等。基于前人的研究成果，Shane（2003）提出创业动机的影响因素有风险偏好、成就动机、对风险的容忍、内控倾向、创业效能感、追求独立性和目标导向等。

国内也有一些学者对创业动机的影响因素进行了研究，例如，高洁（2007）通过调查研究发现以下几个影响创业动机的因素：一是创业者个体特征，包括年龄、性别、教育背景、先前工作经验等因素对创业动机取向有重要影响；二是外部环境影响因素，如资金和人才环境对创业动机的影响最为显著；三是创业者人格特质中的外向性和胜任力中机会胜任力对动机取向的预测作用较广泛。沈志芳（2009）认为，价值观是影响创业动机的关键要素。郭德俊（2012）认为，动机的产生受着有机体内外多种因素的影响，如内部因素包括个体内部生理结构、生理的激活水平、心理的认知能力、风格、情绪、情感状态和个性特征等，而生活条件、社会地位、传统文化、风气等外部因素同样会直接影响动机决定形成。

关于创业动机对创业绩效的影响，Wiklund（1999）指出，具有高级别创业导向的企业可以充分利用商业机会获得先动优势，从而取得良好的绩效。Winier（2000）立足于组织行为理论，从理论上论证了企业家、高层管理者的高动机有助于提高绩效的观点。Baum、Locke 和 Smith（2001）指出，创业动机对企业的成长有着显著的影响作用，他们认为企业的成长受特殊胜任力、动机和竞争战略等多方面的影响。Robichaud 和 Roger（2001）运用相关性分析研究了四个创业动机因素即内部报酬、外部报酬、独立与家庭保障与三个绩效变量即利润、销售额和风险资金获取之间的关系，得出外部报酬与公司的销售额和个人获取的利润具有显著相关性；内部报酬与利润、销售额和个人所得是负相关；独立的需要与公司的利润是正相关。Shane、Locke 和 Collins（2003）认为，创业动机不仅对创业行为的产生有着显著的影响，还会影响到对创业机会的识别、创意的生产以及对创业行为的管理，最终会影响到企业的创业绩效。Wiklund、Shepherd（2003），Avlonitis、Salavou（2007）研究发现，创业导向与企业绩效之间的正向关系。另外一些学者，如 Matsuno（2002），Blesa 和 Ripolles（2003），魏江、焦豪

(2008)，胡望斌、张玉利、牛芳（2009）等都指出创业导向与创业绩效并非直接相关，它还受到市场导向、网络资源、组织学习以及企业能力等中介变量的影响，而姚梅芳（2007）等从机会型和生存型创业对经济增长的贡献、创业的动机、创业面临的壁垒以及创业者的特征等比较了两者的差异。

4.1.2　理论分析

根据前人的研究，创业动机可以被认为是引起和维持个体从事创业活动，并使活动朝向某些目标的内部动力。它是鼓励和引导个体为实现创业成功而行动的内在力量并在整个创业过程中具有十分重要的作用。创业动机具有激发、指向和维持的功能。首先，创业动机能够激发创业主体关注创业机会信息、创业政策，搜寻创业机会，通过现有的知识经验判断机会价值的高低、整合资源开发机会。其次，创业是一个艰难的过程，创业动机使得创业者在创业中有明确的目标并且朝着目标方向努力而不会在困难中迷失目标。最后，创业过程充满了未知和风险，这对创业者来说也是对其心理素质的考验，创业动机可以帮助创业者维持创业的信心从而继续创业活动。

本部分将农民创业动机的类型分为生存型创业动机、成长型创业动机和价值型创业动机。生存型创业动机是指农民为了赚钱满足自我以及家人的生活基本需要而选择创业；成长型创业动机是指农民为了实现自我的发展需求而选择创业；价值型创业动机是指农民通过自己的一技之长，为实现自身价值而选择创业。

对于创业动机对农民创业绩效的影响，笔者认为上文中提到的生存型创业动机、成长型创业动机以及价值型创业动机对农民创业的绩效影响存在显著的差异性。与生存型创业动机的绩效相比，成长型和价值型创业动机的绩效更好。其原因有以下三点：第一，相较于以生存型动机创业的农民，以成长型和价值型创业动机创业的农民掌握了更多相关知识，同时在创业过程中表现出了更高的创业意愿以及能力。第二，成长型和价值型创业的农民比生存型农民拥有更多融资机会和渠道，积累了更多的财富资源从而使得自身创业的门槛和成本都低于生存型农民。第三，与生存型创业的农民相比，成长型和价值型创业农民在进行创业活动前会做好更加充分的准备，更好地规划创业目标。

4.2 农民创业动机特征分析

4.2.1 不同创业动机的农民特征分析

如表 4–1 所示，相较于生存型的农民，成长型（39.75）和价值型（39.26）创业农民的年龄明显比生存型农民（41.90）年龄低。在性别方面，三种类型创业农民都以男性为主，成长型创业农民人数显著高出生存型创业农民人数 6.6%；从风险偏好看，成长型创业动机的农民更加偏好冒险，并且比生存型创业动机的农民高出 5.5%；价值型创业动机的农民相较于生存型创业动机的农民更加偏好冒险且高出生存型农民 9.0%。从家庭人均收入看，与生存型创业农民相比，成长型创业农民与价值型创业农民明显获得更多的收入，分别高出生存型创业农民 12.8%和 17.6%；在社会资本方面，成长型创业农民与政府人员联系更为密切，高出生存型创业农民 6.6%；在是否有一技之长方面，成长型创业农民拥有一技之长的人数显著高出生存型创业农民人数 8.0%；在家庭人数方面，成长型创业农民的家庭成员人数要高于生存型创业农民，但在婚姻状况、文化程度方面，成长型创业农民与生存型创业农民不存在显著差异；生存型与价值型的创业农民在性别、婚姻、文化程度、社会资本（是否与政府工作人员有联系）、一技之长、家庭人员数量方面不存在显著差异。

4.2.2 不同创业动机的农民创业绩效比较分析

这部分根据不同创业动机类型对农民绩效进行交互分析。本书中将农民创业绩效分为客观绩效、主观绩效以及成长绩效 3 类。其中，“客观绩效”设置的问题是“创业年利润为：2 万元及以下；3 万~5 万元；6 万~10 万元；11 万~20 万元；20 万元及以上”。其赋值方法为“2 万元及以下”=1；“3 万~5 万元”=2；“6 万~10 万元”=3；“11 万~20 万元”=4；“20 万元及以上”=5。对于“主观绩效”设置的问题是“你认为自身创业是否成功：很不成功；不成功；说不清；比较成功；很成功”。其赋值方法为“很不成功”=1；“不成功”=2；“说不清”=3；“比较成功”=4；“很成功”=5。成长绩效设置的问题是“与去年相比，营业增

表 4–1　不同创业动机的农民特征分析

变量	生存型创业者		成长型创业者		价值型创业者		成长型与生存型均值差异		价值型与生存型均值差异	
	均值	标准差	均值	标准差	均值	标准差	均值差异	t 值	均值差异	t 值
年龄	41.900	7.907	39.750	8.344	39.260	7.810	−2.157***	−3.952	−2.647***	−3.598
性别	0.850	0.355	0.920	0.273	0.880	0.329	0.066***	3.188	0.025	0.758
婚姻状况	0.970	0.174	0.950	0.208	0.990	0.110	−0.014	−1.099	0.019	1.274
文化程度	3.200	0.792	3.250	0.730	3.250	0.804	0.051	1.013	0.050	0.673
冒险型	0.190	0.390	0.240	0.428	0.280	0.448	0.055*	2.011	0.090**	2.364
家庭人均收入	2.710	1.101	2.840	1.099	2.880	1.129	0.128*	1.738	0.176*	1.701
是否与政府人员有联系	0.370	0.483	0.440	0.496	0.390	0.490	0.066**	2.021	0.018	0.399
一技之长	0.620	0.486	0.700	0.459	0.650	0.487	0.080**	2.539	0.028	0.624
家庭人员数量	4.680	1.427	4.980	1.391	4.880	1.264	0.305**	3.247	0.204	1.581

注：***、**、* 分别表示在 1%、5%、10% 的显著水平。

长速度如何：很低；较低；一般；较高；很高”。其赋值方法为“很低”=1；“较低”=2；“一般”=3；“较高”=4；“很高”=5。

表 4–2 分别显示了不同创业动机类型与客观绩效、主观绩效以及成长绩效的交互关系。首先，不同动机类型与客观绩效（年利润）的交互关系，结果显示：农民创业动机与客观绩效之间呈正相关，其值为 128.864 且在 1%水平上显著，表明农民创业动机形式越高，其客观绩效越好。年利润在 20 万元及以上的创业农民大多为价值型创业农民，占 16.0%，比生存型创业农民高 14.2 个百分点，比成长型创业动机农民高 8.8 个百分点。

其次，不同动机类型与主观绩效（创业是否成功）之间也呈现正相关，其值为 108.371 且在 1%水平上显著，由此可知农民创业动机形式越高，其主观绩效越好。成长型创业动机的农民绩效为“比较成功”的比例比生存型创业动机的农民绩效高出 13.2 个百分点，价值型创业动机的农民绩效为“比较成功”的比例比生存型创业动机的农民绩效高出 35 个百分点，并且比成长型创业动机的农民绩效高出 12.2 个百分点。

最后，不同动机类型与成长绩效（营业增长速度）之间呈正相关，其值为 37.213 且在 1%水平上显著，从而得到农民创业动机形式越高，其成长绩效越好。成长型创业动机的农民绩效为“一般或较高”的比例比生存型创业动机农民绩效高出 13.5 个百分点，价值型创业动机的农民绩效为“一般或较高”的比例比生存型创业动机农民高出 15.6 个百分点，且比成长型创业动机的农民高出 2.1 个百分点。

表 4–2 不同创业动机类型与客观绩效、主观绩效、成长绩效的交互关系

创业动机类型与客观绩效的交互关系							
变量分类	2 万元及以下（%）	3 万~5 万元（%）	6 万~10 万元（%）	11 万~20 万元（%）	20 万元及以上（%）	合计（%）	X^2
生存型	31.6	43.5	18.1	4.9	1.8	100	128.864***
成长型	13.6	34.5	29.2	15.5	7.2	100	
价值型	15.3	23.3	24.5	20.9	16.0	100	
创业动机类型与主观绩效的交互关系							
变量分类	很不成功（%）	不成功（%）	说不清（%）	比较成功（%）	很成功（%）	合计（%）	X^2
生存型	2.3	24.8	51.9	20.2	0.8	100	108.371***
成长型	0.6	10.8	45.1	43.0	0.6	100	
价值型	0.0	12.3	29.4	55.2	3.1	100	

续表

创业动机类型与成长绩效的交互关系						
变量分类	很低（%）	较低（%）	一般或较高（%）	很高（%）	合计（%）	X^2
生存型	7.2	25.3	67.2	0.3	100	37.213***
成长型	4.7	14.5	80.7	0.0	100	
价值型	4.3	12.3	82.8	0.6	100	

注：*** 表示 1%的显著性水平。

4.3　模型构建

4.3.1　农民创业动机影响因素模型

本书以农民创业动机为被解释变量，实证分析了影响农民创业动机的因素。将农民创业动机分为三类：生存型、成长型、价值型。其赋值方法为“生存型”=1；“成长型”=2；“价值型”=3。因为被解释变量是离散性，所以可以用多元 Logistic 模型进行分析，其可以表述为：

$$Ln\frac{P(Y_2)}{P(Y_1)} = \alpha_1 + \sum_{k=1}^{n} \beta_{1k}X_k + \mu$$

$$Ln\frac{P(Y_3)}{P(Y_1)} = \alpha_2 + \sum_{k=1}^{n} \beta_{2k}X_k + \mu$$

式中，P 表示农民创业动机选择的概率；Y_1 表示生存型创业动机，Y_2 表示成长型创业动机，Y_3 表示价值型创业动机；X_k 表示影响农民创业动机选择的主要因素。α_1、α_2 表示常数项，β_{1k}、β_{2k} 表示第 k 个影响因素的回归系数，μ 为随机误差项。

4.3.2　创业动机对农民创业绩效影响模型

$$Y = \alpha_0 + \alpha_1X_1 + \alpha_2X_2 + \sum_{i=1}^{K} \beta_i Z_{i,i=1,2,\Lambda,k}$$

式中，Y 代表农民创业绩效即创业年利润，X_1 和 X_2 分别代表成长型创业动机和价值型创业动机。Z 为一系列影响农民绩效的控制变量；α 和 β 为创业动机和控制变量的回归系数。

模型中选取的具体变量、统计量如表 4–3 所示。

表 4–3 模型变量定义及说明

变量名称	变量定义	平均值	标准差
因变量			
创业动机	生存型=1；成长型=2；价值型=3	0.19	0.395
客观绩效	年利润：2 万元及以下=1；3 万~5 万元=2；6 万~10 万元=3；11 万~20 万元=4；20 万元及以上=5	9.87	24.372
自变量			
年龄	实际年龄	40.27	8.574
性别	女性=0；男性=1	0.86	0.348
婚姻状况	未婚=0；已婚=1	0.95	0.216
文化程度	文盲=1；小学=2；初中=3；高中=4；中专及以上=5	3.26	0.793
风险偏好	冒险型=1，其他=0	0.19	0.395
家庭人均收入	5000 元及以下=1；5001~6500 元=2；6500~7500 元=3；7500 元及以上=4	2.80	1.009
与政府人员联系	0=否；1=是	0.38	0.487
是否有一技之长	0=否；1=是	0.63	0.483
家庭人数	2 个及以下=1；3~4 个=2；5 个及以上=3	2.52	0.533
成长型创业	以生存型为对照，成长型=1，其他=0	0.49	0.500
价值型创业	以生存型为对照，价值型=1，其他=0	0.15	0.358

4.4 计量经济模型结果分析

4.4.1 影响农民创业动机因素的实证分析

用 SPSS21.0 统计软件对样本数据进行多项 Logistic 模型回归处理，结果如表 4–4 所示。

表 4–4　影响农民创业动机因素的模型回归结果

变量	模型Ⅰ：成长型（以生存型为对照）			模型Ⅱ：价值型（以生存型为对照）		
	B 系数	标准误	Exp（B）	B 系数	标准误	Exp（B）
常数项	–0.343	0.678		–1.975	1.112	
年龄	–0.037***	0.009	0.963	–0.05***	0.013	0.949
性别	0.530**	0.229	1.699	0.021	0.300	1.021
婚姻状况	–0.175	0.393	0.840	1.349**	0.797	3.852
文化程度	–0.056	0.093	0.946	–0.091	0.130	0.913
人均收入	0.179***	0.066	1.195	0.141	0.093	1.152
一技之长	0.456***	0.152	1.579	0.563**	0.220	1.755
政府人员联系	0.366**	0.144	1.442	0.747***	0.197	2.111
风险偏好	0.175	0.172	1.192	0.392*	0.227	1.481
家庭人数	0.412***	0.132	1.509	0.390**	0.185	1.476
Cox and Snell	0.082					
Nagelkerke	0.095					
McFadden	0.043					

注：***、**、* 分别表示在 1%、5%、10%水平上显著。

（1）年龄对农民成长型创业和价值型创业有显著影响。年龄在模型Ⅰ和模型Ⅱ中通过了 10%水平的显著性检验并且系数为负，表明年龄越大的农民其成长型和价值型创业的概率越小。这可能是由于随着年龄的增长，农民工没有精力去追求更高级别的创业。

（2）性别对农民成长型创业有显著影响。在模型Ⅰ中，性别通过了 5%水平的显著性检验且其系数为正，由此表明在其他条件不变的情况下，男性农民成长型创业的概率要比生存型创业的概率高。而性别对价值型创业的影响不显著，也就意味着在其他条件不变的情况下，性别不会造成价值型创业和生存型创业概率的差异。

（3）婚姻状况对价值型创业农民有显著影响。在模型Ⅱ中，婚姻状况通过了 5%水平的显著性检验且其系数为正，表明在其他条件不变的情况下，大多数已婚的农民中价值型创业的概率比生存型创业的概率高。而婚姻状况对成长型创业的农民没有显著影响，表明在其他条件相同的情况下，婚姻状况不会导致成长型创业和生存型创业概率的差异。

（4）人均收入对成长型创业农民有显著影响。在模型Ⅰ中，人均收入通过了1%显著水平检验且其系数为正。这表明在其他条件不变的情况下，家庭人均收入越高，农民成长型创业的概率要比生存型创业的概率高也就意味着家庭人均收入越高，农民创业更多是为了满足自身成长的需要。模型Ⅱ表明，人均收入对价值型创业农民无显著影响，即在其他条件相同的情况下，家庭人均收入不会导致价值型创业与生存型创业概率发生显著差异。

（5）农民是否有一技之长对成长型创业和价值型创业具有显著影响。一技之长在模型Ⅰ和模型Ⅱ中分别通过1%和5%显著水平检验且其系数都为正，表明在其他条件不变的情况下，拥有一技之长的农民，其选择成长型和价值型创业的概率比选择生存型创业的概率大。

（6）农民是否与政府工作人员联系对成长型创业和价值型创业都具有显著影响。与政府工作人员联系在以上两个模型中分别通过了5%和1%显著水平检验且其系数为正，表明在其他条件不变的情况下，与政府工作人员有联系的农民其成长型创业概率和价值型创业概率要比生存型创业概率高。

（7）风险偏好对农民价值型创业具有显著影响。在模型Ⅱ中，风险偏好通过了10%水平的显著性检验并且其系数为正，由此表明偏好冒险的农民，其选择价值型创业的概率要高于生存型创业的农民，因为他们更能承担风险。而风险偏好对农民成长型创业动机影响不显著，这意味着在其他条件相同的情况下，风险偏好不会造成成长型创业和生存型创业概率的差异。

（8）家庭成员人数对农民成长型创业和价值型创业有显著影响。从模型Ⅰ和模型Ⅱ可知，家庭成员数量分别通过了1%和5%水平的显著性检验且其系数为正。这表明了在其他条件不变的情况下，家庭人数多的农民，其选择成长型创业和价值型创业概率高于选择生存型创业的概率。

（9）由模型Ⅰ和模型Ⅱ可知，文化程度对成长型和价值型创业的影响都不显著。

4.4.2 创业动机对农民创业绩效的影响实证分析

通过将农民创业绩效（年利润）进行实证分析，可得到农民创业动机对其创业绩效影响的结果如表 4-5 所示。

表 4–5　创业动机对农民创业绩效影响模型回归结果分析

变量	模型Ⅲ		
	未标准化回归系数	标准化回归系数	T 值
年龄	–0.002	–0.012	–0.304
性别	0.349**	0.093	2.491
婚姻状况	0.666***	0.110	2.862
文化程度	–0.074	–0.049	–1.326
风险偏好	0.163	0.058	1.570
人均收入	0.124***	0.115	3.071
政府人员联系	0.138	0.058	1.563
成长型	–0.118	–0.051	–1.238
价值型	0.237*	0.075	1.820
常数项	1.478***		4.052
R Square		0.071	
Adjusted R Square		0.060	
F 值		6.115***	

注：***、**、* 分别表示在 1%、5%、10%的水平上显著。

（1）创业动机是影响农民创业的重要因素，价值型创业农民通过了 10%水平的显著性检验且其系数为正，表明在其他条件不变的情况下，与生存型创业动机与成长型创业动机相比，价值型创业动机的农民绩效更好。这说明实现自身价值愿望越强烈的农民，其创业绩效更好，这与之前假设相一致。而在模型Ⅲ中，成长型创业农民并未通过显著性检验且其系数为负，这与之前假设不符，这是由以下两点原因造成的：其一，与生存型创业农民想要解决温饱问题不同，成长型农民在创业过程中温饱问题已经得到解决，为了实现扩大企业规模的需求，在扩大市场份额，企业规模的过程中投入大量资金，导致获得利润反而低于生存型农民。其二，根据对不同创业动机农民特征分析结果可知，与生存型创业农民相比，成长型创业农民在创业过程中更具有冒险性，因此在设定创业目标时会更加大胆，过于大胆的目标与自身创业的能力不足之间的矛盾会直接影响成长型创业农民的绩效，从而使得其绩效会低于生存型创业农民。

（2）家庭人均收入是影响农民创业绩效的重要因素，它通过了 1%水平的显著性检验且其系数为正，由此可见在其他条件不变的情况下，家庭人均收入越高，农民创业绩效越好。这是由于家庭人均收入高的家庭拥有更多的资金，为农民创业提供了坚实的基础。

(3) 性别也是影响农民创业绩效的重要因素，在模型Ⅲ中通过了5%水平的显著性检验且其系数为正，证明与女性相比，占大多数的男性创业者创业绩效更高。这可能是由于在辛苦的创业过程中男性的精力、体力、耐力都高于女性创业者从而导致男性创业者绩效更高。

(4) 婚姻状况是影响农民创业绩效的关键因素，它通过了1%水平的显著性检验且其系数为正，表明已婚农民创业绩效更高。这可能是因为已婚农民，婚姻状况比较稳定，家里烦琐的家务由家属打理，他们可以把所有精力投入到创业中从而获得更好的绩效。

4.5 简要结论与政策启示

本书基于1080份农民创业的调查问卷数据，分别运用多项Logistic回归模型和OLS模型实证分析了影响农民工创业动机的因素以及创业动机对绩效的影响。根据影响农民创业动机的因素的模型结果表明：年龄、一技之长、与政府工作人员是否有联系、家庭人员数量都对成长型和价值型创业动机有显著的正影响。风险偏好和婚姻状况都会提高价值型创业动机的发生概率，而性别和人均收入则会提高成长型创业动机发生概率。文化程度对农民创业动机没有显著影响。通过创业动机对农民创业绩效影响模型回归结果可知，价值型创业动机、家庭人均收入、性别、婚姻状况对农民创业绩效有显著影响。综合以上分析结论，可提出如下政策启示：

(1) 加大对农民创业的政策支持。相较于生存型和成长型创业，价值型创业农民绩效更好并且有一技之长的农民更加倾向于成长型和价值型创业，因此政府应该加强对农民的技能培训从而提高成长型和价值型创业的绩效。同时，从模型结果可知，相较于生存型和价值型农民而言，成长型农民为了满足扩大企业规模和市场份额需求导致其绩效不如生存型创业农民。众所周知，在农民创业过程中，企业发展要经历初创期、成长期、稳定期和衰退或持续发展期四个阶段，因此政府应针对企业发展不同阶段给予不同的优惠政策和补贴来保障企业的稳定发展从而提高绩效。另外，乡、村政府举办创业讲座，邀请创业成功的农民传授经验，让更多想创业的农民能够了解创业，为今后创业做出更好的规划和树立科学的目标。

（2）年龄对创业动机有显著负影响，即年龄越大，其选择成长型和价值型创业的概率越低。年龄越大的农民越倾向于生存型创业，这是由以下两点原因造成的：首先，随着年龄的增加，农民体力和精力都在下降，生存型创业就能满足他们的需要。因此政府可以针对不同年龄阶段的农民有针对性地鼓励他们进行不同动机层次的创业。其次，农村居民养老保险制度不完善，一部分农民生活缺乏基本保障将阻碍农民进行创业活动。因此要完善农村养老保险制度为农民创业解决后顾之忧。

（3）大力支持已婚男性农民进行创业。根据模型结果，因为性别和婚姻状况不仅对农民创业动机有显著正影响还对农民创业绩效有显著正影响。在创业过程中，男性创业者居多且其精力、体力和心理承受能力都强于女性，且创业绩效也优于女性创业者。与未婚男性相比，已婚男性创业者能将更多精力投入创业中。

（4）收入水平不仅对农民创业动机，还对农民创业绩效有显著正影响，因此政府拓宽农民就业渠道，增加收入来源，努力提高农民收入水平。

第 5 章　农民创业区域选择分析

5.1　引言及文献回顾

创业活动对经济发展具有重要的促进作用，鼓励农民创业已成为解决“三农”问题的一项重要措施。农民的创业活动对于农村富余劳动力转移、农村经济的发展、新农村建设、城镇化进程的推进等意义重大，农民创业由此引起了各国政府及众多学者的广泛关注。近年来，国内外对农民创业的研究层次不断深入，研究成果也不断增多。案例和实证调查是较为普遍的研究方式，许多学者从创业者个体特征、社会资本、外部创业环境等方面对农民创业动机、创业意愿、创业绩效进行了大量研究（郭红东、周慧珺，2013；朱明芬，2010；张益丰等，2014；周菁华、谢洲，2012；朱红根、解春艳，2012）。

随着研究的不断深入，一些学者对农民创业行业和地点的选择也进行了探讨。罗明忠（2012）发现，硬件设施、社会关系和政府服务等因素与农民创业者的创业地点选择直接相关。罗明忠、邹佳瑜（2012）认为，内外部社会资本、行业门槛的高低是农民创业行业选择的重要因素，可动用的行政资源及其与可利用的人际关系网络资源的融合对农民创业地点的选择具有重要影响。李长峰等（2014）研究发现，创业环境越好的行业，创业者进入其中的概率越大；不同的创业行业所需的创业成本也有所不同，创业者所拥有的创业资金多少会影响创业者的行业选择，这种观点得到了 Stel、Storey 和 Thurik（2006）的证实。李嘉、张骁、杨忠（2010）提出，女企业家的企业家网络与男性的相比显得较为狭窄且同质性较高，导致男女企业家在进入初创期行业决策的不同。在农民创业区域差异方面，郭军盈（2006）认为，区域经济发展水平、城乡二元结构、政府支持、社会文化环境以及个人素质等多种因素导致农民创业区域差异的产生，并形成我国农民不同的创业区域特征。

综上所述，学者们对创业活动的探究大多是从创业者个体特征、外部创业环境等方面对农民创业动机、创业意愿、创业绩效展开，以探讨内外部创业环境对农民创业行为的影响。但现有文献对农民创业区域选择的研究比较少，学者们只对各地区创业差异进行研究，而且研究视角也大多是从宏观区域出发，从县域、市域等微观角度研究农民创业的文章极少。县域经济的发展是推动我国城镇化、改善民生的根本支撑点，农民创业对县域经济的发展将起到极大的推动作用。如何使农民就地创业，带活县域经济发展，从而成功助推城镇化进程？这是当前亟须解决的问题。本章基于调查组在江西各县市 1080 份调查数据，首先对农民创业区域选择的影响因素进行总体样本的分析，然后就男性和女性样本分别进行分析，着重探讨以下几个问题：农民创业者在进行创业区域选择时会受到哪些因素的影响？男性和女性在创业区域选择上有何差异？各级政府又该如何对农民创业者进行正确的创业引导？

5.2 农民创业区域选择交叉分析

（1）农民创业区域选择总体分析。如表 5-1 所示，选择在乡镇创业的人最多，比重为 32.7%；其次是选择在本村创业的，占 30.9%；选择在县城创业的，占 20.8%；只有 15.6%的农民选择在县外创业。从上可知，选择在本县范围内创业的农民占绝大部分。

表 5-1 不同特征农民创业区域选择交叉分析

单位：%

统计类别	范围	本村	乡镇	县城	县外
总体		30.9	32.7	20.8	15.6
性别	男	30.1	32.3	21.6	16.0
	女	37.5	35.8	15.0	11.7

续表

统计类别	范围	本村	乡镇	县城	县外
年龄	30 岁及以下	16.7	30.3	26.5	26.5
	31~40 岁	28.2	29.4	24.5	17.9
	41 岁及以上	36.8	36.0	16.4	10.8
文化程度	小学及以下	40.0	34.4	14.4	11.2
	初中	31.8	33.0	19.3	15.9
	高中	24.8	34.0	25.5	15.7
	大专及以上	31.6	19.3	28.1	21.0
家庭年人均收入	5000 元及以下	37.4	33.8	17.3	11.5
	5001~6500 元	35.5	33.3	16.4	14.8
	6501~7500 元	27.0	34.1	27.4	11.5
	7500 元及以上	28.3	31.4	21.1	19.2
风险偏好	冒险型	23.3	34.7	20.8	21.2
	其他	33.2	32.1	20.8	13.9
家庭是否有老人或未成年人	是	29.1	33.1	21.8	16.0
	否	40.2	30.5	16.1	13.2
是否与政府工作人员有联系	是	31.1	36.1	20.4	12.4
	否	30.8	30.1	21.2	17.9

（2）不同性别农民创业区域选择分析。男性创业者中，在乡镇创业的占大多数，比重为 32.7%，其次是在本村创业的，占 30.1%，选择在县城创业的男性占 21.6%，比女性高 6.6%，在县外创业的占 16%；女性创业者中，选择在本村创业的人数最多，占 37.5%，比男性高出 7.4 个百分点，其次是在乡镇创业的女性，占 35.8%，也比男性高 3.5%，有 15%的女性选择在县城创业，而选择在县外创业的只有 11.7%。从上可知，女性倾向于在本乡镇范围内创业，男性更有可能在本县范围内创业。

（3）不同年龄农民创业区域选择分析。30 岁及以下的农民选择在乡镇创业的最多，比重为 30.3%，在本村创业的最少，只占 16.7%；31~40 岁（包括 40 岁）的农民在乡镇创业的最多，比重为 29.4%；41 岁及以上的农民在本村创业的偏多，占 36.8%。从上可知，年龄越大的农民越可能选择在本村创业，年龄越小的农民越可能选择在村外创业。

（4）不同文化程度农民创业区域选择分析。小学及以下文化程度的农民在本村创业的最多，比重为 40%；初中文化程度的农民在本村和乡镇创业的比例较高，总共占 64.8%；高中文化程度的农民在乡镇创业的偏多，占 34%；大专及以上文化程度的农民在本村创业的最多，占 31.6%，但也有 49.1%的农民在县城及县外创业。

（5）不同人均收入农民创业区域选择分析。收入在 5000 元及以下的农民选择在本村创业的占大多数，比重为 37.4%；收入在 5001~6500 元的农民选择在本村创业的最多，占 35.5%；收入在 6501~7500 元和 7500 元以上的农民选择在乡镇创业的偏多，比重分别为 34.1%和 31.4%。

（6）不同风险偏好农民创业区域选择分析。风险冒险型的农民选择在乡镇创业的最多，占 34.7%，风险保守型和中间型的农民较多选择在本村创业，比重为 33.2%。家里有老人或未成年人的农民大多选择在乡镇创业，比重为 33.1%，家里没有老人或未成年人的在本村创业的偏多，比重为 40.2%。

（7）不同社会资本农民创业区域选择分析。与政府工作人员有联系的农民选择在乡镇创业的最多，占 36.1%，与政府工作人员没有联系的农民也大多选择在本村创业，比重为 30.8%。从上可知，不管与政府工作人员有无联系，农民都倾向于选择在本县范围内创业。

5.3 研究方法及变量设计

5.3.1 计量经济方法

由于农民创业区域选择是多分类变量，笔者拟采用多元 Logistic 回归模型分析农民创业区域选择的影响因素。具体而言，将农民创业区域分为 4 种情况：把“本村”定义为 Y = 1，把“乡镇”定义为 Y = 2，把“县城”定义为 Y = 3，把“县外”定义为 Y = 4，并且以 Y = 1 即“本村”作为参照组，模型形式表示如下：

$$Ln\frac{P(Y_2)}{P(Y_1)} = \alpha_1 + \sum_{k=1}^{n} \beta_{1k} X_k + \mu_1$$

$$\mathrm{Ln}\frac{P(Y_3)}{P(Y_1)}=\alpha_2+\sum_{k=1}^{n}\beta_{2k}X_k+\mu_2$$

$$\mathrm{Ln}\frac{P(Y_4)}{P(Y_1)}=\alpha_3+\sum_{k=1}^{n}\beta_{3k}X_k+\mu_3$$

式中，P 表示农民创业区域选择的概率；X_k 表示影响农民创业区域选择的因素；α_1、α_2、α_3 为常数项，β_{1k}、β_{2k}、β_{3k} 表示第 k 个影响因素的回归系数，μ 为随机误差项。

5.3.2 变量设计

进行实证分析之前，需选取变量并进行赋值，对于创业环境变量，本章主要参考朱红根、康兰媛（2013）的测量量表和方法。具体的创业环境变量有：

（1）政策支持环境。选取政府会提供优惠的税收政策，创业注册、登记、审批程序简捷，政府工作人员办公效率较高，政府为农民创业提供咨询服务，政府规范创业行为的相关制度完善，政府会提供用地优惠政策，政府会提供创业项目，政府规范创业的法制环境 8 个测量项目。

（2）金融支持环境。选取本地有多种可供选择的融资渠道，本地容易获得银行提供的低息贷款，本地容易获得政府提供的创业基金或补贴，本地创业有多种信贷担保方式，本地金融机构对创业有充足的投资意愿，本地金融机构之间竞争激烈 6 个测量项目。

（3）基础设施环境。选取本地有良好的交通设施，本地有良好的通信设施，本地有良好的水、电、气设施 3 个测量项目。

（4）资源禀赋环境。选取本地有良好的土地资源，本地有许多可供创业的原材料，本地有许多可供创业的自然资源 3 个测量项目。

本章采用李克特 5 级量表法对政策支持环境、金融支持环境、基础设施环境及资源禀赋环境所涉及的测量项目进行测量，答案选项分别为“完全符合”“符合”“不确定”“不符合”“完全不符合”分别赋值 5 分、4 分、3 分、2 分和 1 分。效度检验结果表明，KMO 值为 0.874，Bartlett 的球形度检验值为 11422.174，概率 P 值为 0.000，满足了因子分析的适用条件。采用限定因子法进行分析，限定因子数量为 4，因子累计贡献率达到 65.501%，即 4 个因子对原有变量具有较强的解释能力。

模型中其他变量选择及说明如表 5-2 所示。

表 5-2 变量选取及赋值

因变量	Y	变量赋值
创业区域选择		本村=1，乡镇=2，县城=3，县外=4
自变量	X	
年龄		
30 岁及以下	X_1	以 40 岁及以上为参照组，当 30 岁及以下=1，其他=0；
31–40 岁		当 31~40 岁=1，其他=0。
性别	X_2	男=1，女=0
风险偏好	X_3	冒险型=1，其他=0
文化程度		
小学及以下	X_4	以大专及以上为参照组，当小学及以下=1，其他=0；
初中		当初中=1，其他=0；
高中		当高中=1，其他=0。
家庭是否有老人或未成年人	X_5	是=1，否=0
是否与政府工作人员有联系	X_7	是=1，否=0
家庭人均年收入		
5000 元及以下	X_8	以 7500 元及以上为参照组，当 5000 元及以下=1，其他=0；
5001~6500 元		当 5001~6500 元=2，其他=0；
6501~7500 元		当 6501~7500 元=3，其他=0。
政策支持环境因子	X_9	—
金融支持环境因子	X_{10}	—
基础设施环境因子	X_{11}	—
资源禀赋环境因子	X_{12}	—

5.4 模型估计结果及分析

运用 SPSS.19 软件分别对总体、男性、女性三组样本进行多元 Logistic 模型处理，结果如表 5–3 所示。个体特征因素和资源禀赋环境因素对农民创业区域选择的影响最显著；社会资本、政策支持环境、金融支持环境等也是农民创业区域选择的重要影响因素；不同性别主体进行创业区域选择时，存在着差异，政策支

表 5–3　农民创业区域选择影响因素模型结果

变量	乡镇			县城			县外		
	总体	女性	男性	总体	女性	男性	总体	女性	男性
性别	0.004			0.675^{**}			0.482		
风险偏好	-0.366^{***}	-0.809^{*}	-0.328^{**}	−0.141	-2.114^{**}	−0.044	-0.472^{***}	−0.288	-0.491^{***}
家里有老人或未成年人	0.468^{**}	0.608	0.481^{**}	0.539^{**}	0.079	0.618^{**}	0.413	0.052	0.528^{*}
与政府工作人员联系	0.135	0.590	0.128	−0.133	−1.322	−0.069	-0.570^{***}	-6.429^{***}	-0.441^{**}
政策支持环境	0.086	-0.497^{*}	0.083	0.044	-0.872^{*}	0.075	−0.034	1.669^{**}	0.012
金融支持环境	−0.057	0.196	−0.020	0.038	−0.826	0.077	0.179^{*}	-1.602^{***}	0.138
基础设施环境	0.004	−0.016	0.020	0.127	0.274	0.153	0.025	0.182	0.056
资源禀赋环境	-0.145^{*}	−0.161	-0.146^{*}	-0.434^{***}	-1.426^{*}	-0.412^{***}	-0.171^{*}	0.906	-0.196^{*}
年龄（以 40 岁及以上为参照组）									
30 岁及以下	0.674^{**}	1.372	0.615^{*}	1.350^{***}	2.467	1.410^{***}	1.673^{***}	−0.900	1.828^{***}
31~40 岁	−0.030	−0.287	0.038	0.595^{***}	1.697	0.584^{***}	0.724^{***}	−0.055	0.783^{***}
文化程度（以大专及以上为参照组）									
小学及以下	0.727	1.143	0.873^{*}	−0.290	0.101	−0.251	−0.210	-5.686^{**}	0.193
初中	0.733^{*}	1.039	0.757^{*}	−0.114	−2.234	0.008	−0.003	-3.609^{**}	0.344
高中	0.960^{**}	2.718	0.878^{*}	0.390	1.360	0.376	0.215	−3.406	0.432
人均年收入（以 7500 元及以上为参照组）									
5000 元及以下	−0.092	0.326	−0.029	−0.379	−0.577	−0.352	-0.800^{**}	−1.310	-0.774^{**}
5001~6500 元	−0.141	1.297	−0.284	-0.498^{**}	−21.286	-0.466^{*}	-0.644^{**}	−1.545	-0.609^{**}
6501~7500 元	0.188	1.891^{**}	0.045	0.288	2.656^{*}	0.122	-0.519^{*}	−0.351	-0.683^{**}

参考类别是：本村；***、**、* 分别表示在 1%、5%、10%的水平上显著。

持环境和金融支持环境对女性创业区域选择有重要影响。三组样本运行结果的解释如表 5-3 所示。

（1）风险偏好是影响农民创业区域选择的重要因素。在总体样本中，风险偏好在 3 个选择区域中均通过了 1%水平的显著性检验，且其系数为负，在女性样本中，风险偏好仅在“县外”模型中未通过显著性检验，而男性样本仅在“县城”模型中未通过显著性检验，说明越保守的农民越有可能选择在本村创业。这可能是因为，绝大多数创业农民为风险中间型和保守型，在村外创业所面临的不确定性更大，市场竞争更为激烈，创业面临的风险也更大。

（2）家庭是否有老人或未成年人对农民创业区域选择有不同程度的影响。在总体样本中，家庭是否有老人或未成年人在“乡镇”和“县城”模型中均通过了 5%水平的显著性检验，系数为正；在男性样本中，这一因素在 3 个区域中均通过了显著性检验，系数为正；在女性样本中，这一因素在 3 个区域均未通过显著性检验，说明家庭有老人或未成年人的男性创业者倾向于在村外创业。可能的原因是，家里有老人或未成年人意味着男性一方承受的家庭经济负担更重，而且，相比之下，村外的创业市场更广阔，信息获取更便利，融资环境更好，更有利于企业发展，能获得更多经济收益来维持及改善家庭生活。

（3）是否与政府工作人员有联系对农民创业区域选择有一定的影响。在三组样本中，是否与政府工作人员有联系仅在“县外”模型中通过了显著性检验，且其系数为负，这表明，与政府工作人员有联系的农民更有可能在县城以内创业。根据调查结果，在县外创业的农民只占 15.6%，绝大部分农民选择在县城以内创业。其原因在于，一方面，农民的社会资本网络狭小，大多在县城以内，如果到县外创业，农民所拥有的社会资本难以发挥其作用；另一方面，农民与政府工作人员关系好，其获取政府支持就越多，并且能减少创业的交易成本，从而激发其创业的积极性。

（4）政策支持环境是影响农民创业区域选择的关键因素。在女性样本中，政策支持环境在 3 个区域中都通过了显著性检验，而在总体样本和男性样本中，政策支持环境均未通过显著性检验，表明政策支持环境对女性创业区域选择有显著影响，政策支持环境越好，女性越有可能选择在本村创业。可能的原因是，女性的社会关系网络同质性高且规模偏小，当政府能提供相关创业支持时，她们会充分运用这部分行政资源，更好地创业，这一点与罗明忠等（2012）的研究结果一致。同时，调查结果也显示，与政府工作人员有联系的创业农民中，男性比例高出女性 13.02 个百分点。

（5）金融支持环境是影响农民创业区域选择的重要因素。在总体样本和女性样本中，金融支持环境在“县外”模型中分别通过了 10%和 1%水平的显著性检验，其中在女性样本中其系数为负，表明金融支持环境因素对女性创业区域选择的影响显著，金融支持环境越好，女性越倾向于在本村创业。可能的解释是：第一，金融支持环境好暗示出当地经济具有很大的发展潜力，对企业成长具有较好的促进作用；第二，相比男性，女性创业的自有资金更少，社会资本的规模更小，创业所需的资金缺乏，政府提供的低息贷款和补贴能够很好地解决女性创业资金难题，使得女性创业成为可能。另外，就近创业也便于女性照料家人。调查结果显示，只有 20.83%的女性家庭年人均收入达到 7500 元及以上，而家庭年人均收入达到这一水平的男性比例高达 45.21%，高出女性 24.38%。

（6）基础设施环境对农民创业区域选择的影响不显著。在三组样本中，基础设施环境在 3 个区域中都没有通过显著性检验，说明相对于其他因素，基础设施环境不是影响农民创业区域选择的重要因素。一种可能的解释是，各县、乡镇、村地区的基础设施较完备，农民创业所需的基础设施条件可以得到满足；另一种可能的解释是，农民创业所选择的行业对基础设施的要求相对较低，经调查发现，大部分农民创业行业选择种养殖业和餐饮服务业。

（7）资源禀赋环境对农民创业区域选择有不同程度的影响。在总体和男性样本中，资源禀赋环境在 3 个区域中都通过了显著性检验，系数为负，而在女性样本中，资源禀赋环境仅在“县城”模型中通过了 10%水平的显著性检验，系数为负，这说明，当资源禀赋环境较好时，农民更倾向于选择在本村创业。可能的原因是，充分利用当地资源进行创业，不仅能够降低企业生产成本，提高收益，还能有效带动当地富余劳动力就业转移，促进当地经济的发展。

（8）年龄是影响农民创业区域选择的主要因素。在总体和男性样本中，“30 岁及以下”和“31~40 岁”年龄阶段在 3 个区域中都通过了显著性检验，且其系数为正，表明，越年轻的农民越有可能到村外创业，而年龄越大的农民则倾向于在本村创业。可能是因为，第一，随着年龄的增长，年老的创业者精力不断下降，难以承受外界激烈的市场竞争所带来的压力；第二，受传统观念的影响，年老的创业者们对土地有着特殊的感情，往往把土地看作重要的生产要素，对土地的依赖性更大，这使得他们更愿意留在本村创业。同时，调查结果也显示，30 岁及以下的农民中有 26.5%的人选择在县外创业，该比例分别比 31~40 岁，40 岁及以上在县外创业的高 8.6%和 15.7%。

（9）文化程度是影响农民创业区域选择的又一重要因素。在总体和男性样本中，文化程度在“初中”和“高中”阶段在“乡镇”模型中通过了显著性检验，其系数为正；而在女性样本中，文化程度在“小学及以下”和“初中”阶段在“县外”模型中均通过了 5%水平的显著性检验，且其系数为负，表明文化程度低的农民倾向于在本县范围内创业，而文化程度越高的农民更有可能到县外创业。调查结果显示，88.8%的文化程度在小学及以下的农民选择在本县范围内创业，21.1%的文化程度在大专及以上的农民选择在县外创业。原因可能是，在本县范围内创业的农民属于生存型创业，行业对创业者文化程度的要求较低，而到县外创业，面临的市场竞争更激烈，属于机会型创业，对创业者的知识素养，管理能力和领导能力等要求更高。

（10）家庭年人均收入对农民创业区域选择的影响程度存在差异。在女性样本中，家庭年人均收入在“6501~7500 元”阶段在“乡镇”和“县城”模型中分别通过了 5%和 10%水平的显著性检验，其系数为正，而在总体样本和男性样本中，家庭年人均收入在“县外”模型中通过了显著性检验，且其系数为负，这说明，家庭年人均收入越低的农民越倾向于在本乡镇范围内创业。调查结果显示，收入水平在 6500 元及以下的农民中有近 70%选择在本乡镇范围内创业。可能的原因是，在本乡镇范围内创业的农民大多属于生存型创业，企业规模往往较小，所需投入的资金较少；而在县城及县外创业的农民，他们的初始创业资金更雄厚，在外获得创业机会更多，属于机会型创业，获得的创业投资回报率也更大。

5.5 简要结论与政策启示

本章基于江西 1080 份创业农民的调查数据，采用多元 Logistic 回归模型对影响农民创业区域选择的因素进行探讨，得到以下结论：

（1）从总体来看，农民个体特征、社会资本和资源禀赋环境因素对农民创业区域选择有重要影响。其中，年龄越大，越保守的农民越有可能选择在本村创业；收入越低的农民越倾向于在本乡镇范围内创业；文化程度越低的农民越倾向于在本县范围内创业；与政府工作人员有联系的农民更倾向于在本乡镇范围内创业；资源禀赋环境越好，农民越有可能在本村创业。而基础设施环境不是影响农民创业区域选择的重要因素。

（2）金融支持环境和政策支持环境因素对女性在创业区域选择时有重要影响。金融支持环境和政策支持环境越好，女性越有可能选择在本村创业。

基于上述实证研究结论，各级政府在引导农民进行创业区域选择和促进农民创业事业发展的过程中，应当注意以下几点：

第一，要充分尊重农民个体特征差异，针对不同性别主体、年龄、文化程度、家庭收入的农民采取不同的引导措施。

第二，大力丰富农民的社会资本，鼓励农民积极加入创业协会、行业协会、合作组织等，加强成员间的交流与合作，同时加强政府工作人员与创业农民的联系，切实了解农民创业需求。

第三，改善资源禀赋环境。当地政府要合理规划，充分挖掘地区优势，促进优势资源开发，引导农民就地创业。

第四，完善政策支持环境和金融支持环境。政府要积极为农民提供咨询服务，简化办证程序，充分发挥乡镇银行等金融机构的作用，放宽贷款条件，扶持女性创业，发挥女性“半边天”作用。

第五，分析了解农民创业动机，制定针对性引导策略。对于生存型创业农民，政府应该营造良好的创业氛围，制定初期扶持政策，开展创业教育活动，提升其创业技能；对于机会型创业农民，应该加大政府项目开放力度，完善市场环境，建立和完善创业风险补偿机制，降低农民创业风险、减少创业失败损失。

第 6 章　农民创业代际传递分析

6.1　引言及文献回顾

创业家是经济活动的主要引擎，并以创新性的要素组合方式促进经济发展。因此，创业活动和创业经济一直备受各国学者与政府的关注，并逐步形成了各具特色的鼓励和支持创业的公共政策体系。随着社会经济的发展和农村环境的变化，农民创业已成为促进农村经济增长和保持农村经济活力的重要方式，是解决农民就业、增收与发展问题的关键。近年来，国外学者对农民创业的关注不断增多，主要通过问卷调查和个案分析的方法，研究农民创业的驱动力、农民创业的影响因素、农民创业的特点及政策。随着研究的不断深入，越来越多的学者开始关注创业代际传递问题，探究创业代际传递的作用路径，大致有以下三种：

（1）关于人力资本传递的影响。父代创业特征对子代人力资本会产生影响，父代创业可以提高子代的创业意识和创业积极性（Carroll and Mosakowski，1987）；同时父代创业会影响子代的价值观，从而影响子代创业的偏好（Western and Wright，1994；Aldrich，Renzulli and Langton，1998）。例如，Fairlie（1999）、Hout 和 Rosen（2000）研究发现，父亲具有创业背景的移民，其创业的可能性更大，并且创业代际传承强度在不同种族之间存在差异。许多学者强调子代的人力资本在青少年时期受父代创业的影响较大，因为在青少年时期，子女可通过观察父母创业从而获得相关的创业技巧。但是，更为普遍的观点还是子女在家庭创业背景下通过自身工作经历来获得相关创业技巧（Carroll and Mosakowski，1987）。例如，Aldrich、Renzulli 和 Langton（1998）通过对加拿大创业研究发现子代创业中有61%的人曾经在他们父母的企业工作过，超过一半的人在他们15岁之前有在父母企业工作过的经历。Dunn 和 Holtz-Eakin（2000）同样认为，创业者可以从父母创业中获得家庭专用资本和技能，从而使他们比那些父母没有创业经历的人拥有更强的创业能力和创业意识。

（2）关于财富资本传递的影响。许多学者认为财富资本的代际传递，一方面可以通过财产继承的方式，直接对子代创业进行资产转移，从而支持子女创业发展；另一方面可以通过对子女教育、培训及健康进行投资，进而提高子女创业的能力。例如，Robinson（1984）发现，父母可以对子女直接传递生意或者通过资本投资的形式资助子女创业。Hout（1984）研究认为，大部分父亲更喜欢通过现金和信贷的方式直接帮助他们的儿子创业。Thomas 和 Douglas（1996）调查发现，家庭金融资本对创业代际传承有显著影响。Handley（2006）研究表明，家庭经济状况对子女创业有重要作用。

（3）关于社会资本传递的影响。通常，一个潜在创业者如果要创业，需要充分认识和掌握有价值的创业机会和创业信息（Stinchcombe，1965；Aldrich and Zimmer，1986），而这些都离不开父母社会资本的帮助。那些父母有创业背景的人更容易进行创业活动，因为他们可以从其父母那里了解和识别创业机会和创业信息，可以接触更多新的市场机会。创业父母还能更好地为子女创业提供一些重要的客户资源，从而进一步丰富子女创业的社会资本，促进子女创业成功（Jesper B Sørensen，2004）。另外，子女还会受到其所处社区环境所产生的“同伴效应”的影响，即个体在行为方面，有与周围人行动相同的期望（Durlauf，2002）。比如，如果父代为高收入群体，他们一般会选择居住在一个高收入者集中的社区环境，其子女将来所从事的工作一般也是高收入行业。与之相反，假如父代为低收入群体，他们的社交关系网络里大多是低收入个体，其子代将来进入低收入行业工作的可能性更高，也就是说社会关系网络资本强化了父辈贫困的代际传递（Dan and Fredrik，2007；Antoni and Mattew，2005）。

综上所述，国外对农民创业和个体创业代际传递的研究成果较多，但关于中国农民创业代际传递的研究还不多见。因此，本章对农民创业的代际传递进行理论与实证分析，以期揭示中国农民创业代际传递的作用机制及作用大小。

6.2　理论分析框架

本部分通过构建一个理论分析框架，试图探讨中国农民创业的代际传递机理。基于农民理性“经济人”假设，如果农民对创业的期望收益大于或等于其从事农业生产的收益，那么农民就会选择创业活动。在以下模型中，假定农民收入为 Y，农民的个体特征及家庭特征（如年龄、性别、婚姻状况、文化程度、技能状况及家庭收入水平等）定义为 Z，从事农业生产的收入主要包括农业生产的收入和净资产收入。因此，农民的净收入可以表述为：

$$Y_i^{AE} = w_i(Z_i) + rA_i$$

式中，w_i 代表从事农业生产的收入函数，假定其受个体及家庭特征的影响；A_i 代表资产收入，r 代表资产回报率。

假如农民对创业的投入设定为 k，其投入的规模取决于农民个体资产 A_i 的大小，假定农民创业产出同时还受农民个体及家庭特征的影响；农民创业能力系数为 θ_i。因此，农民创业时总收入可以表述为：

$$Y_i^{SE} = f(k_i(A_i), \theta_i, Z_i) + r(A_i - k_i(A_i))$$

式中，$f(\cdot)$ 为生产函数，$r(A_i - k_i(A_i))$ 为总资产减去创业投入（k）后剩余资产所产生的收益。

我们假定人力资本可以代际传递（即父母与子女之间代际传递），并且农民的创业习惯影响农民创业能力，即影响创业能力系数 θ_i 的大小。而人力资本又可以细分为两种类型：第一种类型为通用人力资本，定义为 θ_i^g，这种类型的人力资本主要影响农民的普通创业能力。例如，子女的创业管理经验可以从父母那里继承，从而提高子女创业的可能性和积极性，但子女创业行业选择并一定与其父辈创业行业相同。第二种类型为专用人力资本，定义为 θ_i^s，这种类型的人力资本主要影响农民的特殊创业能力，并且子女的专用人力资本同样可以从父母那里获得，这种专用人力资本可以促使子女创业行业与父母创业行业的相同。假定有父母创业背景的农民都能从父母那里继承通用人力资本和专用人力资本，但这两种类型的人力资本对农民创业的影响机制存在差异，通用人力资本只影响子女创业发生的可能性，而专用人力资本影响子女从事具体行业创业的可能性，即只有当子女的创业行业与其父母相同时，专用人力资本才会影响子女创业行业的选择进而影响其创业绩效，而当子女的创业行业与父母不相同时，专用人力资本基本不发挥作用，这样，农民的专用创业能力变为 $\alpha\theta_i^s$，其中，当子女创业行业与父母相同时，$\alpha=1$，当子女创业行业与父母不相同时，$\alpha=0$。

基于上述假设，农民是否选择创业及创业行业的选择取决于农民创业收入与非创业收入大小的比较，当农民创业收入大于或等于非创业收入时，农民才会选择创业，即

$$E[U[f(k_i(A_i),\ \theta_i^g,\ \alpha\theta_i^s,\ Z_i)+r(A_i-k_i(A_i))]]\geqslant E[U[w_i(Z_i)+rA_i]]$$

从这个分析框架中可知，农民创业受多种因素的影响，包括农民个体特征、家庭特征及父母的创业背景特征等，其中我们重点关注的是父母创业背景对子女创业的影响，主要通过通用人力资本和专用人力资本在代际间的转移实现的。

6.3 样本特征描述分析

6.3.1 样本基本特征

表 6–1 样本基本特征描述

样本基本特征	分类情况	描述单位数（个）	所占比例（%）
农民创业行为	已创业	1080	62.9
	未创业	636	37.1
个体及家庭特征			
性别	女性	242	14.1
	男性	1474	85.9
婚姻状况	未婚	84	4.9
	已婚	1632	95.1
文化程度	文盲	23	1.3
	小学	194	11.3
	初中	931	54.3

续表

样本基本特征	分类情况	描述单位数（个）	所占比例（%）
文化程度	高中	456	26.6
	中专及以上	112	6.5
风险态度	冒险型	331	19.3
	中间型	968	56.4
	保守型	417	24.3
家庭是否有老人或未成年人	没有	309	18.0
	有	1407	82.0
家庭人均收入	5000 元及以下	270	15.7
	5001~6500 元	434	25.3
	6501~7500 元	387	22.6
	7501 元及以上	625	36.4
家庭农业收入比重	20%及以下	1028	59.9
	21%~50%	505	29.4
	51%及以上	183	10.7
父母创业特征			
父亲创业经历	没有创业经历	1452	84.6
	有创业经历	264	15.4
母亲创业经历	没有创业经历	1606	93.6
	有创业经历	110	6.4

由表 6–1 可知，在被调查的 1716 个农民中，已创业的农民占 62.9%，未创业的农民占 37.1%。户主性别以男性为主，占 85.9%；被调查农民已婚者居多，占 95.1%；农民文化程度初中和高中及以上比例较高，占 80.9%；被调查农民的风险态度冒险型的占 19.3%，而保守型的占 24.3%；82.0%的农民家庭有老人或未成年人；家庭人均收入在 7500 元及以上的农民占 36.4%，而 5000 元及以下的农民只占 15.7%；家庭农业收入比重在 51.0%及以上的农民占 10.7%，而农业收入比重在 20.0%及以下的农民占 59.9%；与国有银行或政府机构关系良好的农民占 25.6%；有各类朋友数很多的农民占 70.7%；在被调查的农民中，其父亲有创业经历的农户占 15.4%，而母亲有创业经历的农民只占 6.4%。

6.3.2 农民创业行业分布情况

表 6–2 农民创业行业分布情况

单位：%

项目名称	没有创业	特色种植养殖业	加工业或小型工矿企业	餐饮服务业或商贸业	运输业、农村旅游业及其他	合计
子女	37.1	18.2	9.5	18.8	16.4	100.0
父亲	84.6	5.4	4.0	4.1	2.0	100.0
母亲	93.6	2.9	0.8	2.5	0.2	100.0

从表 6–2 可知，农民创业存在一定的代际差异，从创业总体看，子女创业比例较高，而父辈创业比例较低，子女没有创业的比例只有 37.1%，远低于父辈没有创业的比例，并且在父辈创业的性别差异上，父亲创业比例比母亲要高出 9 个百分点。

从创业行业分布看，子女创业行业比例最高的是餐饮服务业或商贸业，其比例达到 18.8%，其次是特色种植养殖业，其比例达到 18.2%，最低的是加工业/小型工矿企业，比例只有 9.5%。父亲创业行业比例最高的是特色种植养殖业，其次是餐饮服务业或商贸业，最低的是运输业、农村旅游业及其他行业；母亲创业行业分布情况与父亲相似，其由高到低依次是特色种植养殖业、餐饮服务业或商贸业、加工业或小型工矿企业和运输业、农村旅游业及其他行业。另外，从行业的代际差异看，父辈创业行业比例较高的，其子女在相同行业创业的比例也较高，即创业行业在父辈与子女之间存在一定的代际传递性。

6.4 模型构建

（1）二元 Logistic 选择模型。为了研究父母亲创业行为对子女创业行为的影响，本部分拟用二元 Logistic 选择模型。被解释变量为子女创业行为，分“已创业”和“未创业”两种情况。其模型形式表示如下：

$$P_i = F\left(\alpha + \sum_{j=1}^{m} \beta_j x_j\right) = 1/\left\{1 + \exp\left[-\left(\alpha + \sum_{j=1}^{m} \beta_j x_j\right)\right]\right\}$$

根据式（4）整理得到：

$$Ln\frac{P_i}{1-P_i}=\alpha+\sum_{j=1}^{m}\beta_j x_j$$

式中，P_i 表示第 i 个子女创业行为发生的概率；x_j 表示第 j 个影响子女创业行为的自变量。

（2）多元 Logistic 选择模型。为了研究父母亲创业行业对子女创业行业选择的影响，本部分拟采用多元 Logistic 选择模型。具体而言，将创业行业分为 5 种情况，“没有创业”定义为 Y = 0，“特色种植养殖业”定义为 Y = 1，“加工业或小型工矿企业”定义为 Y = 2，“餐饮服务业或商贸业”定义为 Y = 3，“运输业、农村旅游业及其他”定义为 Y = 4，并且以 Y = 0 即“没有创业”作为参照组。其模型形式表示如下：

$$Ln\frac{P(Y_1)}{P(Y_0)}=\alpha_1+\sum_{k=1}^{n}\beta_{1k}X_k+\mu_1$$

$$Ln\frac{P(Y_2)}{P(Y_0)}=\alpha_2+\sum_{k=1}^{n}\beta_{2k}X_k+\mu_2$$

$$Ln\frac{P(Y_3)}{P(Y_0)}=\alpha_3+\sum_{k=1}^{n}\beta_{3k}X_k+\mu_3$$

$$Ln\frac{P(Y_4)}{P(Y_0)}=\alpha_4+\sum_{k=1}^{n}\beta_{4k}X_k+\mu_4$$

式中，P 表示子女创业行业选择的概率；X_k 表示影响子女创业行业选择的主要因素。α_1、α_2、α_2、α_4 为常数项，β_{1k}、β_{2k}、β_{3k}、β_{4k} 表示第 k 个影响因素的回归系数，μ 为随机误差项。

模型中各变量的定义及处理如表 6-3 所示。

表 6-3　模型变量选择及说明

变量名称	变量定义
因变量	
二元 Logistic 模型：Y_i	子女已创业=1；未创业=0
多元 Logistic 模型：Y_i	子女选择特色种植养殖业领域=1；加工业或小型工矿企业=2；餐饮服务业或商贸业=3；运输业、农村旅游业及其他行业=4；没有创业=0，并以此为参照组

续表

变量名称	变量定义
自变量：个体及家庭特征	
年龄	实际年龄（岁）
性别	男性=1；女性=0
婚姻状况	已婚=1；其他=0
文化程度	文盲=1；小学=2；初中=3；高中=4；中专及以上=5
风险态度	冒险型=1；中间型=2；保守型=3
是否有一技之长	有一技之长=1；没有=0
家庭人均收入	5000 元及以下=1；5001~6500 元=2；6501~7500 元=3；7501 元及以上=4
自变量：父母创业特征	
父亲创业行为	父亲有创业经历=1；没有=0
母亲创业行为	母亲有创业经历=1；没有=0
父亲有特色种植养殖业创业经历（以没有创业为参照组）	父亲有特色种植养殖业创业经历=1；其他=0
父亲有加工业或小型工矿企业创业经历（以没有创业为参照组）	父亲有加工业或小型工矿企业创业经历=1；其他=0
父亲有餐饮服务业或商贸业创业经历（以没有创业为参照组）	父亲有餐饮服务业或商贸业创业经历=1；其他=0
父亲有运输业、农村旅游业及其他行业创业经历（以没有创业为参照组）	父亲有运输业、农村旅游业及其他行业创业经历=1；其他=0
母亲有特色种植养殖业创业经历（以没有创业为参照组）	母亲有特色种植养殖业创业经历=1；其他=0
母亲有加工业或小型工矿企业创业经历（以没有创业为参照组）	母亲有加工业或小型工矿企业创业经历=1；其他=0
母亲有餐饮服务业或商贸业创业经历（以没有创业为参照组）	母亲有餐饮服务业或商贸业创业经历=1；其他=0
母亲有运输业、农村旅游业及其他行业创业经历（以没有创业为参照组）	母亲有运输业、农村旅游业及其他行业创业经历=1；其他=0

6.5　模型估计结果分析

6.5.1　父母创业行为对其子女创业的影响

运用 SPSS 17.0 软件对研究区 1716 个样本进行二元 Logistic 模型处理，结果见表 6-4。其中，模型Ⅰ为纳入农民个体特征、家庭特征和社会资本特征变量的回归结果，模型Ⅱ为纳入父亲创业行为变量的回归结果，模型Ⅲ为纳入母亲创业行为变量回归结果。模型Ⅰ、模型Ⅱ、模型Ⅲ的 Nagelkerke R^2 分别为 0.114、0.120 和 0.117，其预测准确率分别达到了 66.2%、66.9%、66.1%。

表 6-4　父母创业行为对其子女创业发生影响的模型估计结果

变量	模型Ⅰ		模型Ⅱ		模型Ⅲ	
	估计系数	exp(B)	估计系数	exp(B)	估计系数	exp(B)
常数项	−1.584*	0.205	−1.839*	0.159	−1.703*	0.182
年龄	0.082*	1.086	0.091**	1.095	0.088*	1.092
年龄平方	0.000*	0.999	−0.001*	0.999	−0.001*	0.999
性别	0.281*	1.325	0.287*	1.333	0.291*	1.337
婚姻状况	0.536**	1.709	0.541**	1.718	0.520**	1.682
文化程度	−0.189***	0.827	−0.201***	0.818	−0.193***	0.824
风险态度	−0.388***	0.678	−0.382***	0.682	−0.389***	0.678
是否有一技之长	0.756***	2.130	0.747***	2.111	0.749***	2.115
家庭人均收入	0.220***	1.247	0.220***	1.247	0.218***	1.243
父亲创业	—	—	0.418***	1.519	—	—
母亲创业	—	—	—	—	0.420*	1.521
Nagelkerke R^2	0.114		0.120		0.117	
预测准确率	66.2%		66.9%		66.1%	

注：*、**、*** 分别表示在 10%、5%、1%水平上显著。下同。

（1）父母创业行为是影响其子女创业发生的关键因素。父母是否有创业经历对其子女创业行为的影响系数在模型中都通过了显著性检验，表明在其他条件不变的情况下，父亲或母亲有创业经历的农民，其自己创业的可能性更大，这一结果与 Dunn 和 Holtz-Eakin（2000）、Taylor（1996）、Lentz 和 Laband（1990）等研究结论基本一致，即说明中国农民创业在父母与子女之间存在代际传递现象。具体讲，父辈创业将会促进子女创业的可能性增加，并且父亲有创业经历的农民其创业发生比相比于父亲没有创业经历的农民高 51.9%，母亲有创业经历的农民其创业发生比相比于母亲没有创业经历的农民高 52.1%。这一结论证实了前面的理论假设，即父母创业行为提高了子女创业发生的可能性，关键在于子女继承和学习了父母创业的管理经验、创业知识等通用人力资本。

（2）年龄对农民创业有重要影响。年龄在三个模型中都通过了显著性检验且其系数为正，表明年龄越大的农民，其创业发生的可能性越大。并且年龄的平方项在三个模型中都通过了 10%水平的显著性检验且其系数为负，表明年龄与农民创业行为呈倒 U 形关系，即年龄越大，农民创业的可能性越大，但超过一定年龄后，农民创业的可能性反而随着年龄的增长而降低。其主要原因在于：年轻农民随着年龄的增长，其经验、技能和资源不断增加，从而更有可能创业，但年龄达到一定程度后，年长农民的风险偏好不断减弱，精力不断下降，应对市场经济的能力不断降低，从而使其创业的可能性不断减弱。

（3）性别是影响农民创业的主要因素。性别在所在模型中都通过了显著性检验且其系数为正，表明与女性相比，男性农民选择创业的可能性更大。其主要原因在于女性在风险态度方面可能偏于保守型，而创业是风险较大的工作，因此女性相对于男性更不愿意创业。另外，女性承担了更多的照顾家庭及子女的任务，没有更多时间和精力去创业，这在一定程度上反映了农村妇女在家庭重大决策中的角色地位，女性的角色更多的是照顾家庭。

（4）婚姻状况是影响对农民创业的主要因素。婚姻状况在模型中都通过了 5%水平的显著性检验且其系数为正，说明在其他条件不变的情况下，已婚农民创业的可能性更大。其原因在于：已婚农民在创业中能够得到其配偶在劳动力资源、知识、技能等人力资本和资金上的支持，并且能与其共同分担创业风险，所以已婚农民创业的概率更高。

（5）文化程度是影响农民创业的重要因素。文化程度变量在所有模型中都通过了 1%水平的显著性检验但其系数为负，表明在其他条件不变的情况下，文化程度越高的农民其创业的可能性越小，并且文化程度每提高一档次，农民创业发生比在模型Ⅰ、模型Ⅱ和模型Ⅲ中将分别降低 17.3%、18.2%和 17.6%。这一结果与当前大多数学者的研究结论不一致。其主要原因可能在于，当前农村文化程度较高的农民大多数外出打工而不是留在农村创业，从而可能对农村经济发展产生一定负面的影响。这一结论给我们的重要启示是：当前政府在鼓励农民创业时，不能不加区别地发展教育事业以提高农民文化程度，否则一味提高农民文化程度可能会导致大量素质较高的农民外出就业，反而降低了从事农业生产的农民的素质，制约农村经济的发展。

（6）风险态度是影响农民创业的重要因素。风险态度在所有模型中都通过了 1%水平的显著性检验且其系数为负，表明在其他条件不变的情况下，越保守的农民创业的可能性越小，而冒险型农民创业发生的可能性更大。这一结论与美国国家创业指导基金会创始者史蒂夫·马诺的研究结论相一致，即冒险意识是个体创业的重要品质之一。

（7）是否有一技之长对农民创业有重要影响。这个变量在所在模型中都通过了 1%水平的显著性检验且其系数为正，表明在其他条件不变的情况下，有一技之长的农民，其创业的可能性更大。从模型Ⅰ可知，有一技之长的农民其创业发生比是无一技之长的农民的 2.130 倍。其原因是，有一技之长的农民掌握了一定的创业或专业技术本领，更有可能利用自身所掌握的技术，从“能工巧匠”成长为“包工头”、公司法人。

（8）家庭人均纯收入对农户创业有重要影响。家庭人均纯收入在所在模型中都通过了 1%水平的显著性检验且其系数为正，表明在其他条件不变的情况下，家庭人均纯收入越高，农民创业的可能性越大，并且家庭人均纯收入每增加 1 个档次，农民创业的发生比在模型Ⅰ、模型Ⅱ和模型Ⅲ中将分别增加 20.7%、20.6%、20.2%，其主要原因是人均纯收入更高的家庭有更多的资金积累，减轻了农民创业的资金压力，创业的底气更足。

6.5.2　父母创业行业对其子女创业行业的影响

本部分运用多元 Logistic 选择模型进一步探讨父母创业行业对其子女创业行业选择的影响，具体结果如表 6-5 和表 6-6 所示。

表 6–5 父亲创业行业对其子女创业行业选择影响的模型估计结果

变量	农民创业行业选择			
	特色种植养殖业	加工业或小型工矿企业	餐饮服务业或商贸业	运输业、农村旅游业及其他行业
常数项	−6.021***	−4.918***	−3.108**	−2.569*
个体家庭特征				
年龄	0.163**	0.135	0.111	0.095
年龄平方	−0.001*	−0.001	−0.002*	−0.001
性别	0.463*	0.723**	−0.049	0.568**
婚姻状况	1.089*	0.324	0.660*	0.273
文化程度	−0.140	−0.489***	−0.119	−0.230**
风险态度	−0.447***	−0.599***	−0.225**	−0.398***
是否有一技之长	0.771***	1.160***	0.483***	0.859***
家庭人均收入	0.185***	0.425***	0.196***	0.172**
父亲创业行业特征（以没有创业为参照组）				
特色种植养殖业	1.061***	0.357	−0.306	0.798**
加工业或小型工矿企业	−0.398	1.050***	0.775*	0.275
餐饮服务业或商贸业	0.220	0.865*	0.877**	1.115***
运输业、农村旅游业及其他行业	0.240	−0.190	−0.299	0.437
Cox and Snell	0.168			
Nagelkerke	0.176			

表 6–6 母亲创业行业对其子女创业行业选择影响的模型估计结果

变量	农民创业行业选择			
	特色种植养殖业	加工业或小型工矿企业	餐饮服务业或商贸业	运输业、农村旅游业及其他行业
常数项	−5.771***	−4.406**	−3.039**	−2.097
个体家庭特征				
年龄	0.153**	0.118	0.107	0.078
年龄平方	−0.001*	−0.001	−0.001*	−0.001
性别	0.463*	0.740**	−0.031	0.566**
婚姻状况	1.059*	0.326	0.653*	0.231

续表

变量	农民创业行业选择			
	特色种植养殖业	加工业或小型工矿企业	餐饮服务业或商贸业	运输业、农村旅游业及其他行业
文化程度	−0.123	−0.468***	−0.121	−0.214**
风险态度	−0.448***	−0.624***	−0.221**	−0.406***
是否有一技之长	0.778***	1.142***	0.471***	0.856***
家庭人均收入	0.173*	0.410***	0.190***	0.165**
母亲创业行业特征（以没有创业为参照组）				
特色种植养殖业	1.081*	0.867*	−0.343	0.901**
加工业或小型工矿企业	−13.124	0.402	−1.061	−0.902
餐饮服务业或商贸业	−0.005	0.839	0.833*	0.882**
运输业、农村旅游业及其他行业	−17.829	−17.568	−17.858	1.693
Cox and Snell	0.159			
Nagelkerke	0.167			

从表 6-5 可知，子女创业行业选择与其父亲创业行业基本一致，如父亲从事特色种植养殖业对其子女从事特色种植养殖业有显著正影响，同时能提高子女在运输业、农村旅游业等领域的创业概率；父亲从事加工业或小型工矿企业不仅对其子女在加工业或小型工矿企业创业有重要促进作用，而且对子女从事餐饮服务业或商贸业有重要影响；父亲从事餐饮服务业或商贸业可以提高其子女在餐饮服务业或商贸业创业的概率，还可以促进其子女在加工业、小型工矿企业、餐饮服务业或商贸业等行业的创业选择。但是，父亲从事运输业、农村旅游业对子女从事任何行业创业活动都没有显著影响。

从表 6-6 可知，母亲创业行业的代际传递效应与父亲相比存在一定差异，母亲只有从事特色种植养殖业、餐饮服务业或商贸业对其子女在同一行业创业有显著正向影响，而母亲从事加工业、小型工矿企业、运输业以及农村旅游业对其子女创业行业的选择没有显著影响。

综合上述分析结果可知：第一，从总体上看，父母创业不仅可提高其子女在同一行业创业的概率，而且还可以促进其子女在其他行业创业的积极性，表明中国农民创业在行业上存在代际传递现象，这一结论同样证实了前面的理论假定，即在创业行业代际传递上，专用人力资本发生了作用；第二，从父亲与母亲创业行业的代际传递效果看，父亲创业行业的代际传递效应更明显，母亲只在特色种植养殖业和餐饮服务业或商贸业等领域存在代际传递现象。

另外，综合表 6-5 和表 6-6，影响农民创业行业选择的因素还有农民的年龄、性别、婚姻状况、文化程度、风险态度、技能状况以及家庭人均收入水平等，但各个因素的影响程度存在一定差异。例如，年龄只对农民选择特色种植养殖业创业有显著影响，并且与农民选择特色种植养殖业创业的概率呈倒 U 形关系；男性农民更有可能在特色种植养殖业、餐饮服务业、商贸业、运输业、农村旅游业及其他行业从事创业活动；已婚农民更愿意选择在特色种植养殖业、餐饮服务业或商贸业创业；文化程度对农民选择加工业、小型工矿企业、运输业、农村旅游业及其他行业有负影响；风险态度对农民从事任何行业创业活动有负影响，即越保守的农民，其选择任何行业创业的可能性越小；技能状况对农民选择任何行业的创业有显著正影响，即有一技之长的农民更愿意从事各种创业活动；家庭人均收入对农民选择各行业创业有显著正向影响。

6.6 简要结论与政策含义

本章基于江西省 35 县（市）1716 份农民问卷调查数据，运用二元 Logistic 回归模型和多元 Logistic 选择模型分别探讨了父母创业行为和创业行业对其子女创业行为和行业选择的代际传递影响。研究结果表明：

第一，父母创业行为对子女创业行为有积极引导和促进作用，父亲或母亲有创业经历的农民，子女自己创业的可能性更大，即中国农民创业存在代际传递效应，其主要原因在于：一方面，父母创业者能把更多的创业资本传递给自己的子女，从而减轻子女创业的经济压力以促使子女从事创业活动；另一方面，子女在父母创业过程中能学习到许多创业管理经验，从而增加自身创业的可能性，即通用人力资本起到了重要作用。

第二，子女从事的创业行业更有可能与其父母从事的创业行业相同或相似，即父母创业可提高其子女在相同行业创业的概率，中国农民创业在行业上也存在代际传递现象，其主要原因在于从事某一具体行业更需要专业知识和技能，而父母更愿意和更容易把本行业创业行为的专业知识和技能（即专用人力资本）传授给子女，从而提高子女从事与父母相同行业的创业概率。

第三，父母创业行业的代际传递存在一定差异，即父亲创业行业的代际传递效应更明显，母亲只在特色种植养殖业和餐饮服务业或商贸业等领域存在代际传递现象。

第四，年龄、性别、婚姻状况、文化程度、风险态度、技能状况以及家庭人均收入水平对农民创业行为及其创业行业的选择有不同程度的影响，这一结论为我们提供的政策启示是：政府要促进农民创业，首先要充分考虑和尊重农民的不同年龄、性别等个体差异性；其次要进一步培育农民人力资本，建立农民创业技能培训机制，让他们有技能创业；再次要积极引导农民加强有利于创业的个性品质的修养，深化对冒险意识与创业行为关系的认识；最后要进一步提高农民家庭收入水平，采取积极的财政、税收、扶贫等手段，促进农民家庭收入增加和财富积累。

当然，由于受资料数据的限制，本章所探讨的农民创业代际传递只限于父辈与第一代子女之间，而缺少父辈与第一代、第二代子女之间的创业代际传递关系的研究；另外，我们只是探讨了父母与子女创业行为和创业行业选择的代际传递关系，而关于代际之间创业绩效的差异问题则有待于进一步探讨。

第 7 章　农民创业扩张意愿分析

7.1　引　言

积极促进农民创业，不仅可以推动城镇化和农村非农产业的发展，还可以拓宽农民就业渠道，增加农民收入，对于统筹城乡经济发展、全面建设小康社会及建设社会主义新农村，具有重要意义。早在 2006 年两会召开期间，中央就强调取消一切限制农民创业的政策规定，革除一切束缚农民创业的体制弊端，激发农民自主创业的潜能，营造鼓励农民干事业、帮助农民干成事业的社会氛围。2010 年中央一号文件专门提出要“增强农民科学种田和就业创业能力”，“完善促进创业带动就业的政策措施，将农民就地就近创业纳入政策扶持范围”。2013 年中央一号文件又提出“创造良好的政策和法律环境，采取奖励补助等多种办法，扶持联户经营、专业大户、家庭农场，大力培育新型农民和农村实用人才，着力加强农业职业教育和职业培训”，“制订专门计划，对返乡农民工务农创业给予补助和贷款支持”。

关于农民创业问题，国内外许多学者进行了大量的研究，但是关于农民创业规模扩张行为研究得不多。通常情况下，政府部门在推动农民创业时，不仅鼓励农民积极参与创业，而且促使农民大力扩大创业规模，实现创业的可持续和规模化发展，只有这样，才能更有效地通过创业带动就业，从而推动农村经济的发展。因此，本章利用欠发达地区农民创业的调查数据，实证分析了农民创业扩张意愿及其影响因素。

7.2 农民创业扩张意愿影响因素的交互分析

7.2.1 个体及家庭特征与农民创业扩张意愿的交互关系

表 7–1 个体及家庭特征与农民创业扩张意愿的交互关系

变量名称	变量分类	不愿意扩张（%）	愿意扩张（%）	合计	χ^2 值显著性水平
性别	男性	21.9	78.1	100.0	1.409
	女性	26.7	73.3	100.0	
婚姻状况	已婚	22.3	77.7	100.0	0.346
	未婚	26.3	73.7	100.0	
文化程度	文盲	27.8	72.2	100.0	6.413
	小学	30.8	69.2	100.0	
	初中	22.2	77.8	100.0	
	高中	19.1	80.9	100.0	
	中专及以上	22.4	77.6	100.0	
风险态度	冒险型	15.9	84.1	100.0	9.307*
	中间型	23.2	76.8	100.0	
	保守型	27.4	72.6	100.0	
一技之长	有一技之长	18.6	81.4	100.0	21.181***
	没有一技之长	31.4	68.6	100.0	
家中是否有老人或未成年人	有	20.9	79.1	100.0	7.735***
	没有	30.5	69.5	100.0	

表 7–1 显示个体及家庭特征与农民创业扩张意愿的交互关系，结果表明：

（1）农民性别与其创业扩张意愿之间的相关性不强，其 χ^2 值没有通过显著性检验，表明男性与女性农民创业的扩张意愿没有显著差异。

（2）婚姻状况与农民创业扩张意愿之间没有显著相关，其 χ^2 值没有通过显著性检验，表明已婚与未婚农民的创业扩张意愿没有显著差异。

（3）文化程度与农民创业扩张意愿没有显著相关，其 χ^2 值没有通过显著性检验，表明文化程度的差异不是影响农民创业扩张意愿的因素。

（4）风险态度与农民创业扩张意愿之间有显著负相关，其 χ^2 值通过了 10% 水平的显著性检验，表明风险态度越保守，农民创业扩张意愿越弱，风险态度保守的农民创业扩张意愿比例比冒险型农民低 11.5 个百分点。

（5）技能状况是影响农民创业扩张意愿的主要因素，一技之长与农民创业扩张意愿之间有显著正相关，其 χ^2 值通过了 1%水平的显著性检验，表明有一技之长的农民其创业扩张意愿更强，其创业愿意扩张的比例比没有一技之长的农民高 12.8 个百分点。

（6）家中是否有老人或未成年人与农民创业扩张意愿之间有显著正相关，其 χ^2 值通过了 1%水平的显著性检验，表明家中有老人或未成年人的农民其创业扩张意愿更强，其创业愿意扩张的比例比家中没有老人或未成年人的农民高 9.6 个百分点。

7.2.2　社会资本与农民创业扩张意愿的交互关系

表 7–2　社会资本与农民创业扩张意愿的交互关系

变量名称	变量分类	未创业（%）	已创业（%）	合计	χ^2 值显著性水平
与国有银行或政府机构关系	关系良好	15.3	84.7	100.0	14.197***
	关系一般	25.6	74.4	100.0	
与政府高层的关系	关系良好	8.2	91.8	100.0	9.065***
	关系一般	23.4	76.6	100.0	
是否经常参加社会活动	是	17.4	82.6	100.0	12.875***
	否	26.5	73.5	100.0	

表 7–2 显示社会资本与农民创业扩张意愿的交互关系，结果表明：

（1）与国有银行或政府机构关系与农民创业扩张意愿呈正相关，其 χ^2 值通过了 1%水平的显著性检验，表明与国有银行或政府机构关系越好，农民创业扩张意愿越强，关系良好的农民创业愿意扩张的比例比关系一般的农民的高出 10.3 个百分点。

（2）农民与政府高层的关系与其创业扩张意愿呈正相关，其 χ^2 值通过了 1% 水平的显著性检验，表明农民与政府高层的关系越好，其创业扩张意愿越强，并且与政府高层的关系良好的农民其创业愿意扩张的比例比关系一般的农民高出15.2个百分点。

（3）农民经常参加社会活动与其创业扩张意愿呈正相关，其 χ^2 值通过了1%水平的显著性检验，表明经常参加社会活动的农民，其创业扩张意愿越强，并且经常参加社地活动的农民创业愿意扩张的比例比不经常参加社会活动的农民高出9.1个百分点。

7.3 模型构建

上述交互分析只是检验了单个影响因子与农民创业扩张意愿之间是否存在显著的相关关系以及影响方向，由于农民创业扩张意愿是多个因素共同作用的结果，各因素也可能存在相互作用，因此，有必要运用经济计量模型把这些因素对农民创业扩张意愿的影响程度及其显著性水平做出进一步的估计。

根据前面的文献分析，结合统计分析和中国农村环境，笔者认为农民创业扩张意愿主要受以下因素的影响，具体包括：①个体特征及家庭变量，包括户主年龄、性别、婚姻状况、文化程度、风险态度、技能状况及家庭人口结构；②社会资本变量，包括农户与银行关系、与政府高层的关系以及参加社会活动频数。因此，可以设定以下函数形式：

$$y = \beta_0 + \beta_1x_1 + \beta_2x_2 + \beta_3x_3 + \beta_4x_4 + \beta_5x_5 + \beta_6x_6 + \beta_7x_7 + \beta_8x_8 + \beta_9x_9 + \beta_{10}x_{10}$$

式中，当农民有创业扩张意愿时，y等于1；当农民没有创业扩张意愿时，y等于0。x_1，x_2，Λ，x_{10} 分别代表农民个体特征、家庭特征、社会资本特征。

由于本文被解释变量为农民创业扩张意愿，结果有“愿意”和“不愿意”两种情况，为二元选择变量，故采用二元Logistic模型进行分析。其模型形式表示如下：

$$P_i = F\left(\alpha + \sum_{j=1}^{m} \beta_j x_j\right) = 1/\left\{1 + \exp\left[-\left(\alpha + \sum_{j=1}^{m} \beta_j x_j\right)\right]\right\}$$

整理得到：

$$Ln\frac{P_i}{1 - P_i} = \alpha + \sum_{j=1}^{m} \beta_j x_j$$

式中，P_i 表示第 i 个农民创业扩张意愿发生的概率；x_j 表示第 j 个影响农民创业扩张意愿的因素。

模型中各影响因素选取的具体变量、主要统计量及效应预期由表 7–3 给出。

表 7–3　模型变量选择及说明

变量名称	变量定义	平均值	标准差	预期方向
X_1（年龄）	实际年龄（岁）	40.446	8.178	+
X_2（性别）	男性=1；女性=0	0.889	0.314	+
X_3（婚姻状况）	已婚=1；其他=0	0.965	0.184	+
X_4（文化程度）	文盲=1；小学=2；初中=3；高中=4；中专及以上=5	3.234	0.764	+
X_5（风险态度）	冒险型=1；中间型=2；保守型=3	1.972	0.652	–
X_6（是否有一技之长）	有一技之长=1；没有=0	0.706	0.456	+
X_7（家庭是否有老人或未成年人）	有老人或未成年人=1；没有=0	0.839	0.368	+
X_8（与国有银行或政府机构关系）	关系良好=1；关系一般=0	0.314	0.464	+
X_9（与政府高层关系）	关系良好=1；关系一般=0	0.068	0.251	+
x_{10}（是否经常参加社会活动）	经常参加=1；不经常参加=0	0.448	0.498	+
Y（创业扩张意愿）	有扩张意愿=1；没有=0	0.776	0.417	

7.4　模型结果分析

运用 SPSS17.0 软件对研究区 1080 个样本进行了二元 Logistic 模型处理，结果见表 7–4。其中，模型（1）为纳入农民个体特征、家庭特征和社会资本特征等全部变量的回归结果，模型（2）为纳入全部显著性变量的模型回归结果。模型（1）、模型（2）的 Nagelkerke R^2 分别为 0.110、0.106，其–2 Log likelihood 值都通过了显著性检验。各变量的影响具体分析如下：

（1）年龄对农民创业扩张意愿有重要影响。年龄在模型（1）和模型（2）中都通过了 1%水平的显著性检验且其系数为负，表明年龄越大的农民，其创业扩张意愿越弱，并且年龄每增加 1 岁，农民创业扩张意愿就降低 5%左右。主要原因

表 7-4　农民创业扩张意愿影响因素的模型估计结果

变量	模型 1（最初模型）		模型 2（最终模型）	
	B 系数	exp(B)	B 系数	exp(B)
常数项	2.096	8.130	2.437	11.437
X_1（年龄）	−0.051***	0.950	−0.053***	0.948
X_2（性别）	0.214	1.238	—	—
X_3（婚姻状况）	0.768*	2.155	0.819**	2.269
X_4（文化程度）	−0.034	0.967	—	—
X_5（风险态度）	−0.219*	0.803	−0.223*	0.800
X_6（是否有一技之长）	0.556***	1.743	0.567***	1.763
X_7（家庭是否有老人或未成年人）	0.300	1.349	—	—
X_8（与国有银行或政府机构关系）	0.394**	1.483	0.394**	1.483
X_9（与政府高层关系）	0.812*	2.253	0.784*	2.190
x_{10}（是否经常参加社会活动）	0.310*	1.363	0.317*	1.373
−2 Log likelihood	1068.395		1071.610	
Cox and Snell R Square	0.072		0.069	
Nagelkerke R^2	0.110		0.106	

在于：农民随着年龄的增长，其风险偏好不断减弱，精力不断下降，应对市场经济的能力不断降低，从而使其创业扩张意愿不断减弱。

（2）婚姻状况是影响农民扩张意愿的主要因素。婚姻状况在两个模型中都通过了显著性检验且其系数为正，说明在其他条件不变的情况下，已婚农民创业扩张意愿越强，并且从模型（2）可知，已婚农民创业扩张意愿发生比是未婚农民的2.269 倍。其原因在于：已婚农民在创业中能够得到其配偶在劳动力资源、知识、技能等人力资本和资金上的支持，并且能与其共同分担创业风险，所以已婚农民创业扩张意愿更高。

（3）风险态度是影响农民创业扩张意愿的重要因素。风险态度在模型中都通过了 10%水平的显著性检验且其系数为负，表明在其他条件不变的情况下，越保守的农民其创业扩张意愿越弱，而冒险型农民的创业扩张意愿越强，并且风险态度每降低一档次，农民创业扩张意愿发生比将降低 20.0%左右。

（4）是否有一技之长对农民创业扩张意愿有重要影响。是否有一技之长在模型（1）、模型（2）中都通过了 1%水平的显著性检验且其系数为正，表明在其他条件不变的情况下，有一技之长的农民，其创业扩张意愿越强。并且从模型（2）可知，有一技之长的农民其创业扩张意愿发生比是无一技之长的农民的 1.763 倍。其原因是有一技之长的农民掌握了一定的创业知识或专业技术本领，更有可能利用自身所掌握的技术扩张创业规模以获取更多利润。

（5）与国有银行或政府机构关系是影响农民创业扩张意愿的主要因素。与国有银行或政府机构关系在两个模型中都通过了 5%水平的显著性检验且其系数为正，表明在其他条件不变的情况下，与国有银行或政府机构关系良好的农民，其创业扩张意愿越强。其主要原因在于农民与国有银行或政府机构关系好，其获取银行信贷资金和政府支持越多，并且能减少创业扩张中的交易成本，从而激发其创业扩张的积极性。

（6）与政府高层关系是影响农民创业的主要因素。与政府高层关系在两个模型中都通过了 10%水平的显著性检验且其系数为正，表明在其他条件不变的情况下，与政府高层关系良好的农民，其创业扩张意愿越强。其主要原因在于农户与政府高层关系好，其获取政策信息和支持越多，从而促进其创业的扩张。

（7）经常参加社会活动对农民创业扩张意愿有显著影响。经常参加社会活动在模型中都通过了 10%水平的显著性检验且其系数为正，表明在其他条件不变的情况下，经常参加社会活动的农民，其创业扩张意愿越强。主要原因在于农民经常参加社会活动，能够充分获取市场、技术等各种信息，并且更好地把握创业扩张的各种风险，从而使其创业扩张的意愿更强。

7.5　简要结论与政策含义

本章利用江西省 1080 份农民创业调查数据，运用二元 Logistic 模型实证分析了影响农民创业扩张意愿的因素，主要得到了以下结论：

在农民工个体特征及家庭特征中，年龄、婚姻状况、风险态度、技能状况等变量对农民创业扩张意愿有重要影响，其中，年龄对农民创业扩张意愿有负影响，即年龄越大，农民创业扩张意愿越弱；已婚农民比未婚农民的创业扩张意愿更强；风险态度越保守的农民，其创业扩张意愿越弱；有一技之长的农民创业扩张意愿越强。而性别、文化程度及家庭是否有老人或未成年人不是影响农民创业扩张意愿的重要因素。

在社会资本特征中，与国有银行或政府机构关系对农民创业扩张意愿有显著正向影响；与政府高层关系良好的农民其创业扩张意愿更强；经常参加社会活动对农民创业扩张意愿有显著促进作用。

基于以上实证分析结论，各级政府部门在科学引导、积极促进农民创业成长过程中，应当注意以下几点：

第一，政府要促进农民创业扩张，首先要充分尊重农民个体特征的差异，针对不同年龄、婚姻状况的农民采取不同的激励政策和不同的引导措施。

第二，进一步提升农民人力资本。人力资本的提升对农民创业扩张意愿有显著影响，因此要建立和完善农民创业技能培训机制，让农民在创业过程中掌握一技之长，从而使他们更有信心去扩大创业规模。

第三，要积极引导农民加强与创业相关的个性品质的修养，培养农民的冒险意识和开拓精神。

第四，进一步丰富农民社会资本，帮助农民正确处理与银行的关系，积极鼓励农民加强与政府的交流以及科学引导农民参加各类社会活动是促进农民创业扩张意愿的关键。

第 3 篇

创业环境对农民创业行为影响篇

第 8 章　农民创业环境满意度评价分析

8.1　引言及文献回顾

创业环境是影响创业的核心要素，是创业领域的关键因素之一。一个地区的创业成功与否、创业活跃程度与其创业环境密不可分。农民对创业环境的评价是影响农民的创业意愿和创业行为的关键因素，因此，鼓励农民创业，必须探讨创业环境的状况及农民对创业环境的满意度评价。本章基于农民层面实证分析农民对农村创业环境满意度的评价，这对于优化农村创业环境，激发农民创业意愿，推动农民创业活动具有重要意义。

一些学者根据本国顾客满意度理论与实践，建立了适用于本国的顾客满意度指数模型。例如，美国学者费耐尔（Fornell）（1989）提出把顾客期望、购买后感知、购买价格等多方面因素组成一个计量逻辑模型，即费耐尔模型，并以此模型运用偏微分最小二次方求解所得出的指数，就是顾客满意度指数。

近年来，顾客满意度理论被逐步应用到“三农”领域的研究。其中运用最多的为农村公共物品满意度评价的研究。例如，赵宇、姜海臣（2007）通过对山东省的调查，分析了农户对农村公共品供给的满意度。李燕凌、曾福生（2008）采用湖南省 126 个乡镇抽样调查数据，运用 CSI-Probit 回归模型分析了农户对农村公共品供给满意度及其影响因素。樊丽明、解垩、石绍宾（2008）分析了农民对公共品的需求和农民对公共品供给的满意度。朱玉春、乔文、王芳（2010）基于陕西省 32 个乡镇调查数据，研究了农民对农村公共品供给满意度。方凯、王厚俊（2012）以湖北省农户调查数据为例，从物质性和精神性公共品两个层面对农村公共品满意度进行了评价，结果表明，农民满意度总体上偏低，其中，精神性农村公共品满意度较高，而物质性农村公共品满意度较低。

袁建华、赵伟、郑德亮（2010）借鉴满意度理论的研究成果和测评方法，对山东省农村公共投资满意度进行实证分析。陈俊红、吴敬学、周连第（2006）采用参与式快速评估法（即设计 DIY 调查表），对北京市新农村建设与公共产品的需求状况进行调查，计算了各项公共产品的优先指数并进行排序，并对农村公共产品投资满意度进行了分析。何精华、岳海鹰、杨瑞梅等（2006）对长江三角洲地区农村七大项 21 个指标的农村公共服务满意度进行评价，并对其影响因素进行了分析。李强等（2006）研究了农民对基础设施和环境等农村公共服务项目的满意程度，并对农村公共物品投资意向进行分析。朱玉春、唐娟莉、郑英宇（2010）根据西北五省 40 个县（市）调研数据，实证研究了农村公共服务满意度及其影响因素。

上述关于“三农”问题的满意度研究，选题主要集中在对农村公共物品供给、农村公共投资、农村公共服务等方面，对农村创业环境的研究尚属空白，尤其是从农民视角进行的研究更少。因此，本章基于农民视角，借鉴顾客满意度理论，利用江西省调查数据实证评价江西农村创业环境情况。

8.2 农民创业环境评价指标

根据现有研究，本章选定了政策支持环境、社会经济环境、科技文化环境、金融服务环境和基础设施环境 5 个具有代表性的创业环境进行满意度评价。测量方法采用李克特（Likert）5 级量表法，基本形式是给出一组陈述，这些陈述都与某人对某个单独事物的态度有关。积极性陈述表明对所研究的对象持肯定或积极的态度，答案选择分别为完全不符合、不符合、不确定、符合、完全符合，对每种回答分别赋值 1 分、2 分、3 分、4 分、5 分。农民根据自身设定标准从主观视角对所有问项进行整体性评价。

8.2.1 政策支持环境描述性分析

从政策支持环境指标的描述性统计（见表 8–1）可以看出，农民对政策支持环境的 8 个项目认可度评价均值在 3.21~3.50，评价的标准差相差不大，说明农

表 8–1　政策支持环境描述性统计

指标	编号	项目	均值	标准差
政策支持环境	A1	政府会提供优惠的税收政策	3.50	0.810
	A2	创业注册、登记、审批程序简捷	3.49	0.792
	A3	政府工作人员办公效率较高	3.40	0.814
	A4	政府为农民创业提供咨询服务	3.42	0.802
	A5	政府规范创业行为的相关制度完善	3.39	0.762
	A6	政府会提供用地优惠政策	3.31	0.793
	A7	政府会提供创业项目	3.21	0.790
	A8	政府规范创业的法制环境	3.38	0.780

民对政策支持环境评价较为集中和稳定，极端评价不多。

8.2.2　社会经济环境描述性分析

从社会经济环境指标的描述性统计（见表 8–2）可以看出，农民对社会经济环境的 8 个项目认可度评价均值最高为 3.83，最低为 3.32，其他项目评价均值都在 3.45 左右，评价的标准差相差不大，说明农民对社会经济环境的评价比较稳定。

表 8–2　社会经济环境描述性统计

指标	编号	项目	均值	标准差
社会经济环境	B1	当地经济发展速度很快	3.50	0.890
	B2	当地经济活动比较多样化	3.45	0.862
	B3	身边有成功的创业榜样可以效仿	3.53	0.796
	B4	当地有很多农民创业成功	3.40	0.847
	B5	当地文化鼓励创造和创新	3.32	0.801
	B6	创业会得到家人的支持	3.83	0.702
	B7	公众对创业失败会比较宽容	3.42	0.767
	B8	当地有公平的竞争环境	3.45	0.788

8.2.3 科技文化环境描述性分析

从科技文化环境指标的描述性统计（见表 8-3）可以看出，农民对科技文化环境的 6 个项目认可度评价中，均值最高为 3.40，而项目“本地中小学教育关注创业和创办公司”均值最低为 2.81，不认同者较多。

表 8-3 科技文化环境描述性统计

指标	编号	项目	均值	标准差
科技文化环境	C1	本地会举办创业教育活动	3.12	0.868
	C2	本地会举办创业人才培训	3.27	0.849
	C3	本地会举办创业技能培训	3.36	0.844
	C4	本地会举办职业技术培训	3.40	0.822
	C5	本地中小学教育关注创业和创办公司	2.81	0.825
	C6	本地创业培训教育得到很好的发展	3.03	0.837

8.2.4 金融服务环境描述性分析

从金融服务环境指标的描述性统计（见表 8-4）可以看出，农民对金融服务环境的 6 个项目认可度评价中，项目“本地容易获得银行提供的低息贷款”“本地容易获得政府提供的创业基金或补贴”“本地金融机构对创业有充足的投资意愿”的均值都小于 3，认可度评价最高的也只有 3.17，说明农民对金融服务环境的认可度评价整体较低。

表 8-4 金融服务环境描述性统计

指标	编号	项目	均值	标准差
金融服务环境	D1	本地有多种可供选择的融资渠道	3.04	0.894
	D2	本地容易获得银行提供的低息贷款	2.79	0.926
	D3	本地容易获得政府提供的创业基金或补贴	2.87	0.899
	D4	本地创业有多种信贷担保方式	3.05	0.856
	D5	本地金融机构对创业有充足的投资意愿	2.97	0.831
	D6	本地金融机构之间竞争激烈	3.17	0.820

8.2.5　基础设施环境描述性分析

从基础设施环境指标的描述性统计（见表 8-5）可以看出，农民对基础设施环境的 6 个项目认可度评价中，项目“本地有良好的通信设施”的均值最高，为 4.08，对其认同者较多，其他项目的均值都在 3.33 以上，说明农民对基础设施环境的认可度评价整体较高。

表 8-5　基础设施环境描述性统计

指标	编号	项目	均值	标准差
基础设施环境	E1	本地有良好的交通设施	3.89	0.750
	E2	本地有良好的通信设施	4.08	0.543
	E3	本地有良好的水、电、气设施	3.73	0.811
	E4	本地有良好的土地资源	3.65	0.819
	E5	本地有许多可供创业的原材料	3.33	0.930
	E6	本地有许多可供创业的自然资源	3.33	0.939

8.3　农民创业环境量表的品质检验

为保证数据分析的可靠性和有效性，采用信度分析和效度分析对创业环境量表进行品质检验。

8.3.1　信度检验

信度检验常采用 Cronbach's α 系数和修正后项总相关系数（CITC）衡量变量的信度，用来检验问卷各项目的内在一致性。通常认为，量表的 Cronbach's α 系数大于 0.7 时可信度较高。CITC 系数是 Cronbach's α 系数信度检验的补充，对于 CITC 值小于 0.4 的变量，一般需要剔除，且剔除该变量后，能提升量表的 Cronbach's α 系数，表明应删除该变量。

经过信度分析（见表 8-6），没有被删除变量的量表整体 Cronbach's α 系数为 0.947，说明问卷整体的可信度较高，且代表创业环境的 5 个因子的 Cronbach's α

表 8-6 创业环境的信度系数

因子	变量个数	因子 Cronbach's α 系数	整体 Cronbach's α 系数
政策支持环境	8	0.908	
社会经济环境	8	0.841	
科技文化环境	6	0.915	0.947
金融服务环境	6	0.888	
基础设施环境	6	0.817	

系数均在 0.8 以上。

8.3.2 效度检验

效度检验采用建构效度检验，主要检验各共同因子下测量变量间的收敛效度以及因子间的区别效度。本章采用因子分析法来验证问卷的建构效度，用因子分析的载荷值判断收敛效度和区别效度。因子载荷值越大（通常为 0.5 以上），表示收敛效度越高；每一个项目只能在其所属公因子中，出现一个大于 0.5 的因子载荷值，符合这个条件的项目越多，则量表的区别效度越高。

研究设计已将创业环境确定为政策支持环境、社会经济环境、科技文化环境、金融服务环境和基础设施环境 5 个因子，采用 KMO 与 Bartlett 球形度检验以确定是否适合做因子分析，结果显示，KMO 检验值为 0.936，Bartlett 球形度检验的卡方统计值为 36413.415，显著性水平（Sig.值）为 0.000，表明适合做因子分析。在进行主成分因子分析时，限定抽取公共因子数量为 5，旋转方法使用最大方差法，剔除在公因子上载荷值小于 0.5 或有交叉载荷的变量，经过 3 次因子分析，分别删除了变量“当地有公平的竞争环境”（B8）、“公众对创业失败会比较宽容”（B7）、“创业会得到家人的支持”（B6）和“本地有良好的交通设施”（E1）。在此基础上，按照上述方法对剩下 30 个变量进行适宜性检验，结果显示，KMO 检验值为 0.934，Bartlett 球形度检验的卡方统计值为 32645.746，显著性水平（Sig.值）为 0.000，适合做因子分析。此时，所有变量的共同度及在其公因子上的载荷值均在 0.5 以上并且变量在各公因子上没有交叉载荷，表明量表的收敛效度与区别效度良好。5 个因子的累计方差贡献率为 63.479%，说明这 5 个因子对 30 个测量变量具有 63.479%的解释能力。各因子旋转后的因子载荷及方差贡献率如表 8-7 所示。

表 8–7　旋转后因子载荷及方差贡献率

因子	项目	载荷	方差贡献率（%）	累计方差贡献率（%）
政策支持环境（Y1）	政府会提供优惠的税收政策（A1）	0.715	16.407	16.407
	创业注册、登记、审批程序简捷（A2）	0.681		
	政府工作人员办公效率较高（A3）	0.741		
	政府为农民创业提供咨询服务（A4）	0.744		
	政府规范创业行为的相关制度完善（A5）	0.712		
	政府会提供用地优惠政策（A6）	0.663		
	政府会提供创业项目（A7）	0.653		
	政府规范创业的法制（A8）	0.646		
科技文化环境（Y3）	本地会举办创业教育活动（C1）	0.738	13.577	29.985
	本地会举办创业人才培训（C2）	0.841		
	本地会举办创业技能培训（C3）	0.854		
	本地会举办职业技术培训（C4）	0.800		
	本地中小学教育关注创业和创办公司（C5）	0.565		
	本地创业培训教育得到很好的发展（C6）	0.616		
金融服务环境（Y4）	本地有多种可供选择的融资渠道（D1）	0.631	13.548	43.532
	本地容易获得银行提供的低息贷款（D2）	0.757		
	本地容易获得政府提供的创业基金或补贴（D3）	0.697		
	本地创业有多种信贷担保方式（D4）	0.755		
	本地金融机构对创业有充足的投资意愿（D5）	0.760		
	本地金融机构之间竞争激烈（D6）	0.542		
社会经济环境（Y2）	当地经济发展速度很快（B1）	0.780	10.520	54.052
	当地经济活动比较多样化（B2）	0.765		
	身边有成功的创业榜样可以效仿（B3）	0.691		
	当地有很多农民创业成功（B4）	0.696		
	当地文化鼓励创造和创新（B5）	0.513		
	本地有良好的通信设施（E2）	0.523		
基础设施环境（Y5）	本地有良好的水、电、气设施（E3）	0.572	9.427	63.479
	本地有良好的土地资源（E4）	0.751		
	本地有许多可供创业的原材料（E5）	0.814		
	本地有许多可供创业的自然资源（E6）	0.768		

8.4 农民创业环境满意度评价

为研究农民对创业环境满意度的总体评价，本章构建了一个由三级指标体系组成的满意度评价体系。一级指标为农民对创业环境满意度指数，二级指标为5个维度创业环境变量，三级指标为经过品质检验的5个因子所包含的变量。

8.4.1 创业环境满意度计量模型

本章的创业环境满意度计量模型采用算数加权平均法进行计算，计算公式为：

$$CSI = \sum W_i X_i$$

式中，CSI表示创业环境满意度指数，W_i表示第i项创业环境指标权重，X_i表示农民对第i项创业环境指标满意度评分均值。

8.4.2 指标权重测算

本研究中二级指标和三级指标的权重运用主成分分析法自动赋权获得，权重计算由三级指标依次向上逐级确定，三级指标得分以变量指标值除以最高标度5后取均值再乘以100得到。

8.4.2.1 政策支持环境指标测算

首先确定政策支持环境（Y1）所包含的8个三级指标A1、A2、A3、A4、A5、A6、A7、A8的权重，经检验，KMO值为0.901，Bartlett球形度检验的卡方统计值为7884.496，显著性水平（Sig.值）为0.000。将这8个变量按限定抽取公共因子数量为1的最大方差法进行主成分分析，得到未旋转的主成分个数和相应的方差贡献率（见表8-8），并得到初始因子载荷矩阵（见表8-9）。表8-8和表8-9显示，共提取1个主成分，假定为O1，特征值为4.869，方差贡献率为60.858%。

以归一化的方差贡献率作为权重，对主成分加权平均计算出Y1和O1的关系，主成分O1的值由初始因子载荷矩阵中的数据值除以主成分相对应的特征值开平方根计算得出，即

表 8–8　政策支持环境因子特征值与方差贡献率

成分	初始特征值			提取平方和载入		
	合计	方差贡献率（%）	累计方差贡献率（%）	合计	方差贡献率（%）	累计方差贡献率（%）
O1	4.869	60.858	60.858	4.869	60.858	60.858
O2	0.869	10.867	71.724			
O3	0.530	6.625	78.349			
O4	0.454	5.675	84.025			
O5	0.400	4.998	89.023			
O6	0.340	4.247	93.270			
O7	0.287	3.585	96.856			
O8	0.252	3.144	100.000			

表 8–9　政策支持环境的初始因子载荷矩阵

指标	成分 O1
政府会提供优惠的税收政策（A1）	0.740
创业注册、登记、审批程序简捷（A2）	0.737
政府工作人员办公效率较高（A3）	0.796
政府为农民创业提供咨询服务（A4）	0.816
政府规范创业行为的相关制度完善（A5）	0.814
政府会提供用地优惠政策（A6）	0.771
政府会提供创业项目（A7）	0.777
政府规范创业的法制（A8）	0.786

$$O1 = \frac{0.740A1 + 0.737A2 + 0.796A3 + 0.816A4 + 0.814A5 + 0.771A6 + 0.777A7 + 0.786A8}{\sqrt{4.869}}$$

得到 Y1 和 A1、A2、A3、A4、A5、A6、A7、A8 的关系，即

$$Y1 = 0.335A1 + 0.334A2 + 0.361A3 + 0.370A4 + 0.369A5 + 0.349A6 + 0.352A7 + 0.356A8$$

对 A1、A2、A3、A4、A5、A6、A7、A8 的系数进行归一化处理，得到

$$Y1 = 0.119A1 + 0.118A2 + 0.128A3 + 0.131A4 + 0.130A5 + 0.124A6 + 0.125A7 + 0.126A8$$

归一化后的系数即为权重，即确定了政策支持环境指标的三级指标权重，并加权计算出政策支持环境指标的变量值。

8.4.2.2 社会经济环境指标测算

对社会经济环境变量各指标采用 KMO 与 Bartlett 球形度检验，结果显示，KMO 检验值为 0.739，Bartlett 球形度检验的卡方统计值为 3304.807，显著性水平（Sig.值）为 0.000，表明适合做因子分析。采用限定抽取公共因子数量为 1 的最大方差法进行主成分因子分析，提取了 1 个主成分，假定为 P1，特征值为 2.893，相应的方差贡献率为 57.861%，并得到初始因子载荷矩阵，如表 8–10 所示。

表 8–10 社会经济环境的初始因子载荷矩阵

指标	成分 P1
当地经济发展速度很快（B1）	0.785
当地经济活动比较多样化（B2）	0.808
身边有成功的创业榜样可以效仿（B3）	0.752
当地有很多农民创业成功（B4）	0.743
当地文化鼓励创造和创新（B5）	0.711

以归一化的方差贡献率作为权重，对主成分加权平均计算出 Y2 和 P1 的关系，主成分 P1 的值为：

$$P1 = \frac{0.785B1 + 0.808B2 + 0.752B3 + 0.743B4 + 0.711B5}{\sqrt{2.893}}$$

得到 Y2 和 B1、B2、B3、B4、B5 的关系，即

$$Y2 = 0.462B1 + 0.475B2 + 0.442B3 + 0.437B4 + 0.418B5$$

对 B1、B2、B3、B4、B5 的系数进行归一化处理，得到

$$Y2 = 0.207B1 + 0.213B2 + 0.198B3 + 0.195B4 + 0.187B5$$

归一化后的系数即为社会经济环境指标的三级指标权重，并加权计算出社会经济环境指标的变量值。

8.4.2.3 科技文化环境指标测算

对科技文化环境变量各指标采用 KMO 与 Bartlett 球形度检验，结果显示，KMO 检验值为 0.851，Bartlett 球形度检验的卡方统计值为 7742.321，显著性水平（Sig.值）为 0.000，表明适合做因子分析。采用限定抽取公共因子数量为 1 的最大方差法进行主成分因子分析，提取 1 个主成分，假定为 Q1，特征值为 4.221，

方差贡献率为 70.354%。初始因子载荷矩阵见表 8–11。

表 8–11　科技文化环境的初始因子载荷矩阵

指标	成分 Q1
本地会举办创业教育活动（C1）	0.848
本地会举办创业人才培训（C2）	0.896
本地会举办创业技能培训（C3）	0.884
本地会举办职业技术培训（C4）	0.818
本地中小学教育关注创业和创办公司（C5）	0.752
本地创业培训教育得到很好的发展（C6）	0.826

以归一化的方差贡献率作为权重，对主成分加权平均计算出 Y3 和 Q1 的关系，主成分 Q1 的值为：

$$Q1=\frac{0.848C1+0.896C2+0.884C3+0.818C4+0.752C5+0.826C6}{\sqrt{4.221}}$$

得到 Y3 和 C1、C2、C3、C4、C5、C6 的关系，即

$$Y3=0.413C1+0.436C2+0.430C3+0.398C4+0.366C5+0.402C6$$

对 C1、C2、C3、C4、C5、C6 的系数进行归一化处理，得到

$$Y3=0.169C1+0.178C2+0.176C3+0.163C4+0.150C5+0.164C6$$

归一化后的系数即为科技文化环境指标的三级指标权重，并加权计算出科技文化环境指标的变量值。

8.4.2.4　金融服务环境指标测算

对金融服务环境变量各指标采用 KMO 与 Bartlett 球形度检验，结果显示，KMO 检验值为 0.878，Bartlett 球形度检验的卡方统计值为 5560.049，显著性水平（Sig.值）为 0.000，表明适合做因子分析。采用限定抽取公共因子数量为 1 的最大方差法进行主成分因子分析。提取了 1 个主成分，假定为 R1，特征值为 3.866，方差贡献率为 64.433%。初始因子载荷矩阵如表 8–12 所示。

表 8–12　金融服务环境的初始因子载荷矩阵

指标	成分 R1
本地有多种可供选择的融资渠道（D1）	0.784
本地容易获得银行提供的低息贷款（D2）	0.834

续表

指标	成分 R1
本地容易获得政府提供的创业基金或补贴（D3）	0.823
本地创业有多种信贷担保方式（D4）	0.849
本地金融机构对创业有充足的投资意愿（D5）	0.845
本地金融机构之间竞争激烈（D6）	0.665

以归一化的方差贡献率作为权重，对主成分加权平均计算出 Y4 和 R1 的关系，主成分 R1 的值为：

$$R1=\frac{0.784D1+0.834D2+0.823D3+0.849D4+0.845D5+0.665D6}{\sqrt{3.866}}$$

得到 Y4 和 D1、D2、D3、D4、D5、D6 的关系，即

$$Y4=0.398D1+0.424D2+0.419D3+0.432D4+0.430D5+0.338D6$$

对 D1、D2、D3、D4、D5、D6 的系数进行归一化处理，得到

$$Y4=0.163D1+0.174D2+0.171D3+0.177D4+0.176D5+0.139D6$$

归一化后的系数即为金融服务环境指标的三级指标权重，并加权计算出金融服务环境指标的变量值。

8.4.2.5 基础设施环境指标测算

对基础设施环境变量各指标采用 KMO 与 Bartlett 球形度检验，结果显示，KMO 检验值为 0.724，Bartlett 球形度检验的卡方统计值为 3554.200，显著性水平（Sig.值）为 0.000，表明适合做因子分析。采用限定抽取公共因子数量为 1 的最大方差法进行主成分因子分析。提取了 1 个主成分，假定为 S1，特征值为 2.808，方差贡献率为 56.164%。初始因子载荷矩阵如表 8-13 所示。

表 8-13 基础设施环境的初始因子载荷矩阵

指标	成分 S1
本地有良好的通信设施（E2）	0.587
本地有良好的水、电、气设施（E3）	0.690
本地有良好的土地资源（E4）	0.777
本地有许多可供创业的原材料（E5）	0.848
本地有许多可供创业的自然资源（E6）	0.815

以归一化的方差贡献率作为权重，对主成分加权平均计算出 Y5 和 S1 的关系，主成分 S1 的值为：

$$S1=\frac{0.587E2+0.690E3+0.777E4+0.848E5+0.815E6}{\sqrt{2.808}}$$

得到 Y5 和 E2、E3、E4、E5、E6 的关系，即

$$Y5=0.350E2+0.412E3+0.464E4+0.506E5+0.486E6$$

对 E2、E3、E4、E5、E6 的系数进行归一化处理，得到

$$Y5=0.158E2+0.186E3+0.209E4+0.228E5+0.219E6$$

归一化后的系数即为基础设施环境指标的三级指标权重，并加权计算出基础设施环境指标的变量值。

8.4.2.6　总体创业环境指标测算

在三级指标权重确定后，并加权得出二级指标的变量值。确定总体创业环境（V）包含 5 个二级指标，即政策支持环境 Y1、社会经济环境 Y2、科技文化环境 Y3、金融服务环境 Y4、基础设施环境 Y5，KMO 与 Bartlett 球形度检验结果显示，KMO 检验值为 0.843，Bartlett 球形度检验的卡方统计值为 3113.587，显著性水平（Sig.值）为 0.000，表明适合做因子分析。采用限定抽取公共因子数量为 1 的最大方差法进行主成分因子分析。提取了 1 个主成分，假定为 U1，特征值为 3.002，方差贡献率为 60.045%。初始因子载荷矩阵如表 8–14 所示。

表 8–14　总体创业环境的初始因子载荷矩阵

指标	成分 U1
政策支持环境（Y1）	0.838
社会经济环境（Y2）	0.711
科技文化环境（Y3）	0.800
金融服务环境（Y4）	0.832
基础设施环境（Y5）	0.679

以归一化的方差贡献率作为权重，对主成分加权平均计算出 V 和 U1 的关系，主成分 U1 的值为：

$$U1=\frac{0.838Y1+0.711Y2+0.800Y3+0.832Y4+0.679Y5}{\sqrt{3.002}}$$

得到 V 和 Y1、Y2、Y3、Y4、Y5 的关系，即

V = 0.484Y1 + 0.411Y2 + 0.462Y3 + 0.480Y4 + 0.392Y5

对 Y1、Y2、Y3、Y4、Y5 的系数进行归一化处理，得到

V = 0.217Y1 + 0.184Y2 + 0.207Y3 + 0.216Y4 + 0.176Y5

归一化后的系数为总体创业环境指标的二级指标的权重，即分别为政策支持环境、社会经济环境、科技文化环境、金融服务环境、基础设施环境的权重，加权计算出的 V 即为一级指标总体创业环境满意度指数。

8.4.3 农民创业环境满意度分析

得到的一级指标、二级指标和三级指标的权重后，分别计算各级指标得分，所有指标的权重及得分如表 8-15 所示。

表 8-15 创业环境满意度指数

一级指标	得分	二级指标（权重）	得分	排序	三级指标（权重）	得分	排序
创业环境满意度指数	65.98	政策支持环境 Y1 (0.217)	67.82	3	A1（0.119）	70.09	5
					A2（0.118）	69.85	7
					A3（0.128）	67.95	11
					A4（0.131）	68.39	9
					A5（0.130）	67.82	13
					A6（0.124）	66.22	19
					A7（0.125）	64.21	21
					A8（0.126）	67.66	14
		社会经济环境 Y2 (0.184)	68.81	2	B1（0.207）	69.94	6
					B2（0.213）	68.90	8
					B3（0.198）	70.52	4
					B4（0.195）	67.97	10
					B5（0.187）	66.49	18
		科技文化环境 Y3 (0.207)	63.44	4	C1（0.169）	62.31	23
					C2（0.178）	65.48	20
					C3（0.176）	67.13	15
					C4（0.163）	67.90	12
					C5（0.150）	56.27	29
					C6（0.164）	60.56	26

续表

一级指标	得分	二级指标（权重）	得分	排序	三级指标（权重）	得分	排序
创业环境满意度指数	65.98	金融服务环境 Y4（0.216）	59.47	5	D1（0.163）	60.72	25
					D2（0.174）	55.77	30
					D3（0.171）	57.35	28
					D4（0.177）	61.01	24
					D5（0.176）	59.32	27
					D6（0.139）	63.44	22
		基础设施环境 Y5（0.176）	71.76	1	E2（0.158）	81.68	1
					E3（0.186）	74.55	2
					E4（0.209）	72.97	3
					E5（0.228）	66.54	16
					E6（0.219）	66.50	17

从表 8–15 可以看出，创业环境满意度指数为 65.98，总体上处于一般水平。在影响总体满意度的二级创业环境指标中，农民对基础设施环境的满意度最高，其值达到了 71.76，其次分别为社会经济环境（68.81）和政策支持环境（67.82），其满意度得分均在总体满意度指数（65.98）以上；而农民对科技文化环境（63.44）和金融服务环境（59.47）的满意度偏低，其值低于总体满意度平均水平，反映了金融服务环境成为制约农民创业的重要因素。从三级指标看，满意度得分排在前三位的是通信设施，水、电、气设施以及土地资源，满意度得分排在后三位的是银行提供的低息贷款、中小学教育关注创业和创办公司以及政府提供的创业基金或补贴。这在一定程度上说明了农民对通信设施，水、电、气设施以及土地资源等基础设施评价较高，而对银行提供的低息贷款、中小学教育关注创业和创办公司以及政府提供的创业基金或补贴评价较低，农村金融环境不完善和创业教育不足是制约农民创业的重要障碍。

8.5 简要结论与政策含义

通过研究，本章得出结论：

第一，对创业环境农民满意度评价表明，农民对创业环境的满意度总体上处于一般水平。

第二，在各项具体的创业环境评价中，基础设施环境的满意度最高，而金融服务环境和科技文化环境的满意度较低。

对此，本章提出如下建议：

第一，大力完善金融服务环境，加强对农民创业的融资支持。各类金融机构应根据农民创业实际情况与需求，建立有效信贷机制，创新融资模式，缓解农民创业面临的资金问题。

第二，政府应扩大专项基金或补贴规模，并制定相应的配套措施。

第三，大力普及创业教育，加强农民创业教育、创业意识培养，营造创业氛围。

第四，积极营造宽容的鼓励农民创业的社会氛围，提高农民的创业积极性。

第 9 章　创业环境对农民创业意愿影响分析

9.1　总体创业环境综合分析

为了对创业环境进行综合评价，计算因子得分，结果如表 9–1 所示。

表 9–1　创业环境因子得分系数矩阵

变量	因子				
	FAC1	FAC2	FAC3	FAC4	FAC5
政府会提供优惠的税收政策（A1）	0.244	–0.028	–0.083	–0.079	0.010
创业注册、登记、审批程序简捷（A2）	0.218	–0.001	–0.053	–0.079	–0.012
政府工作人员办公效率较高（A3）	0.240	–0.025	–0.087	–0.034	–0.037
政府为农民创业提供咨询服务（A4）	0.236	–0.038	–0.031	–0.076	–0.027
政府规范创业行为的相关制度完善（A5）	0.213	–0.003	–0.048	–0.045	–0.044
政府会提供用地优惠政策（A6）	0.189	–0.056	–0.021	–0.019	–0.030
政府会提供创业项目（A7）	0.182	–0.034	–0.007	–0.034	–0.037
政府规范创业的法制（A8）	0.174	–0.020	–0.020	–0.031	–0.018
当地经济发展速度很快（B1）	–0.062	0.330	–0.043	–0.020	–0.036
当地经济活动比较多样化（B2）	–0.056	0.316	–0.018	–0.030	–0.040
身边有成功的创业榜样可以效仿（B3）	–0.026	0.284	–0.019	–0.044	–0.042
当地有很多农民创业成功（B4）	–0.026	0.294	–0.058	0.005	–0.081
当地文化鼓励创造和创新（B5）	0.011	0.170	–0.026	0.010	–0.017
本地会举办创业教育活动（C1）	–0.036	–0.033	0.243	–0.034	–0.018

续表

变量	因子				
	FAC1	FAC2	FAC3	FAC4	FAC5
本地会举办创业人才培训（C2）	−0.070	−0.032	0.304	−0.070	0.004
本地会举办创业技能培训（C3）	−0.055	−0.026	0.318	−0.106	−0.001
本地会举办职业技术培训（C4）	−0.053	−0.031	0.299	−0.083	−0.024
本地中小学教育关注创业和创办公司（C5）	−0.063	−0.022	0.156	0.059	−0.007
本地创业培训教育得到很好的发展（C6）	−0.054	0.010	0.167	0.027	0.001
本地有多种可供选择的融资渠道（D1）	−0.066	0.014	−0.018	0.214	−0.022
本地容易获得银行提供的低息贷款（D2）	−0.037	−0.021	−0.074	0.293	−0.074
本地容易获得政府提供的创业基金或补贴（D3）	−0.009	−0.051	−0.044	0.244	−0.053
本地创业有多种信贷担保方式（D4）	−0.048	−0.035	−0.063	0.287	−0.042
本地金融机构对创业有充足的投资意愿（D5）	−0.062	−0.020	−0.069	0.287	−0.020
本地金融机构之间竞争激烈（D6）	−0.076	0.022	−0.031	0.188	0.019
本地有良好的通信设施（E2）	0.027	0.092	0.013	−0.189	0.226
本地有良好的水、电、气设施（E3）	−0.047	0.105	−0.009	−0.073	0.228
本地有良好的土地资源（E4）	−0.008	−0.084	−0.027	−0.040	0.341
本地有许多可供创业的原材料（E5）	−0.068	−0.081	−0.019	0.015	0.365
本地有许多可供创业的自然资源（E6）	−0.069	−0.095	−0.014	0.041	0.338

根据因子得分系数矩阵及变量观测值，可以计算出 5 个公共因子的表达式，分别表示为：

$$FAC1 = 0.244A1 + 0.218A2 + 0.240A3 + \cdots - 0.068E5 - 0.069E6$$

$$FAC2 = -0.028A1 - 0.001A2 - 0.025A3 + \cdots - 0.081E5 - 0.095E6$$

$$FAC3 = -0.083A1 - 0.053A2 - 0.087A3 + \cdots - 0.019E5 - 0.014E6$$

$$FAC4 = -0.079A1 - 0.079A2 - 0.034A3 + \cdots + 0.015E5 + 0.041E6$$

$$FAC5 = 0.010A1 - 0.012A2 - 0.037A3 + \cdots + 0.365E5 + 0.338E6$$

将 5 个公共因子进行加权汇总，权重为各公共因子的特征值与 5 个因子特征值总和的比值，计算出创业环境的总和得分 T，表示为：

$$T = 0.617FAC1 + 0.088FAC2 + 0.117FAC3 + 0.097FAC4 + 0.081FAC5$$

9.2　各维度创业环境分析

为分别研究政策支持环境、社会经济环境、科技文化环境、金融服务环境和基础设施环境对农民创业意愿的影响，计算各维度创业环境的得分。在第 3 章和第 4 章中，已经对各维度创业环境指标进行过信度检验和效度检验，本章直接对其进行计算。

9.2.1　政策支持环境评价

由政策支持环境的因子得分系数矩阵（见表 9–2）可得，政策支持环境（X1）的因子得分为：

$$X1 = 0.152A1 + 0.151A2 + 0.163A3 + 0.168A4 + 0.167A5 + 0.158A6 + 0.160A7 + 0.161A8$$

表 9–2　政策支持环境的因子得分系数矩阵

指标	成分
政府会提供优惠的税收政策（A1）	0.152
创业注册、登记、审批程序简捷（A2）	0.151
政府工作人员办公效率较高（A3）	0.163
政府为农民创业提供咨询服务（A4）	0.168
政府规范创业行为的相关制度完善（A5）	0.167
政府会提供用地优惠政策（A6）	0.158
政府会提供创业项目（A7）	0.160
政府规范创业的法制（A8）	0.161

9.2.2　社会经济环境评价

由社会经济环境的因子得分系数矩阵（见表 9–3）可得，社会经济环境（X2）的因子得分为：

$$X2 = 0.271B1 + 0.279B2 + 0.260B3 + 0.257B4 + 0.246B5$$

表 9–3　社会经济环境的因子得分系数矩阵

指标	成分
当地经济发展速度很快（B1）	0.271
当地经济活动比较多样化（B2）	0.279
身边有成功的创业榜样可以效仿（B3）	0.260
当地有很多农民创业成功（B4）	0.257
当地文化鼓励创造和创新（B5）	0.246

9.2.3　科技文化环境评价

由科技文化环境的因子得分系数矩阵（见表 9–4）可得，科技文化环境（X3）的因子得分为：

$$X3 = 0.201C1 + 0.212C2 + 0.209C3 + 0.194C4 + 0.178C5 + 0.196C6$$

表 9–4　科技文化环境的因子得分系数矩阵

指标	成分
本地会举办创业教育活动（C1）	0.201
本地会举办创业人才培训（C2）	0.212
本地会举办创业技能培训（C3）	0.209
本地会举办职业技术培训（C4）	0.194
本地中小学教育关注创业和创办公司（C5）	0.178
本地创业培训教育得到很好的发展（C6）	0.196

9.2.4　金融服务环境评价

由金融服务环境的因子得分系数矩阵（见表 9–5）可得，金融服务环境（X4）的因子得分为：

$$X4 = 0.203D1 + 0.216D2 + 0.213D3 + 0.220D4 + 0.219D5 + 0.172D6$$

表 9–5　金融服务环境的因子得分系数矩阵

指标	成分
本地有多种可供选择的融资渠道（D1）	0.203
本地容易获得银行提供的低息贷款（D2）	0.216

续表

指标	成分
本地容易获得政府提供的创业基金或补贴（D3）	0.213
本地创业有多种信贷担保方式（D4）	0.220
本地金融机构对创业有充足的投资意愿（D5）	0.219
本地金融机构之间竞争激烈（D6）	0.172

9.2.5　基础设施环境评价

由基础设施环境的因子得分系数矩阵（见表 9–6）可得，基础设施环境（X5）的因子得分为：

X5 = 0.209E2 + 0.246E3 + 0.277E4 + 0.302E5 + 0.290E6

表 9–6　基础设施环境的因子得分系数矩阵

指标	成分
本地有良好的通信设施（E2）	0.209
本地有良好的水、电、气设施（E3）	0.246
本地有良好的土地资源（E4）	0.277
本地有许多可供创业的原材料（E5）	0.302
本地有许多可供创业的自然资源（E6）	0.290

9.3　农民创业意愿评价

对农民创业意愿变量采用 KMO 与 Bartlett 球形度检验，结果显示，KMO 检验值为 0.893，Bartlett 球形度检验的卡方统计值为 7286.592，显著性水平（Sig. 值）为 0.000，表明适合做因子分析。在进行主成分因子分析时，限定抽取公共因子数量为 1，旋转方法使用最大方差法。提取了一个因子，方差贡献率为 71.198%。

由农民创业意愿的因子得分系数矩阵（见表 9–7）可得，农民创业意愿（Z）

的因子得分为：

$$Z = 0.171F1 + 0.203F2 + 0.196F3 + 0.209F4 + 0.201F5 + 0.203F6$$

表 9–7 农民创业意愿的因子得分系数矩阵

指标	成分
我职业的发展目标是成为农民企业家（F1）	0.171
我会尽一切努力创办自己的企业（F2）	0.203
我认真考虑过有关创业的事情（F3）	0.196
我决定将来要自己创业（F4）	0.209
我已经做好了成为创业者的所有准备（F5）	0.201
我坚信自己将来一定会创办企业（F6）	0.203

上述各变量的因子得分都是对各指标标准化后计算获得的。

9.4 创业环境对农民创业意愿计量经济分析

用上文得出的创业环境评价结果考察创业环境对农民创业意愿的影响，自变量还包括农民年龄、性别、文化程度、风险偏好、是否有一技之长、家庭人数、家庭人均年纯收入、是否有很多各种类型的朋友。各变量定义如表 9–8 所示。

表 9–8 农民基本特征变量定义及其说明

变量名称	变量定义
年龄	岁
性别	男=1，女=0
文化程度	文盲=1，小学=2，初中=3，高中=4，中专及以上=5
风险偏好	冒险型=1，中间型=2，保守型=3
是否有一技之长	是=1，否=0
家庭人数	人
家庭人均年纯收入	5000 元及以下=1，5001~6500 元=2，6501~7500 元=3，7500 元及以上=4
是否有很多各种类型的朋友	是=1，否=0

总体创业环境及农民基本特征对创业意愿的影响（见表 9–9），各变量容忍度接近 1，方差膨胀因子 VIP 也接近 1，说明自变量之间不存在多重共线性。总体创业环境对创业意愿在 1%统计水平下有显著的正向影响（β = 0.363），且影响较大。

表 9–9　总体创业环境及农民基本特征对创业意愿的影响

变量	回归系数	标准差	t 统计量	共线性统计量	
				容忍度	VIF
常数项	–0.328	0.208	–1.578		
总体创业环境	0.363***	0.034	10.567	0.970	1.031
年龄	–0.003	0.003	–1.260	0.902	1.109
性别	0.046	0.066	0.698	0.916	1.092
文化程度	0.061**	0.029	2.134	0.926	1.079
风险偏好	–0.207***	0.035	–5.955	0.908	1.101
是否有一技之长	0.354***	0.047	7.558	0.934	1.071
家庭人数	0.065	0.021	3.138	0.930	1.075
家庭人均年纯收入	0.303***	0.050	6.075	0.924	1.082
是否有很多各种类型的朋友	0.046***	0.066	0.698	0.916	1.092
R^2	0.186				
调整后 R^2	0.181				
F 统计量	43.199***				

注：***、**、* 分别表示在 1%、5%、10%的统计水平下显著。下同。

只考虑单个环境的影响时，分别将政策支持环境、社会经济环境、科技文化环境、金融服务环境、基础设施环境对创业意愿进行回归分析（如表 9–10 所示，对应模型 Ⅰ ~模型 Ⅴ），结果显示，5 个方面创业环境在各自模型中显著影响创业意愿，且均为正向影响，科技文化环境相对于其他环境而言，影响较小。

当各维度创业环境共同作用于创业意愿时（如表 9–10 中模型Ⅵ所示），政策支持环境、社会经济环境、金融服务环境、基础设施环境对创业意愿均在 1%统计水平下具有显著正向影响，而科技文化环境对创业意愿的影响不显著。其中基础设施环境对创业意愿的影响程度最高（β = 0.232），说明提供便利的公共基础设施和丰富的资源等是提高农民创业意愿的主要因素。社会经济环境的影响程度

表 9–10　各维度创业环境及农民基本特征对创业意愿的影响

变量	模型Ⅰ	模型Ⅱ	模型Ⅲ	模型Ⅳ	模型Ⅴ	模型Ⅵ①
常数项	–0.336	–0.390*	–0.494**	–0.477**	–0.422**	–0.331*
年龄	–0.003	–0.003	–0.002	–0.001	–0.003	–0.004
性别	0.050	0.109	0.054	0.066	0.077	0.092
文化程度	0.061**	0.073**	0.058**	0.059**	0.070**	0.073***
风险偏好	–0.206***	–0.201***	–0.213***	–0.213***	–0.190***	–0.190***
是否有一技之长	0.352***	0.362***	0.362***	0.364***	0.329***	0.332***
家庭人数	0.006	0.009	0.016	0.012	0.002	–0.002
家庭人均年纯收入	0.069***	0.038*	0.081***	0.074***	0.080***	0.059***
是否有很多各种类型的朋友	0.291***	0.302***	0.325***	0.324***	0.306***	0.260***
政策支持环境	0.260***					0.167***
社会经济环境		0.257***				0.184***
科技文化环境			0.179***			0.033
金融服务环境				0.242***		0.126***
基础设施环境					0.313***	0.232***
R^2	0.198	0.196	0.164	0.190	0.228	0.260
调整后 R^2	0.193	0.192	0.159	0.186	0.224	0.255
F 统计量	46.674***	46.225***	37.056***	44.481***	55.928***	46.064***

次之（β = 0.184），说明经济发展水平和投资积极性等是影响农民创业意愿的环境因素之一。一方面，随着经济发展，国民经济结构不断优化，产业结构逐步升级，为农民创业提供了更好更多的创业机会；另一方面，社会经济发展水平越高，市场发育程度越高，获取信息渠道多，市场信息丰富，存在的商业机遇更多。政策支持环境显著影响创业意愿（β = 0.167），政府对创业的鼓励与支持会增加农民创业积极性，优惠创业政策可以降低创业成本，激发创业热情，政府在法律、技术等服务方面给予的指导和援助可以树立创业者创业信心。金融服务环境对创业意愿的影响显著，影响程度相对较小（β = 0.126），资金是制约农民创

① 为分析对比出创业环境中的政策支持环境、社会经济环境、科技文化环境、金融服务环境、基础设施环境变量对创业意愿影响程度的大小，将这 5 个变量和农民基本特征变量共同引入模型与因变量进行回归，在回归分析中为了克服创业环境的多重共线性，采用主成分分析得到的互不相关的 5 个主成分进行回归。

业的主要因素之一，创业基金或补贴、信贷支持等融资能为农民创业提供资金支持并保障后续投资发展。科技文化环境对创业意愿没有显著影响，而在模型Ⅲ中，不考虑其他环境，科技文化环境对创业意愿具有显著正向影响，可能是因为科技文化环境对创业意愿影响相对于其他环境而言，影响程度较小，当考虑到其他 4 个方面的环境时，其影响不显著。

关于农民基本特征变量，在所有模型中，在不同统计水平下，风险偏好对创业意愿具有显著负向影响，风险偏好越趋向于保守的农民创业意愿越低；文化程度、是否有一技之长、家庭人均年纯收入、是否有很多各种类型的朋友对创业意愿有显著正向影响；年龄、性别、家庭人数对农民创业意愿没有显著影响。其中，可以发现代表个人专业能力的“是否有一技之长”变量及代表社会资本的“是否有很多各种类型的朋友”变量对创业意愿具有很大影响。

9.5　简要结论

本章通过构建实证模型分析了创业环境对创业意愿的影响，结果表明：当各个维度创业环境单独发生作用时，政策支持环境、社会经济环境、科技文化环境、金融服务环境、基础设施环境对创业意愿有显著正向影响；当各维度创业环境共同作用于创业意愿时，政策支持环境、社会经济环境、金融服务环境、基础设施环境对创业意愿均有显著正向影响，而科技文化环境的影响不显著。另外，风险偏好对创业意愿具有显著负向影响；文化程度、是否有一技之长、家庭人均年纯收入、是否有很多各种类型的朋友对创业意愿有显著正向影响。

第10章　金融环境、政策支持对农民创业意愿的影响

10.1　引　言

农民创业是指农民通过从事特色种植养殖业、加工业、小型工矿采掘和加工冶炼企业、餐饮服务业、运输业、经商业、农村旅游业以及创办合作组织或协会以实现致富获得财富。农民创业不仅可以解决自身的就业问题，而且能创造更多的就业岗位，并通过有效地整合农村现有的各类生产要素，挖掘农村发展潜力，增加农民收入，改善农民生活，为加快农村经济发展增添动力与活力，有利于推动社会主义新农村建设和城乡统筹发展。因此，鼓励农民创业已成为解决“三农”问题的一项重要措施。而创业意愿是农民能否最终实施创业行为的前提和基础，因此，创业意愿是农民创业研究领域中的重要议题。

关于环境对创业意愿的影响，许多学者做了大量探讨。例如，Bosma 和 Harding（2007）研究发现，人均 GDP 相近的国家表现出的创业活跃程度类似，各国创业活动水平随着人均 GDP 的变化呈现出显著的差异。朱明芬（2010）的研究表明，区域经济发展水平对农民创业与否起着决定性的作用，经济越发达的地区，农民创业越容易。袁应文（2008）研究认为，社会和公众对创业活动的积极态度对激发人们的创业意愿有重要影响。崔萌（2010）研究指出，创业氛围对创业成功率有显著的正向影响，即大力营造良好的创业氛围，能最大限度地释放农民的创业热情，提高其创业成功率。蒋剑勇、郭红东（2012）的研究表明，农村地区长期形成的创业氛围会影响身处其中的农民的创业意愿，农村地区较浓厚的创业氛围将增强农民对创业可行性的感知，从而激发他们的创业意愿。Pennings（1982）发现，融资的可获性对新创企业诞生率有重要贡献。Fonseca 等（2001）认为，创业政策和法律对于创业者的创业意愿和创业行为都有重要影响，创建企业成本高的国家，个人成为创业者的意愿很低。另外，一些学者研究了个体特征和人格特征对创业者创业意愿的影响。例如，Stuart（1990）发现，创业者过去的管理工作经验对其以后发现商业机会时的创业意愿有非常重要的影响；Lyigun（1998）研究发现，随着平均收入水平的提高，接受过正规教育的个体倾向于选择相对稳定的职业，而不太愿意成为要不断面临不确定性的创业者。Raijman（2001）指出，男性由于比女性拥有更多成为企业家的潜质，例如更高的冒险倾向、更强的风险控制能力等，从而更容易创办新企业。Schiller 和 Crewson（1997）发现，自我控制因素对女性创业意向的影响力是对男性创业意向影响力的 5 倍，揭示出女性选择创业之前需要更高的自我保障起点。Davidsson（1995）认为，支持型文化会促使创业活动得到社会认同，使得越来越多的人更愿意从事创业活动。

综上所述，虽然关于创业意愿影响因素的研究文献相当丰富，但目前研究仍存在一些不足之处，具体表现为：

第一，国内学者对农民创业意愿的认知不足，通常用绝对测量法而非连续测量法来测量，这就使农民的创业意愿程度得不到准确的反映，创业意愿对创业行为的预测力较差。

第二，有关金融环境对创业意愿的影响研究不足。尽管学术界已认同在国家或地区层面金融环境对创业者创业意愿具有影响，但它对具体的个体创业者的影响如何，对这一问题尚研究不够。

第三，关于政策支持对创业意愿影响的研究不够深入，大多数仍停留在验证单项政策对创业意愿的影响层面，缺乏对政策支持影响的综合考察。

基于此，本章提出并探索下述研究问题：在什么情况下农民更愿意成为创业者？具体而言，本章聚焦于探究农村地区的金融环境、政策支持对农民创业意愿的影响。本章后续部分的安排如下：首先，对金融环境、政策支持与农民创业意愿之间的关系进行理论分析，并在此基础上提出待检验的假说；其次，利用调查数据进行计量分析以检验有关假说；最后，得出本章研究结论及政策启示。

10.2　研究假说

10.2.1　金融环境与农民创业意愿

良好的金融环境对促进创业活动具有重要的推动作用。大量研究表明，低利率贷款的提供、小企业筹资信用保证的可得性和融资的可获性都对新创企业的建立有较大影响。在发展中国家，缺少创业资金和信贷支持以及金融体系的不完善是潜在创业者创新和成功的最大障碍（Meier and Pilgrim，1994）。改善融资的可获性有利于提高新创企业诞生率（Pennings，1982）。创业者通过信用保证协会或地方政府获得贷款，促进了创业的发展（Hawkins，1993）。金融市场中创业投资的供给、政府税收等因素的差异决定着区域创业活跃程度的不同（Bartik，2001）。Klappera 等（2006）认为，完善的信贷市场和充分的创业信贷支持将有利于促进创业活动的产生和新创企业的成长。

不同于发达国家或城市社区，当前中国农村经济还欠发达，农民收入还不高，农村发展中资金短缺的问题在短期内难以解决，农民在创业过程中面临的一个主要困难是资金约束。因此，农村金融环境越好，金融体系越完善，农民对信贷的可获性越强，农民创业意愿就会越强。由此，本章提出如下研究假说：

假说 1：农村金融环境越好，农民表现出的创业意愿越强。

10.2.2　政策支持与农民创业意愿

不可否认，政策支持对积极引导和促进创业活动具有非常重要的作用，它关系到创业的兴起与成败。例如，Dana（1990）对马来西亚的实证研究显示，政府设立的商业发展部门因为程序要求过多和权力集中而阻碍了创业。Young 和 Welsch（1993）指出，政府规章过多、税率高、通胀率上升、营运资本缺乏、获取贷款困难和货币价值季节性波动是墨西哥人创业的关键障碍。Fonseca 等（2001）认为，创业政策和法律对于创业者的创业意愿和创业行为都具有重要影响，在创业成本高的国家，个人成为创业者的意愿很低。Klapper 等（2004）认为，过多的官僚式监管抑制了一些欧洲国家企业进入某些行业的意愿。张玉利、陈立新（2004）认为，政府政策通过行政体制和市场体制改革对市场机会产生重要作用，特别是在经济转型国家，政府的改革和开放政策促进了经济增长和市场发展，从而增加了创业机会。信继欣、彭华涛（2007）研究发现，政府通过提供政策支持、法律规范及优良服务，营造公平、友好的创业环境，可以激发区域内的创业活动。

相比于城市居民，农民的创业资源有限，加上其创业的弱小性使得他们的“自我造血”功能偏弱，因此，外部资源的支持特别是政策支持是促使农民实施创业的重要条件，它对于降低农民的创业风险和交易成本、提升农民的创业意愿有重要影响。由此，本章提出如下研究假说：

假说 2：政策支持越强，农民表现出的创业意愿越强。

10.3 变量测量与因子分析

10.3.1 变量测量

（1）创业意愿。创业意愿是指创业者将注意力、精力和行为引向某个特定目标的一种心理状态，它是创业行为最好的预测指标（简单单等，2010）。目前，大多数学者使用 Chent 等（1998）的个体创业意向量表和 Thompson（2009）的个体创业意向量表对其进行测量。对这两个量表进行比较后，本章发现，Chent 等（1998）创建的个体创业意向量表更符合中国农民的创业意愿情景。因此，本章以该量表为基础，构建农民创业意愿量表，包括我的职业发展目标是成为农民企业家、我会尽一切努力创办自己的企业、我认真考虑过有关创业的事情、我决定将来要自己创业、我已经做好了成为创业者的所有准备、我坚信自己将来一定会创办企业 6 个测量项目。

（2）政策支持。政策支持是指政府为激发农民创业热情或促进农民开展创业活动而制定的相关政策或措施，这些政策或措施包括税收政策、法制环境、创业制度、项目支持、信息咨询、行政审批及政府服务态度和办公效率等。通过弥补市场缺陷和消除行政僵化而使创业实现有效运作，良好的政策支持会催生更多的创业机会，降低创业者的创业成本，从而增强创业者的创业动力。参考全球创业观察（Globe Entrepreneurship Monitor，GEM）[①] 的相关成果，本章构建了政策支持测量量表，主要包括政府会提供优惠的税收政策，创业注册、登记、审批程序简捷，政府工作人员办公效率较高，政府为农民创业提供咨询服务，政府规范创业行为的相关制度完善，政府会提供用地优惠政策，政府会提供创业项目，政府会规范创业的法制环境 8 个测量项目。

（3）金融环境。众所周知，持续的资金投入是促进创业机会转变为创业实施的重要前提，而良好的金融环境是创业成功和新创企业实现可持续发展的重要保障。本章认为，农村金融环境是指农村地区在一定的金融体制和制度下影响农民创业活动的各种金融要素的集合，包括金融体系、融资渠道、信贷方式、资金补贴等。对农民这一特殊群体而言，他们在创业过程中更需要充足的资金来整合和运作创业所需的资源，而融资渠道单一、金融体系不完善等是目前农民创业所面临的严峻考验。本章以 GEM 构建的创业环境指标框架为基础，构建了金融环境测量量表，主要包括"本地有多种可供选择的融资渠道，本地容易获得银行提供的低息贷款，本地容易获得政府提供的创业基金或补贴，本地创业有多种信贷担保方式，本地金融机构对创业有充足的投资意愿，本地金融机构之间竞争激烈"6 个测量项目。

本章采用李克特 5 级量表法对创业意愿、金融环境、政策支持所涉及的测量项目进行测量，答案选项分别为"完全符合""符合""不确定""不符合""完全不符合"，分别赋值 5 分、4 分、3 分、2 分和 1 分。

10.3.2　因子分析

为了对数据的可靠性与有效性进行检验，本章首先进行探索性因子分析，即进行信度检验和效度检验。信度检验用来检验量表中各测量项目的内在一致性，常采用 Cronbach's α 系数法来测量。通常认为，量表的信度系数大于 0.7 时，量表信度很高。效度检验主要检验同一因子下各测量变量之间的收敛效度，常用因子载荷值来判断，因子载荷值越大（通常为 0.5 以上），表示收敛效度越高。本章采用限定抽取公共因子法进行因子分析，输入的因子数量为 1。本章分别从赣北、赣中、赣西、赣东和赣南五大调查区域中随机抽取 1 个县（市）的样本，抽

① 全球创业观察（GEM）是一个旨在研究全球创业活动态势和变化、发掘国家或地区创业活动的驱动力、研究创业与经济增长之间的作用机制和评估各国创业政策的研究项目。

得余干县、丰城市、武宁县、东乡县和宁都县 5 个县（市）的 232 个样本农民作为样本 1，进行探索性因子分析，将剩余的 1484 个样本作为样本 2 进行验证性因子分析。

对测量创业意愿的变量进行 KMO 检验和 Bartlett 球形检验。结果显示，KMO 值达到了 0.870，Bartlett 球形检验值为 968.981，表明反映创业意愿的样本数据适合做因子分析。对创业意愿的因子分析结果显示（见表 10-1），Cronbach's α 信度系数达到了 0.911，大于 0.7，这表明，创业意愿量表的信度很高，测量项目的内部一致性符合要求。并且，其累计方差解释率达到了 70.668%，各测量项目通过正交旋转后的因子载荷值都远高于 0.5，Hotelling's T-Squared 值达到了 93.612，通过了 1%统计水平的显著性检验，表明创业意愿这一量表的收敛效度和可靠度较高。

表 10-1 创业意愿的因子分析结果

测量项目	均值	标准差	因子载荷值
我的职业发展目标是成为农民企业家	3.371	0.994	0.791
我会尽一切努力创办自己的企业	3.694	0.905	0.838
我认真考虑过有关创业的事情	3.832	0.728	0.791
我决定将来要自己创业	3.754	0.712	0.883
我已经做好了成为创业者的所有准备	3.552	0.799	0.857
我坚信自己将来一定会创办企业	3.595	0.756	0.879

对测量金融环境的变量进行 KMO 检验和 Bartlett 球形检验。结果显示，KMO 值达到了 0.818，Bartlett 球形检验值为 621.726，表明反映金融环境的样本数据适合做因子分析。对金融环境的因子分析结果显示（见表 10-2），其 Cronbach's α 信度系数达到了 0.848，大于 0.7，表明金融环境量表的信度很高；其累计方差解释率为 58.140%，各测量项目通过正交旋转后的因子载荷值都高于 0.5，Hotelling's T-Squared 值达到了 65.509，通过了 1%统计水平的显著性检验，表明金融环境这一量表的收敛效度和可靠度较高。

对测量政策支持的变量进行 KMO 检验和 Bartlett 球形检验。结果显示，KMO 值达到了 0.821，Bartlett 球形检验值为 901.468，表明反映政策支持的样本数据适合做因子分析。对政策支持的因子分析结果显示（见表 10-3），其 Cronbach's α 信度系数达到了 0.869，表明政策支持量表的信度很高；其累计方差解释率为

表 10–2　金融环境的因子分析结果

测量项目	均值	标准差	因子载荷值
本地有多种可供选择的融资渠道	3.082	0.915	0.683
本地容易获得银行提供的低息贷款	2.866	0.875	0.831
本地容易获得政府提供的创业基金或补贴	2.961	0.786	0.812
本地创业有多种信贷担保方式	2.931	0.699	0.791
本地金融机构对创业有充足的投资意愿	2.849	0.670	0.795
本地金融机构之间竞争激烈	3.185	0.803	0.644

表 10–3　政策支持的因子分析结果

测量项目	均值	标准差	因子载荷值
政府会提供优惠的税收政策	3.634	0.773	0.677
创业注册、登记、审批程序简捷	3.716	0.621	0.683
政府工作人员办公效率较高	3.573	0.612	0.733
政府为农民创业提供咨询服务	3.414	0.733	0.816
政府规范创业行为的相关制度完善	3.401	0.702	0.761
政府会提供用地优惠政策	3.289	0.749	0.660
政府会提供创业项目	3.155	0.734	0.729
政府会规范创业的法制环境	3.392	0.707	0.722

52.448%，各测量项目通过正交旋转后的因子载荷值都高于 0.5，Hotelling's T-Squared 值达到了 120.032，通过了 1%统计水平的显著性检验，表明政策支持这一量表的收敛效度和可靠度较高。

10.4　实证模型分析

10.4.1　模型变量选取

本章主要分析金融环境和政策支持对农民创业意愿的影响，因此，模型中的关键自变量是金融环境和政策支持。此外，根据现有大多数相关研究成果，结合中国农村的实际情况，本章还选取了受访者的年龄、性别、婚姻状况、文化程度、风险偏好以及创业榜样作为控制变量。年龄越大的农民，越不愿意从事风险较大的创业活动；男性农民由于精力和风险偏好更强，其创业意愿更强；文化程度越高，农民接受新事物和把握机会的能力会越强，其创业意愿也会越强；风险偏好越强，农民越愿意从事创业这一冒险活动；而良好的创业榜样能激发农民的创业热情，增强他们的创业意愿。各变量的含义、赋值及描述性统计分析结果如表 10–4 所示。

表 10–4 模型中变量的描述性统计分析结果

变量名称	变量含义	最小值	最大值	均值	标准差
年龄	样本的实际年龄（岁）	20.000	70.000	40.369	8.528
性别	男=1；女=0	0.000	1.000	0.8511	0.356
婚姻	已婚=1；未婚=0	0.000	1.000	0.950	0.218
初中文化程度	以小学及以下为对照组。初中=1；其他=0	0.000	1.000	0.535	0.499
高中及以上文化程度	以小学及以下为对照组。高中及以上=1；其他=0	0.000	1.000	0.341	0.474
风险偏好	冒险型=1；中间型或保守型=0	0.000	1.000	0.248	0.432
创业榜样	“当地有很多农民创业成功，您认为符合吗?”完全不符合=1；不符合=2；不确定=3；符合=4；完全符合=5	1.000	5.000	3.367	0.854
政策支持	—	–3.755	2.560	0.000	1.000
金融环境	—	–2.765	2.825	0.000	1.000
创业意愿	—	–3.340	2.107	0.000	1.000

注：在对“文化程度”这一变量赋值时，由于大专及以上文化程度的农民所占比例较小，所以，把大专及以上文化程度与高中或中专文化程度归为一类进行分析；创业意愿因子得分计算如下：首先将原始数据进行标准化处理；其次将正交旋转后的因子载荷值分别乘以其对应的标准化数据；最后把所有相乘的数值加总，即可得到创业意愿因子的得分。同样，金融环境、政策支持的因子得分计算方法相同。

10.4.2 模型估计结果分析

本章利用多元回归方法来分析金融环境、政策支持对农民创业意愿的影响，建立回归模型如下：

$$EI_1 = \alpha_0 + \alpha_1 GEN + \alpha_2 AGE + \alpha_3 MAR + \alpha_4 EDU_1 + \alpha_5 EDU_5 + \alpha_6 RIS + \alpha_7 BS + \varepsilon_1$$

$$EI_2 = \beta_0 + \beta_1 FE + \beta_2 PS + \beta_3 GEN + \beta_4 AGE + \beta_5 MAR + \beta_6 EDU_1 + \beta_7 EDU_2 + \beta_8 RIS + \beta_9 BS + \varepsilon_2$$

两式中，EI 为农民创业意愿，FE、PS 分别为金融环境、政策支持变量，AGE、GEN、MAR、EDU_1、EDU_2、RIS、BS 分别为控制变量年龄、性别、婚姻状况、初中文化程度、高中及以上文化程度、风险偏好和创业榜样。第一个公式为只包括控制变量的回归模型，本章将其命名为模型Ⅰ；第二个公式为包括全部变量的回归模型，本章将其命名为模型Ⅱ。在回归之前，本章对两个模型可能存在的多重共线性和序列相关问题进行检验。检验结果显示，各变量的 VIF 值均大于 1 且小于 2，说明两个模型都不存在多重共线性问题；DW 值分别为 1.220 和 1.241，说明两个模型都不存在序列相关问题。

回归结果显示（见表 10–5），模型Ⅰ调整的 R^2 值为 0.114，说明控制变量解释模型信息的能力为 11.4%；模型Ⅱ调整的 R^2 值为 0.177，说明自变量解释模型信息的能力达到了 17.7%，比模型Ⅰ提高了 6.3 个百分点，即加入金融环境和政策支持变量后，模型的解释能力增强了。模型Ⅰ和模型Ⅱ的 F 统计值分别为 28.185 和 36.338，都通过了 1%统计水平的显著性检验，表明模型整体显著。具体分析如下：

表 10–5　金融环境、政策支持对农民创业意愿影响的多元回归结果

变量名称	模型Ⅰ		模型Ⅱ	
	系数	标准误	系数	标准误
常数项	–1.311***	0.195	–0.852***	0.193
年龄	–0.006**	0.003	–0.007**	0.003
性别	0.212***	0.071	0.188***	0.068
婚姻状况	0.142	0.119	0.100	0.115
初中文化程度	0.210***	0.080	0.237***	0.077
高中及以上文化程度	0.330***	0.084	0.329***	0.081
风险偏好	0.269***	0.058	0.266***	0.056
创业榜样	0.326***	0.029	0.205***	0.030
金融环境	—	—	0.102***	0.032
政策支持	—	—	0.195***	0.032
F 统计值	28.185***		36.338***	
R^2	0.118		0.182	
调整的 R^2	0.114		0.177	

注：** 和 *** 分别表示在 5%和 1%的统计水平上显著。

金融环境变量在模型Ⅱ中通过了1%统计水平的显著性检验且其系数为正，表明金融环境对农民创业意愿有显著的正向作用，即农村金融环境越好，农民表现出的创业意愿越强。其原因可能是，农村金融环境越好，农民创业时可选择的融资渠道越多，信贷可获性越强，资金约束越小，农民的创业热情越能得到激发，从而其创业意愿越强。因此，假说1得到了验证。调查结果也表明，认为从金融机构获取所需资金“较易”和“非常容易”的农民，其创业意愿的平均因子得分分别为0.7553和1.6544；而认为从金融机构获取所需资金“较难”和“非常难”的农民，其创业意愿的平均因子得分仅分别为0.3419和0.2664。由此可见，随着从金融机构获取所需资金难度的增大，农民创业意愿的因子得分降低，他们表现出的创业意愿减弱。

政策支持变量在模型Ⅱ中通过了1%统计水平的显著性检验且其系数为正，表明政策支持对农民创业意愿也有显著的正向影响，即政府对农民创业的政策支持越强，农民的创业意愿越强。其原因可能是，政策支持越强，农民面对的创业风险和不确定性就越小，并且创业的交易成本也越低，从而农民的创业热情会越高，其创业意愿也会越强。因此，假说2得到了验证。另外，调查数据统计结果表明，认为从政府部门获得相关政策支持“较易”和“非常容易”的农民，其创业意愿的平均因子得分分别为0.5409和1.0072；而认为从政府部门获得相关政策支持“较难”和“非常难”的农民，其创业意愿的平均因子得分仅分别为0.2910和0.0655。也就是说，随着从政府部门获得相关政策支持难度的增大，农民的创业意愿减弱。

从控制变量的影响看，年龄在模型Ⅰ和模型Ⅱ中都通过了5%统计水平的显著性检验且其系数为负，表明随着年龄的增加，农民的风险偏好不断减弱，趋向保守和稳定，从而不愿从事具有一定风险的创业活动，这一结果与Blanchflower（2000）的观点基本一致。性别在模型Ⅰ和模型Ⅱ中都通过了1%统计水平的显著性检验且其系数为正。这表明，相比于女性，男性农民的创业意愿更强。其原因是：一方面，女性可能要承担更多照料家庭和孩子的责任，而男性相对来说有更多的精力和时间从事创业活动；另一方面，男性由于冒险意识更强，从而更愿意从事创业活动。这一结果与Cooper等（1994）、Johannisson（1996）的观点基本相似。初中文化程度、高中及以上文化程度在模型Ⅰ和模型Ⅱ中都通过了显著性检验且其系数均为正，即相比于小学及以下文化程度的农民，具有初中文化程度或高中及以上文化程度的农民的创业意愿更强。其原因在于，相对于小学及以下文化程度的农民，具有初中文化程度或高中及以上文化程度的农民，其认识和接受新鲜事物的能力更强，所表现出来的创业意愿也更强。这一观点得到了朱红根等（2011）的证实。风险偏好在两个模型中都通过了 1%统计水平的显著性检验且其系数均为正，即偏好冒险的农民所表现出来的创业意愿更强。美国国家创业指导基金会的创始者史蒂夫·马诺（2003）把冒险作为创业者需要具备的 12 种重要素质之一。创业榜样在两个模型中都通过了 1%统计水平的显著性检验且其系数均为正，表明创业榜样能显著增强农民的创业意愿。其主要原因是，创业榜样能提升农民创业的自我效能感，提高他们对创业可行性的感知，进而增强其创业意愿。蒋剑勇、郭红东（2012）也持有类似的观点。

10.5　简要结论与政策启示

本章考察了金融环境、政策支持对农民创业意愿的影响。研究结果表明，农村金融环境、政策支持是影响农民创业意愿的重要因素，农村金融环境越好，政策支持越强，农民创业意愿就越强。另外，年龄对农民的创业意愿有显著的负向影响，性别、文化程度、风险偏好、创业榜样对农民的创业意愿有显著的正向影响。即年龄越轻、文化程度越高，农民创业意愿越强；男性农民以及偏好冒险的农民，其创业意愿更强；当地的创业榜样越多，农民创业的积极性越能得到激发。

本章研究结论对促进农民创业政策的制定具有重要启示：

第一，要进一步改善农村金融环境，健全农村金融服务体系，拓宽融资渠道，强化信贷支持，创新金融产品，以缓解农民创业的融资约束和资金约束，从而激发农民的创业意愿。

第二，要进一步加大政策支持力度，在税收减免、程序简化、创业项目提供、服务态度、办事效率、用地优惠和信息咨询等方面对创业农民给予大力支持，从而降低农民的创业风险和创业的交易成本，提升农民的创业意愿。

第三，进一步培育农村创业氛围，大力树立和宣传农民创业的成功典型，激发农民的创业热情。

第 11 章　创业环境对农民创业行为影响研究

本章将在以上理论分析及描述性统计分析的基础上，运用 Logistic 回归分析从各维度创业环境对农民是否创业的影响、各维度创业环境对农民创业形式的影响、各维度创业环境对农民创业区域选择的影响三个方面考察创业环境对农民创业行为的影响。

11.1　创业环境对农民是否创业的影响

11.1.1　模型建立与变量选取

该模型的因变量设置为农民是否创业，分为“是=1”和“否=0”两种情况。因而采用二元 Logistic 模型来进行分析，其表达式如下：

$$P_j = 1/\{1 + \exp[-(\alpha + \sum_{j=1}^{m} \beta_j x_j)]\}$$

上式经整理可化为：

$$Ln\frac{P_j}{1 - P_j} = \alpha + \sum_{j=1}^{m} \beta_j x_j$$

其中第二个式中，P_j 是农民创业的概率，x_j 是影响农民是否创业的变量。

根据第三章的分析，选取年龄、性别、婚姻状况、文化程度、风险偏好、是否有一技之长、是否参加过技能培训、家中是否有老人或未成年人、家庭农业收入比重、是否与政府工作人员有联系、是否与国有银行及政府机构存在良好关系、是否有众多家庭成员、是否有很多各种类型的朋友、是否经常与朋友们保持联系 14 个变量为控制变量。

由于各维度创业环境分别包含若干数量的指标，在分析过程中，本文用因子分析的方法计算各维度创业环境的得分。

全体有效样本的各维度创业环境的因子得分分别为：

政策支持环境（X1）的因子得分为：

$$X1 = 0.152A1 + 0.151A2 + 0.163A3 + 0.168A4 + 0.167A5 + 0.158A6 + 0.160A7 + 0.161A8$$

社会经济环境（X2）的因子得分为：

$$X2 = 0.271B1 + 0.279B2 + 0.260B3 + 0.257B4 + 0.246B5$$

科技文化环境（X3）的因子得分为：

$$X3 = 0.201C1 + 0.212C2 + 0.209C3 + 0.194C4 + 0.178C5 + 0.196C6$$

金融服务环境（X4）的因子得分为：

$$X4 = 0.203D1 + 0.216D2 + 0.213D3 + 0.220D4 + 0.219D5 + 0.172D6$$

基础设施环境（X5）的因子得分为：

$$X5 = 0.209E2 + 0.246E3 + 0.277E4 + 0.302E5 + 0.290E6$$

创业农民样本的各维度创业环境的因子得分分别为：

政策支持环境（X1）的因子得分为：

$$X1 = 0.149A1 + 0.144A2 + 0.163A3 + 0.174A4 + 0.169A5 + 0.163A6 + 0.164A7 + 0.163A8$$

社会经济环境（X2）的因子得分为：

$$X2 = 0.273B1 + 0.283B2 + 0.258B3 + 0.252B4 + 0.247B5$$

科技文化环境（X3）的因子得分为：

$$X3 = 0.202C1 + 0.210C2 + 0.209C3 + 0.194C4 + 0.176C5 + 0.198C6$$

金融服务环境（X4）的因子得分为：

$$X4 = 0.207D1 + 0.217D2 + 0.213D3 + 0.223D4 + 0.223D5 + 0.175D6$$

基础设施环境（X5）的因子得分为：

$$X5 = 0.223E2 + 0.244E3 + 0.275E4 + 0.310E5 + 0.295E6$$

各变量定义见表 11–1。

表 11–1　变量定义

分类	变量	变量定义
农民个体特征	年龄	30 岁及以下=1，31~39 岁=2，40 岁及以上=3
	性别	女=0，男=1
	婚姻状况	未婚=0，已婚=1
	文化程度	文盲=1，小学=2，初中=3，高中=4，中专及以上=5
	风险偏好	冒险型=1，中间型=2，保守型=3
	是否有一技之长	否=0，是=1
	是否参加过技能培训	否=0，是=1
农民家庭特征	家中是否有老人或未成年人	否=0，是=1
	家庭农业收入比重	20%及以下=1，21%~50%=2，50%及以上=3
农民社会特征	是否与政府工作人员有联系	否=0，是=1
	是否与国有银行及政府机构存在良好关系	否=0，是=1
	是否有众多家庭成员	否=0，是=1
	是否有很多各种类型的朋友	否=0，是=1
	是否经常与朋友们保持联系	否=0，是=1

11.1.2　计量结果与分析

本部分利用 SPSS19.0 对 1716 个全体有效样本数据运用逐步向后回归法建立二元 Logistic 模型。首先将所有可能对因变量产生影响的自变量全部引入模型进行显著性检验，其次逐步剔除 Wald 检验值最小的变量，重新拟合，直到回归方程中所有的自变量对因变量的影响都显著为止，如表 11–2 所示。

表 11–2　创业环境对农民是否创业的影响的模型回归结果

变量	系数	标准误	Wald 值	显著性
创业环境变量				
政策支持环境	0.436***	0.083	27.440	0.000
社会经济环境	0.138**	0.067	4.168	0.041
科技文化环境	–0.380***	0.080	22.652	0.000
金融服务环境	–0.175**	0.080	4.792	0.029
基础设施环境	0.203***	0.066	9.414	0.002

续表

变量	系数	标准误	Wald 值	显著性
控制变量				
性别	0.345**	0.157	4.808	0.028
婚姻状况	0.652***	0.246	7.028	0.008
文化程度	-0.306***	0.073	17.631	0.000
风险偏好	-0.343***	0.088	15.222	0.000
是否有一技之长	0.393***	0.132	8.831	0.003
是否参加过技能培训	0.584***	0.133	19.344	0.000
家中是否有老人或未成年人	0.314**	0.141	4.936	0.026
家庭农业收入比重	-0.413***	0.080	26.665	0.000
是否与国有银行以及其他政府机构存在良好关系	0.609***	0.144	17.892	0.000
是否有很多各种类型的朋友	0.389***	0.122	10.237	0.001
常量	0.803*	0.460	3.046	0.081
-2Log likelihood	1966.251			
Naelkerke R^2	0.217			
预测准确率	71.2			

注：*、**、*** 分别表示在 10%、5%、1%的水平下显著。

从表 11-2 的模型结果可知，模型的-2Log likelihood 统计值为 1966.251，表明模型的拟合效果良好，而且创业环境的五个指标对农民是否创业都具有显著影响。

第一，政策支持环境对农民是否创业的影响是非常显著的，通过了 1%水平的显著性检验，系数为正，说明良好的政策支持环境能够促进农民选择创业。因为政府的政策和支持可以扩展农民创业空间、丰富农民创业选择，创业提供的优惠政策能够使农民显而易见地看到创业带来的好处，同时政府为农民创业提供的便利的条件、完善的制度等也能够吸引农民选择创业。

第二，社会经济环境对农民是否创业的影响也是正向显著的。表明在其他条件不变的情况下，社会经济发展越迅速，越容易发生创业行为。原因在于经济的发展为农民创业提供了更多、更好的机会，农民能够获取的资源也较多，同时社会经济环境越好的地区，创业氛围相对来说更好，农民有很多成功的创业经验可以效仿。

第三，科技文化环境对农民是否创业有显著的负向影响，通过了 1%的显著性水平。这个结果与绝大部分相关研究结论不符。可能的解释是科技文化环境并非直接对农民是否创业产生影响，而是在很大程度上依赖于社会经济环境，影响机理比较复杂，若是直接将科技文化环境代入 Logistics 回归模型可能导致结果的不准确。

第四，金融服务环境是影响农民是否创业的重要因素。金融服务环境对农民是否创业具有负向显著影响。这个结论与我们的认知、已有研究大相径庭。可能的原因是金融服务环境并非直接对农民是否创业产生影响，其对农民是否创业的影响还取决于政策支持环境的状况，政策支持环境良好的地区，金融服务环境对农民是否创业的影响才能得到充分发挥。

第五，基础设施环境在模型中通过了 1%水平的显著性检验，系数为正。这说明，公共基础设施越便利、资源越丰富，越能促进农民创业。原因在于完善的基础设施环境为农民创业提供了良好的基础，降低了创业之后的交易成本，因而，有助于促进农民创业行为。

另外，最终模型里，性别对农民是否创业有显著的正向影响。可能的原因在于：传统男主外女主内的思维模式，导致女性承担了更多照料家庭的责任，因而其创业的可能性较小。农民的婚姻状况对其是否创业有显著的正向影响，已婚农民在创业时可能得到来自配偶的人力、物力上的支持，因而创业的可能性更高。农民的文化程度对农民是否创业有显著的负向影响，可能是因为农民的文化程度越高，进入社会的时间越短，导致其积累的资金相对较少，创业可能性降低。农民的风险偏好对其是否创业有显著的负向影响，因为创业相对来说风险较大，因而对于趋于保守和稳定的农民而言，不创业是最好的选择。农民是否有一技之长、是否参加过技能培训对农民是否创业有显著的正向影响，原因在于有关技能的知识与培训能够提高农民个人的综合素质，提升他的创业能力，从而有利于树立农民创业成功的信心。家中是否有老人或未成年人对农民是否创业有显著的正向影响，原因在于这样的农民相对而言家庭负担比较重，因而会想方设法增加收入，创业不失为一个好的选择。家庭农业收入比重对农民是否创业具有显著的负向影响，即家庭农业收入比重越高，农民创业的可能性越小。是否与国有银行以及其他政府机构存在良好关系、是否有很多各种类型的朋友对农民是否创业有显著正向影响，文化程度、风险偏好、家庭农业收入的比重对农民是否创业有显著负向影响。是否与国有银行以及其他政府机构存在良好关系、是否有很多各种类型的朋友两个社会特征变量对农民是否创业均具有显著正向影响，主要表现在良好的社会关系是农民创业的无形资本，树立了农民创业的信心。

11.2 创业环境对农民创业形式的影响

11.2.1 模型建立与变量选取

该模型的因变量设置为农民创业形式用是否采用合伙企业来定义，分为“是=1”和“否=0”两种情况。因而采用二元 Logistic 模型来进行分析。

11.2.2 计量结果与分析

本部分利用 SPSS19.0 对 1080 个农民创业样本数据运用逐步向后回归法建立二元 Logistic 模型。首先将所有可能对因变量产生影响的自变量全部引入模型进行显著性检验，其次逐步剔除 Wald 检验值最小的变量，重新拟合，直到回归方程中所有的自变量对因变量的影响都显著为止（见表 11-3）。结果表明，创业环境变量中只有基础设施环境对农民是否采用合伙企业形式有正向影响，且在 10% 的水平下显著，表明基础设施环境越好的情况下，农民选择合伙企业形式创业的可能性较大。政策支持环境、社会经济环境、科技文化环境和金融服务环境对农民是否采用合伙企业形式没有显著影响。

表 11-3 创业环境对农民是否采用合伙企业形式的影响的回归估计结果创业

变量	系数	标准误	Wald 值	显著性
创业环境变量				
基础设施环境	0.145*	0.086	2.798	0.094
控制变量				
性别	0.603*	0.346	3.041	0.081
风险偏好	−0.382***	0.134	8.099	0.004
常量	−1.555***	0.439	12.555	0.000

续表

变量	系数	标准误	Wald 值	显著性
−2Log likelihood	899.833			
Naelkerke R^2	0.027			
预测准确率	84.9			

注：*、**、*** 分别表示在 10%、5%、1%的水平下显著。

农民基本特征的性别变量对农民是否采用合伙企业形式具有显著正向影响。这是因为在心理特征上男性相对于女性更容易开展联系和交流，因而男性采用合伙企业形式的可能性大于女性。农民的风险偏好对是否采用合伙企业形式有显著负向影响，表明越趋于保守的农民选择合伙企业的可能性越小。

11.3　创业环境对农民创业区域选择的影响

11.3.1　模型建立与变量选取

由于农民创业区域的选择是有排序特征的离散变量：本村为 1，本乡镇为 2，本县城为 3，县城以外为 4，因此应采用多元有序 Logistic 模型对创业环境对农民创业区域的影响进行回归分析。但由于在做平行性假设时没有通过，如果采用有序多元 Logistics 可能导致检验的有效性是不确定的。因而本部分仍然采用多元 Logistics，选择 Y = 4（县城以外）作为参考类别，相应有以下三个 Logit 模型：

$$\text{Logit}(P_1/P_4) = \alpha_1 + \beta_{1K}X_K + \sigma_1 \quad (13\text{-}1)$$

$$\text{Logit}(P_2/P_4) = \alpha_2 + \beta_{2K}X_K + \sigma_2 \quad (13\text{-}2)$$

$$\text{Logit}(P_3/P_4) = \alpha_3 + \beta_{3K}X_K + \sigma_3 \quad (13\text{-}3)$$

并有 $P_1 + P_2 + P_3 = 1$，其中 P_i 为创业农民选择某种创业区域的概率，$\alpha_i(i = 1, 2, 3)$ 为常数项，待估计参数 $\beta_{iK}(i = 1, 2, 3)$ 是自变量 X_K 的回归系数，X_K 是影响农民创业区域的因素。$\sigma_i(i = 1, 2, 3)$ 是模型的随机误差项。

根据第 3 章的交叉分析和 χ^2 检验，本部分选取年龄、文化程度、风险偏好、是否有一技之长、家中是否有老人或未成年人、家庭农业收入比重、是否与政府工作人员有联系、是否有很多各种类型的朋友 8 个农民基本特征变量为控制变量。

11.3.2 计量结果与分析

运用 SPSS19.0 将创业环境变量和 8 个控制变量作为协变量，因变量为农民创业区域，进行多元 Logistics 回归。结果显示该模型通过了 χ^2 检验，Sig.值小于 0.01，模型的拟合效果较好。在模型的似然比检验中，政策支持环境、基础设施环境通过了 1%的显著性水平的检验，社会经济环境、科技文化环境均通过了 5%的显著性水平的检验，金融服务环境没有通过显著性检验。模型的估计结果见表 11-4。现对估计结果进行简要分析。

（1）政策支持环境的影响。该变量在模型二和模型三中分别通过了 10%和 1%水平上的显著性检验，且系数为负。表明相对于在县城以外创业，政策支持环境越好，农民选择本乡镇和本县城的可能性越小。这可能是因为政策支持环境良好，会增加农民的创业信心；而相对于本县，县城以外的大城市社会经济发展水平更高，市场发育程度越高，存在着更多的商业机遇，因而促使他们选择县城以外进行创业。

（2）社会经济环境的影响。社会经济环境变量在三个模型中的系数都为负，且在模型一和模型二中分别通过了 1%、5%的显著性水平。表明社会经济环境越好，促使农民向县城以外的区域创业。主要是因为县城以外的大城市区域经济的发展水平更高，区域产业结构处于不断升级阶段，能够为农民创业提供发育程度越高的市场、丰富的市场信息以及更多的创业机遇。

（3）科技文化环境的影响。该变量在模型三中通过了显著性检验，系数为正。说明相对于在县城以外工作，科技文化环境越好，农民选择在本地创业的概率越大。这可能是因为在本地举办的创业教育培训、技能培训等更适用于在本地创业。

（4）金融服务环境的影响。该变量在三个模型中都没有通过显著性检验。可能的原因是：江西农村处于经济欠发达地区，农民创业过程中存在着“贷款难，融资渠道受限”的问题，农民的创业资金主要来源为自有资金以及亲友间借钱因而金融服务环境对农民创业区域的选择影响不显著。

（5）基础设施环境的影响。该变量在模型一中通过了 5%的显著性水平的检验，系数为正。这表明，相对于去县城以外创业，本地基础设施环境越好，农民越倾向于在本村创业。这主要是因为当地基础设施完善，有助于降低农民在当地创业的交易费用，提高创业效率；同时，农民在本村创业具有“血缘、地缘、业

表 11-4　创业环境对农民创业区域选择的影响的回归估计结果

变量	模型一（Y_1/Y_4）				模型二（Y_2/Y_4）				模型三（Y_3/Y_4）			
	系数	标准误	Wald 值	显著性	系数	标准误	Wald 值	显著性	系数	标准误	Wald 值	显著性
创业环境变量												
政策支持环境	0.033	0.147	0.050	0.823	−0.249*	0.141	3.105	0.078	−0.421***	0.155	7.387	0.007
社会经济环境	−0.376***	0.128	8.584	0.003	−0.251**	0.123	4.493	0.034	−0.118	0.133	0.796	0.372
科技文化环境	0.126	0.141	0.804	0.370	−0.078	0.136	0.327	0.568	0.253*	0.150	2.848	0.091
金融服务环境	−0.143	0.147	0.953	0.329	0.037	0.144	0.065	0.799	0.057	0.156	0.135	0.713
基础设施环境	0.253**	0.120	4.450	0.035	0.152	0.115	1.748	0.186	−0.101	0.125	0.651	0.420
控制变量												
年龄	0.622***	0.153	16.460	0.000	0.504***	0.148	11.646	0.001	0.150	0.155	0.941	0.332
文化程度	−0.156	0.134	1.348	0.246	−0.193	0.131	2.172	0.141	0.096	0.140	0.466	0.495
风险偏好	0.471***	0.157	9.000	0.003	0.190	0.154	1.523	0.217	0.337**	0.166	4.112	0.043
是否有一技之长	−0.756***	0.237	10.184	0.001	−0.578**	0.234	6.101	0.014	−0.606**	0.250	5.892	0.015
家中是否有老人或未成年人	−0.417	0.279	2.234	0.135	−0.011	0.281	0.001	0.969	0.107	0.313	0.118	0.732
家庭农业收入比重	0.449***	0.159	8.022	0.005	0.090	0.162	0.307	0.580	−0.224	0.183	1.509	0.219
是否与政府工作人员有联系	0.541**	0.217	6.220	0.013	0.663***	0.210	10.097	0.001	0.512**	0.227	5.064	0.024
是否有很多各种类型的朋友	−0.385	0.249	2.378	0.123	0.276	0.255	1.164	0.281	−0.299	0.263	1.291	0.256
截距项	−0.896	0.804	1.241	0.265	−0.337	0.790	0.182	0.670	−0.328	0.842	0.152	0.697
−2Log likelihood	2724.099											

注：*、**、*** 分别表示在 10%、5%、1%的水平下显著。

缘”关系优势，基础设施环境越好，创业农民的社会资本优势更易得到发挥，能为农民创业提供更多便利条件。

年龄在模型一和模型二中通过了显著性检验，且回归系数皆为正，表明对于在县城以外创业，年龄越大，农民在本县城创业的可能性越大。这可能是因为年龄较大的创业者，由于体质弱化、趋于保守等原因，更倾向于选择在离家较近的区域创业。风险偏好在模型一和模型三中也通过了显著性检验，且三个模型回归系数为正，表明相对于去县城以外创业，越保守的农民创业者在本县创业的可能性越大，主要因为县城以外的环境意味着更多未知与风险，因而保守派选择在县内创业。是否有一技之长在三个模型中都通过了显著性检验，且回归系数均为负，表明有一技之长的农民选择去县城以外创业的概率越高。家庭农业收入比重在模型一中通过了1%水平上的显著性检验，系数为正，表明与去县城以外创业相比，家庭农业收入比重越高，农民选择在本村创业的概率越大。是否与政府工作人员有联系在三个模型中都通过了显著性检验，回归系数为正，说明与政府工作人员有联系的农民在选择创业区域时更倾向于在本县城以内。

11.4 研究小结

本章从创业环境对农民是否创业的影响、创业环境对农民创业形式的影响以及创业环境对农民创业区域选择的影响三个模型入手，分析了创业环境对农民创业行为的影响。研究发现：

第一，创业环境对农民是否创业的影响。政策支持环境、社会经济环境以及基础设施环境对农民是否创业具有显著的正向影响；科技文化环境、金融服务环境对农民是否创业有显著的负向影响。这一结论给我们的启示是政府在分析与完善各维度农村创业环境时，应该综合考察各维度的作用机制，不能孤立的考察各维度的影响。

第二，基础设施环境对农民是否采用合伙企业形式有显著正向影响，即基础设施环境越好，农民选择合伙企业形式创业的可能性越大。其他创业环境对农民是否采用合伙企业形式没有显著影响。

第三，创业环境对农民创业区域选择的影响。政策支持环境与社会经济环境越好，农民选择离家较远的区域创业的可能性越大；科技文化环境与基础设施环境对农民创业区域的选择有负向影响，即环境越好，农民选择离家较远的区域创业的可能性越小。金融服务环境对农民创业区域选择的影响不显著。

第 4 篇

创业环境对农户创业绩效影响篇

第12章　创业环境对农民创业绩效影响的SEM分析

12.1　研究假设

12.1.1　政策支持环境对农民创业绩效的影响

政策支持在扶持和引导创业活动方面发挥着重要作用。Fonseca等（2001）研究认为，创业成本较高的国家或地区，其创业积极性会受到影响。周丽（2006）在构建创业环境评价指标体系的基础上，指出政策法律环境有利于提高创业效率。朱红根、康兰媛（2013）的研究结果表明，金融环境和政策支持有利于提升农民创业意愿，从而能够促进农民创业事业的发展。马海刚、耿晔强（2008）实证研究了乡镇企业绩效的影响因素，结果表明，政府支持是影响乡镇企业绩效的重要因素。谭颖、陈晓红（2009）研究指出，政策支持在客观创业环境中具有重要影响，是提高创业成功率的重要措施。朱红根（2012）认为，政策资源获取对农民工返乡创业绩效具有正向的促进作用，并且对初始创业企业的影响要大于已达到一定创业水平的企业。吴新慧、黄兆信（2013）研究发现，政策因素显著影响其创业绩效，良好、宽松的社会政策会促进新生代农民工城市创业的发展。因此，本章提出假说1（H1）：

政策支持环境对农民创业绩效有正向影响。

12.1.2　社会经济环境对农民创业绩效的影响

社会经济环境不仅直接影响创业成功率，还关乎企业创立之后的发展问题。

郭军盈（2006）研究指出，区域经济发展水平特别是农村城镇化进程，影响着农民创业层次性差异。江虹、朱涵（2007）认为，总量经济指标是衡量区域创业环境的一个维度，对地区创业活动具有实际的指导意义。刘庆中（2007）研究发现，经济增长程度和经济活动的多样性等社会经济环境对新企业成长比率有重要影响。朱明芬（2010）以浙江杭州为例，研究发现区域经济发展水平决定着农民的创业行为，在经济相对发达地区的农民更容易取得创业成功。刘唐宇（2011）实证分析了江西赣州地区的调研数据，结果表明，区域经济发展水平正向影响农民工返乡创业行为。因此，本章提出假说 2（H2）：

社会经济环境对农民创业绩效有正向影响。

12.1.3 创业氛围环境对农民创业绩效的影响

创业氛围影响当地互信及合作关系的建立和维持，对创业行为具有重要影响。赵西华、周曙东（2006）认为，缺乏宽松的创业环境影响着农民的创业事业，且抓好典型示范有利于推动当地农民创业事业的发展。李晓（2009）通过构建区域创业环境评价指标体系，研究认为，文化环境包括文化取向和社会氛围，并能够促进区域创业活动的发展。文亮、李海珍（2010）将创业环境分为企业文化体系、激励体系和支持体系，并进一步实证分析了创业环境对创业绩效具有显著的正向影响，为我国企业创业实践提供了指导。梁巧转等（2012）研究发现，团队氛围水平的高低与创业导向对经营成长绩效的作用大小成正比，即团队氛围水平越高，创业导向对经营成长绩效的作用越大。蒋剑勇、郭红东（2012）的研究表明，农村地区的创业氛围和创业榜样均显著影响农民的创业意愿，进而影响农民的创业活动。因此，本章提出假说 3（H3）：

创业氛围环境对农民创业绩效有正向影响。

12.1.4 科技文化环境对农民创业绩效的影响

创业者的文化素质和技能水平在很大程度上影响着创业企业的发展。Henry C、Hill F 和 Leitch C（2005）研究发现，创业者的创业技能在很大程度上影响着农民创业绩效。Sandeep Mohapatra、Scott Rozelle 和 Rachael Goodhue（2007）认为，技能培训有利于增强创业农民的人力资本，对农民创业有着重要影响。杨晔、俞艳（2007）的研究表明，强化创业教育培训和提高创业技能是促进中小企业发展的重要途径。朱秀梅、费宇鹏（2010）研究发现，知识资源对新创企业财务和成长绩效具有正向影响。朱红根、解春艳（2012）利用结构方程模型分析了农民工返乡创业企业绩效的影响因素，研究发现，教育培训对农民工返乡创业企业绩效有直接正向影响。罗明忠、邹佳瑜等（2012）指出，创业培训能够增强农民的创业能力，进而促进农民创业的发展。罗军、张叶平（2013）研究发现，农民创业培训效果正向影响创业绩效，并且创业培训通过作用于农民创业选择，进而影响创业绩效。因此，本章提出假说 4（H4）：

科技文化环境对农民创业绩效有正向影响。

12.1.5　金融服务环境对农民创业绩效的影响

良好的金融环境对创业活动起着至关重要的作用。Timmons（1999）认为，地区的融资环境对创业企业的持续发展有着至关重要的作用。Demirguc Kunt 和 Maksimovic（1998）研究发现，金融体系越发达，越有利于企业绩效的提升。Meier 和 Pilgrim（1994）发现，发展中国家不完善的金融体系是潜在创业者取得成功的最大障碍。王辉（2007）提出，加大财政税收扶持力度，积极拓宽中小企业的融资渠道是促进中小企业发展的重要途径。易朝辉（2010）研究发现，通过加大银行贷款的支持力度可以提高新创企业的资源整合能力，有利于企业快速成长。彭安明、朱红根（2013）在分析农民工返乡创业资金不足的基础上，提出要加大财政支持力度和完善农村金融体系，以促进农民工创业事业的发展。张应良、汤莉（2013）研究表明，贷款难易度对农民创业绩效有非常显著的影响，创业贷款越容易，越有利于提高农民创业绩效。因此，本章提出假说 5（H5）：

金融服务环境对农民创业绩效有正向影响。

12.1.6　基础设施环境对农民创业绩效的影响

完善的基础设施便于企业整合当地要素，引进外部资源，提高生产效率，进而促进当地的创业活动。Skuras、Dimara 和 Vakrou（2000）认为，基础设施建设是农村创业者需要考虑的重要因素。郭元源（2005）研究发现，完善的基础设施有利于企业提高经营效率，为企业节省非生产成本。乔蕊（2011）研究指出，要通过完善基础设施建设来改善农村创业环境，促进返乡农民工创业发展。朱红根（2011）认为，基础设施条件是影响农民工返乡创业绩效的重要因素，且基础设施条件每提高一个档次，创业活动成功率也会上升一个水平。杨新萍（2012）指出，基础设施条件正向影响创业环境，并进一步得出结论，通过加大基础设施投入能够提高返乡农民工的创业绩效。谢勇才、张雅燕（2013）认为，农村基础及配套设施落后制约了新生代农民工返乡创业，并提出要大力进行农村基础设施建设。因此，本章提出假说 6（H6）：

基础设施环境对农民创业绩效有正向影响。

12.1.7 资源禀赋环境对农民创业绩效的影响

自然资源条件作为农民创业的基础，影响着农民的创业行为。Romanelli（1994）研究认为，创业绩效差异在很大程度上取决于创业企业的资源异质性。林裴（2004）的研究结果表明，安徽省丰富的资源条件是回乡农民创业的基础，回乡农民创办的企业多为资源依托型企业。刘唐宇（2010）运用 Logistic 模型实证分析了农民工回乡创业的影响因素，研究发现，自然资源的可获取性影响着农民工返乡创业活动。孙红霞（2010）认为，不同的农村自然资源条件造就了不同的创业机会，进而影响着农民的创业行为。因此，本章提出假说 7（H7）：

资源禀赋环境对农民创业绩效有正向影响。

12.2 理论模型构建

为验证以上提出的假说，本章构建了创业环境对农民创业绩效影响的结构方程模型图，如图 12-1 所示。

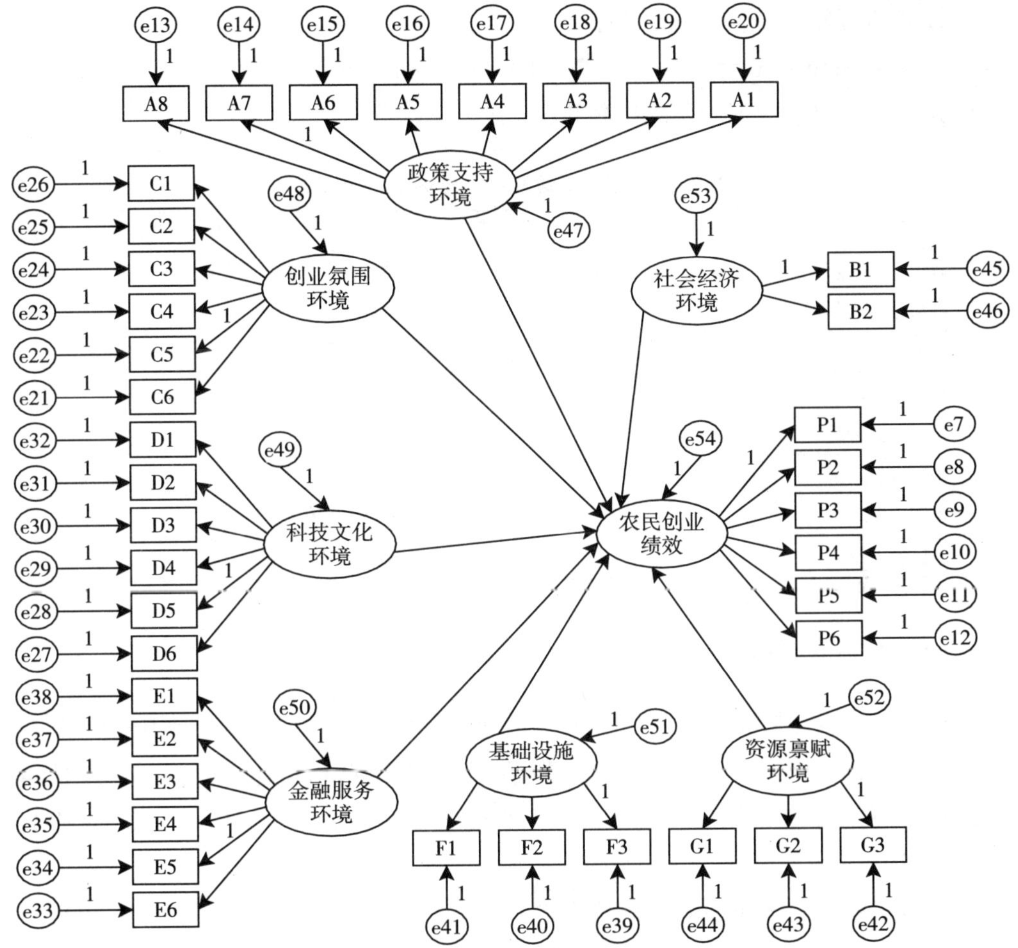

图 12-1　创业环境对农民创业绩效影响结构方程模型

12.3　因子分析

12.3.1　信度分析

因子分析之前，要进行信度检验，即考察数据的可靠性，一般以 Cronbach's α 系数和 CITC（项目总体相关系数）为标准进行判断。当 Cronbach's α 大于 0.8

时，数据的可靠性较高；如果剔除某个变量之后，CITC 值升高，则应该剔除此变量。运用 SPSS18.0 计算，本章数据的 Cronbach's α 值为 0.943，且 CITC 值达到最大，显示问卷数据的可信度较理想。

表 12-1 创业环境和创业绩效的信度系数

因子	变量个数	因子 Cronbach's α 系数	整体 Cronbach's α 系数
政策支持环境	8	0.906	0.943
社会经济环境	2	0.854	
创业氛围环境	6	0.843	
科技文化环境	6	0.915	
金融服务环境	6	0.871	
基础设施环境	3	0.830	
资源禀赋环境	2	0.857	
农民创业绩效	6	0.822	0.822

12.3.2 效度分析

效度检验主要检验同一因子下各测量变量间的相关性，判断标准为因子载荷值，当因子载荷值大于 0.5 时，才能进行抽取，并且载荷值越大，因子相关性越高；每个测量变量只能出现一个大于 0.5 的因子载荷值，出现一个以上时称为“交叉荷载”。

对调查数据中创业环境进行效度检验，结果表明，“土地资源”（G1）出现了交叉因子载荷值，因此将这个测量变量剔除。

研究数据测量变量的公共因子已确定为政策支持、社会经济、创业氛围、科技文化、金融服务、基础设施和资源禀赋环境，根据效度检验结果剔除变量 G1 后，得到 KMO 值为 0.906，Bartlett 的球形度检验值为 9122.610，概率 P 值为 0.000，满足了因子分析的适用条件。采用限定因子法进行分析，限定因子数量为 7，由表 12-2 可知，这 7 个因子累计贡献率达到 70.010%，即 7 个因子对原有变量具有较强的解释能力。

对农民创业绩效变量进行因子分析，通过计算，农民创业绩效变量的 KMO 值为 0.822，且 Bartlett 球形度检验值为 2095.389，概率 P 值为 0.000，变量满足因子分析的条件。采用限定因子法，限定因子数量为 1，由表 12-3 可知，因子累计贡献率为 72.201%，即这个因子解释了所有问题的 72.201%。

表 12–2　创业环境因子荷载

因子	测量变量	载荷	贡献率（%）	累计贡献率（%）
政策支持环境	政府为农民创业提供咨询服务（A4）	0.807	14.665	14.665
	政府工作人员办公效率较高（A3）	0.768		
	政府会提供优惠的税收政策（A1）	0.744		
	创业注册、登记、审批程序简捷（A2）	0.711		
	政府规范创业行为的相关制度完善（A5）	0.711		
	政府规范创业的法制环境（A8）	0.581		
	政府会提供用地优惠政策（A6）	0.573		
	政府会提供创业项目（A7）	0.558		
科技文化环境	本地会举办创业技能培训（D3）	0.851	13.472	28.136
	本地会举办职业技术培训（D4）	0.833		
	本地会举办创业人才培训（D2）	0.817		
	本地会举办创业教育活动（D1）	0.726		
	本地创业培训教育得到很好的发展（D6）	0.654		
	本地中小学教育关注创业和创办公司（D5）	0.591		
创业氛围环境	身边有成功的创业榜样可以效仿（C1）	0.766	11.262	39.399
	当地文化鼓励创造和创新（C3）	0.739		
	公众对创业失败会比较宽容（C5）	0.684		
	当地有公平的竞争环境（C6）	0.562		
	当地有很多农民创业成功（C2）	0.540		
	创业会得到家人的支持（C4）	0.531		
金融服务环境	本地创业有多种信贷担保方式（E4）	0.744	10.989	50.388
	本地容易获得银行提供的低息贷款（E2）	0.707		
	本地容易获得政府提供的创业基金或补贴（E3）	0.691		
	本地金融机构对创业有充足的投资意愿（E5）	0.680		
	本地金融机构之间竞争激烈（E6）	0.655		
	本地有多种可供选择的融资渠道（E1）	0.559		
基础设施环境	本地有良好的通信设施（F2）	0.843	8.891	59.279
	本地有良好的交通设施（F1）	0.778		
	本地有良好的水、电、气设施（F3）	0.775		
资源禀赋环境	本地有许多可供创业的自然资源（G3）	0.890	5.838	65.117
	本地有许多可供创业的原材料（G2）	0.833		
社会经济环境	当地经济发展速度很快（B1）	0.656	4.893	70.010
	当地经济活动比较多样化（B2）	0.646		

表 12-3 农民创业绩效因子荷载

因子	测量变量	载荷	贡献率（%）
农民创业绩效	您的营业收入增长比同行更快（P4）	0.885	72.201
	您的利润增长比同行更快（P5）	0.871	
	您的营业收入增长比周围竞争者更快（P1）	0.850	
	您的利润增长比周围竞争者更快（P2）	0.846	
	您的市场份额增长比同行更快（P6）	0.831	
	您的市场份额增长比周围竞争者更快（P3）	0.814	

12.4 结构方程探索性因子分析

在对拟构建结构方程的理论模型进行假设检验之前，需对原始变量进行探索性因子分析与验证性因子分析，以评价量表的信度和效度，判断量表质量。评价量表的信度就是测量量表数据的一致性和稳定性，用于评价量表的稳定性或可靠性。

国外学者安德森（Anderson）研究指出，在结构方程模型分析过程中，应先利用探索性因子分析建立预期模型，再运用验证性因子分析对模型进行检验，即将探索性因子分析与验证性因子结合使用，也称为“交叉实证”（Cross-Validation）。例如，先对一个样本进行探索性因子分析，以找出变量之间可能存在的关系结构；再对另一个样本运用验证性因子分析，以验证这种关系结构。这种方法有利于提高量表所测特征的确定性、稳定性和可靠性。

运用 SPSS 中的随机分组对样本进行大约 50%的随机分组，样本可以分为两组：样本一和样本二。对样本一进行创业环境和农民创业绩效维度的探索性因子分析，对样本二进行验证性因子分析，即对探索性因子分析得到的结果进行验证。样本一包括丰城（53）、渝水（39）、临川（28）、东乡（14）、余干（28）、乐平（28）和高安（15）共 204 份数据，样本二包括新建（48）、鄱阳（20）、九江（56）、武宁（11）、南昌（31）和都昌县（33）共 199 份数据。

运用 SPSS18.0 对样本一进行探索性因子分析。先做可靠性分析，再做因子分析，步骤如前文所示。可靠性分析的 KMO 值为 0.875，对 34 个项目采用主成分法进行因子分析，得到的分析结果如表 12–4 所示，可知样本一适合做因子分析。

表 12–4　KMO 和 Bartlett 的检验

KMO		0.876
Bartlett 的球形度检验	近似卡方	5288.830
	df	528
	Sig.	0.000

对 34 个项目采用主成分分析法抽取公共因子，“土地资源”（G1）出现了交叉因子载荷值，因此将这个测量变量剔除，并得到 7 因素的因子结构。由表 12–5 可知，抽取的每个因子特征值均大于 1，因子荷载值均在 0.5 以上，累计方差贡献率也达到了 69.737%，表明样本一具有良好的结构效度。抽取出 7 个因子如下：政策支持环境、科技文化环境、社会经济环境、创业氛围环境、金融服务环境、基础设施环境和资源禀赋环境，如表 12–5 所示。

表 12–5　旋转成分矩阵

	成分						
	1	2	3	4	5	6	7
A1	**0.762**	0.106	0.160	0.136	0.025	0.134	–0.036
A2	**0.752**	0.151	0.062	0.132	0.124	0.069	–0.161
A3	**0.837**	0.049	0.157	0.190	0.048	0.085	–0.099
A4	**0.826**	0.074	0.153	0.139	0.004	0.073	0.145
A5	**0.722**	0.119	0.254	0.212	0.013	–0.032	0.129
A6	**0.600**	0.223	0.271	0.184	0.072	–0.137	0.472
A7	**0.626**	0.239	0.420	0.104	0.079	–0.072	0.356
A8	**0.624**	0.142	0.322	0.137	0.163	0.052	–0.024
B1	0.103	**0.641**	0.162	–0.027	0.242	0.072	–0.463
B2	0.209	**0.672**	0.201	0.010	0.227	0.012	–0.423
C1	–0.021	0.162	**0.573**	0.287	0.306	–0.030	–0.173
C2	0.001	0.048	**0.804**	0.091	0.049	0.120	0.107
C3	0.189	0.183	**0.741**	0.166	0.126	0.110	0.140
C4	0.155	0.163	**0.642**	0.032	0.266	0.024	–0.003

续表

	成分						
	1	2	3	4	5	6	7
C5	0.141	0.104	**0.748**	0.059	0.166	0.149	0.166
C6	0.390	0.203	**0.562**	0.037	0.191	0.136	−0.003
D1	0.259	0.213	0.276	**0.752**	0.135	−0.083	0.066
D2	0.213	0.096	0.293	**0.801**	0.103	−0.034	−0.007
D3	0.227	0.105	0.215	**0.843**	0.074	−0.045	−0.110
D4	0.186	0.106	0.287	**0.817**	0.091	−0.087	−0.140
D5	0.279	0.360	0.056	**0.682**	−0.023	0.325	0.188
D6	0.302	0.349	0.166	**0.735**	0.015	0.088	0.106
E1	0.184	0.185	0.365	0.285	**0.588**	−0.003	0.078
E2	0.216	0.082	0.243	−0.075	**0.712**	−0.012	0.192
E3	0.469	−0.036	0.198	−0.014	**0.696**	0.046	0.014
E4	0.318	0.000	0.286	−0.073	**0.753**	0.053	−0.091
E5	0.259	0.284	0.297	−0.020	**0.574**	0.282	0.091
E6	−0.037	0.355	0.169	0.302	**0.531**	−0.045	−0.226
F1	0.018	0.440	0.195	−0.025	0.003	**0.769**	−0.207
F2	0.121	0.225	0.169	−0.054	0.095	**0.803**	−0.132
F3	0.112	0.351	0.047	0.039	0.380	**0.704**	0.073
G2	0.075	0.188	−0.059	0.035	0.254	0.045	**0.876**
G3	0.117	0.129	0.012	0.041	0.052	0.051	**0.917**

12.5 结构方程验证性因子分析

运用 AMOS17.0 对样本二进行模型验证，输出的模型图和模型拟合指数分别见图 12–2 和表 12–6，结果表明，各项指标均满足了模型的基本要求。

表 12–6 验证性因子分析模型拟合度指数

CMIN/DF	GFI	RMSEA	AGFI	NFI	IFI	CFI
3.430	0.737	0.908	0.715	0.765	0.737	0.737

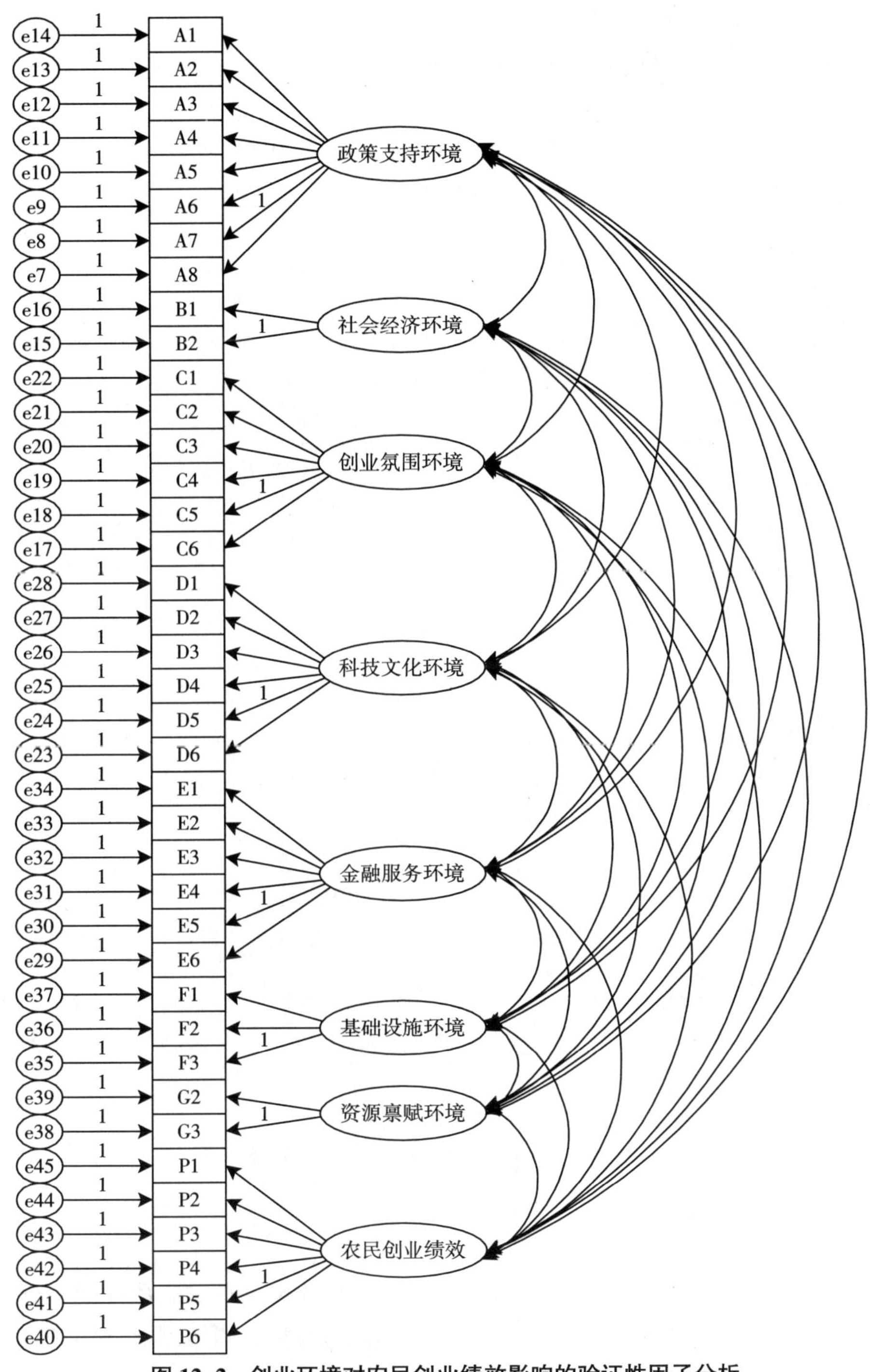

图 12–2　创业环境对农民创业绩效影响的验证性因子分析

根据表 12–7，可以看出，参数的标准估计值满足大于 0.5 的要求。由此可见，验证性因子分析得出的因子模型效果较好，能够较好地拟合数据。

表 12–7 创业环境对农民创业绩效影响模型因子荷载

Standardized Solution			
A8<---政策支持环境	0.762	D2<---科技文化环境	0.886
A7<---政策支持环境	0.696	D1<---科技文化环境	0.780
A6<---政策支持环境	0.752	E6<---金融服务环境	0.564
A5<---政策支持环境	0.875	E5<---金融服务环境	0.749
A4<---政策支持环境	0.835	E4<---金融服务环境	0.756
A3<---政策支持环境	0.637	E3<---金融服务环境	0.872
A2<---政策支持环境	0.560	E2<---金融服务环境	0.879
A1<---政策支持环境	0.695	E1<---金融服务环境	0.743
B2<---社会经济环境	0.783	F3<---基础设施环境	0.823
B1<---社会经济环境	0.820	F2<---基础设施环境	0.827
C6<---创业氛围环境	0.640	F1<---基础设施环境	0.785
C5<---创业氛围环境	0.522	G3<---资源禀赋环境	0.876
C4<---创业氛围环境	0.628	G2<---资源禀赋环境	0.800
C3<---创业氛围环境	0.701	P6<---农民创业绩效	0.889
C2<---创业氛围环境	0.708	P5<---农民创业绩效	0.914
C1<---创业氛围环境	0.666	P4<---农民创业绩效	0.905
D6<---科技文化环境	0.716	P3<---农民创业绩效	0.810
D5<---科技文化环境	0.604	P2<---农民创业绩效	0.849
D4<---科技文化环境	0.752	P1<---农民创业绩效	0.843
D3<---科技文化环境	0.829		

12.6 结构方程模型分析

在上一节内容中，运用 AMOS17.0 对政策支持环境、社会经济环境、创业氛围环境、科技文化环境、金融服务环境、基础设施环境、资源禀赋环境和创业绩效构成指标进行了验证性因子分析。本节将在此基础上，拟运用 AMOS17.0 进行创业环境对农民创业绩效影响的回归分析，以此评价各个环境因子对农民创业绩效的影响。

12.6.1　模型的初步设定

依据前文创业环境对农民创业绩效的设定以及假设，构建的创业环境对农民创业绩效影响的结构方程模型如图 12–3 所示。

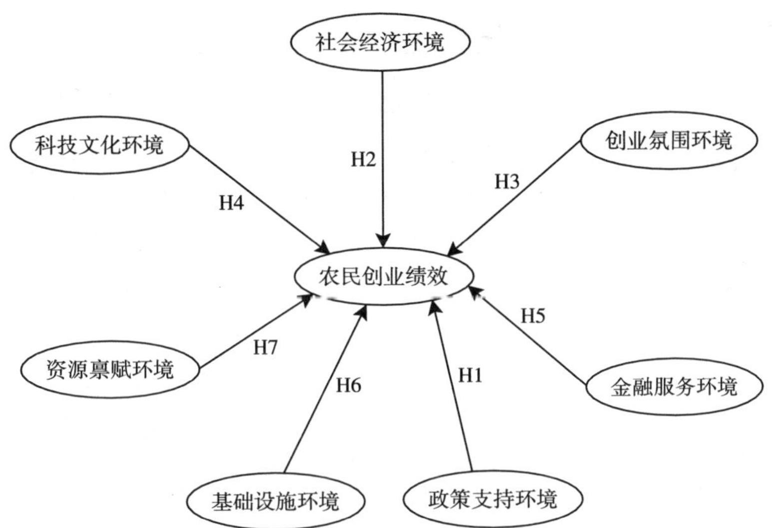

图 12–3　创业环境对农民创业绩效影响结构方程模型

12.6.2　模型的修正及检验

模型的修正主要采用路径分析。路径分析由 Wright 提出，作为一种用于分析因果关系模型的工具。路径分析主要分为三个部分：首先依据理论假设画出路径图，其次对路径图进行修正，最后确定效应分解。

对路径图进行修正的原则如下：首先看 P 值，目的是增加显著的路径。其次考虑 MI 值，功能在于利用外因变量之间的 MI 值添加间接影响效应，利用残差之间的 MI 值提高模型的拟合度。一般是先修正外因变量之间的 MI 最大值，直到确定所有直接影响和间接影响，然后修正残差之间的 MI 最大值，不断优化模型，以提高模型的适配度。一般而言，要将 MI 值和理论分析结合运用，只有在相关理论基础的支撑下才能添加路径。

对结构方程模型的整体拟合度进行评价，可以通过一组拟合指数来衡量，具体包括：绝对指数，通常选用卡方自由度比（CMIN/DF）、拟合优度指标（GFI）、调整拟合优度指标（AGFI）和近似误差均方根（RMSEA）；相对指数，主要包括规范拟合指数（NFI）、比较拟合指数（CFI）、增值拟合指数（IFI）和相对拟合指数（RFI）；简约指数，一般包括简约规范拟合指标（PNFI）和简约比较拟合指标（PCFI）等。运用 AMOS17.0 软件进行结构模型检验，得到本章模型的拟合指标（见表 12-8），可见，本章的结构方程模型拟合情况基本上达到了适配标准。

表 12-8 结构模型拟合指标

拟合度	拟合度指标	判断准则
绝对指数	CMIN/DF=2.494	在 1 和 3 之间可以接受
	GFI=0.832	0.5 < GFI < 1，越接近 1 越好
	RMSEA=0.061	RMSEA < 0.08，表示非常好
	AGFI=0.797	0.5 < AGFI < 1，越接近 1 越好
相对指数	NFI=0.864	0.5 < NFI < 1，越接近 1 越好
	RFI=0.844	0.5 < RFI < 1，越接近 1 越好
	IFI=0.914	0.5 < IFI < 1，越接近 1 越好
	CFI=0.913	0.5 < CFI < 1，越接近 1 越好
简约指数	PNFI=0.754	0.5 < PNFI < 1，越接近 1 越好
	PCFI=0.797	0.5 < PCFI < 1，越接近 1 越好

经过修正之后的路径如图 12-4 所示。

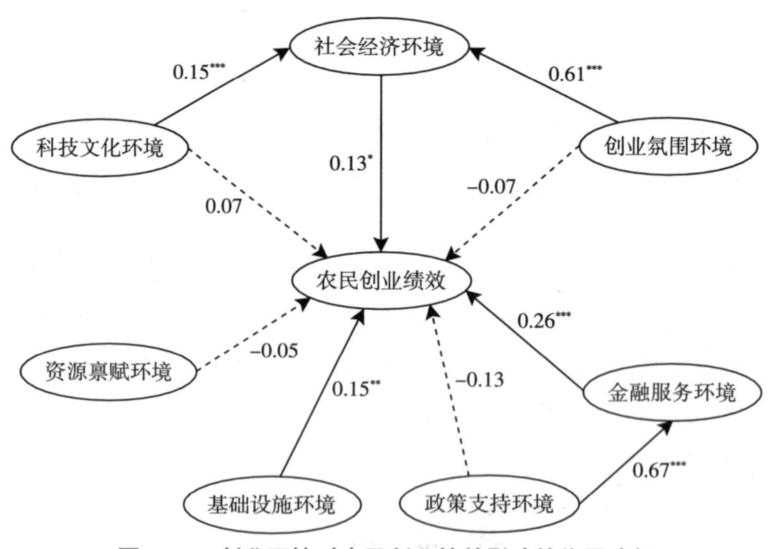

图 12-4 创业环境对农民创业绩效影响的作用路径

12.6.3　结构方程模型结果分析

表 12–9 列出了 7 个创业环境因子对农民创业绩效影响的标准化路径系数及假说检验结果。

表 12–9　假说检验结果

路径	预期方向	总效应	直接效应	间接效应	检验结果
H1：政策支持环境→创业绩效	+	0.17	—	0.17	部分成立
H2：社会经济环境→创业绩效	+	0.13	0.13	—	成立
H3：创业氛围环境→创业绩效	+	0.08	—	0.08	部分成立
H4：科技文化环境→创业绩效	+	0.02	—	0.02	部分成立
H5：金融服务环境→创业绩效	+	0.26	0.26	—	成立
H6：基础设施环境→创业绩效	+	0.15	0.15	—	成立
H7：资源禀赋环境→创业绩效	+	—	—	—	不成立

注：表中数据均通过了 10%水平的显著性检验，“—”为不显著而剔除变量。

根据创业环境对农民创业绩效影响结构方程模型的估计结果可知：

（1）金融服务环境是影响农民创业绩效的重要因素。金融服务环境对农民创业绩效具有正向影响效应，即金融服务环境能显著提升农民创业绩效。其原因可能是：金融服务环境越好的地区，融资渠道越多，可获得的信贷资金会越多，运营资金的灵活性会增强，农民企业发展所需资金能及时得到满足，有助于提高农民创业绩效。

（2）社会经济环境对农民创业绩效有显著正向影响。经济越发达，社会经济环境越好，农民创业绩效越高。其原因在于：一方面，社会经济环境越好，市场化程度越高，信息、资源流通越通畅，交易成本越小；另一方面，政府的办事效率越高，法律制度越完善，能够为农民创业提供良好的服务环境。

（3）政策支持环境对农民创业绩效有间接影响。政策支持环境对农民创业绩效影响的直接路径系数没有通过显著性检验，而主要通过金融服务环境来正向影响农民创业绩效。这一结论的重要启示是：政策支持环境对农民创业绩效影响的大小主要依赖于金融服务环境的好坏，通过金融服务环境，政策支持环境对农民创业绩效的影响才能得到充分发挥或者金融服务环境较好地区，政策支持环境更能促进农民创业绩效的提高。

（4）创业氛围环境和科技文化环境对农民创业绩效有间接影响。创业氛围环境和科技文化环境对农民创业绩效影响的直接路径系数没有通过显著性检验，而主要通过社会经济环境对农民创业绩效产生显著影响。这一结论的重要启示是：创业氛围和科技文化对农民创业绩效影响的大小主要依赖于社会经济环境的好坏，经济发展速度较快和经济活动多样化地区，创业氛围环境和科技文化环境更能有效提高农民创业绩效或者在经济欠发达地区，发挥创业氛围环境和科技文化环境对农民创业绩效的促进作用离不开社会经济环境的改善。

（5）基础设施环境对农民创业绩效有重要影响。基础设施环境通过了5%水平的显著性检验，且影响方向为正，表明基础设施环境越好的地区，农民创业绩效越高。主要原因是：基础设施环境越完善，越有助于农民企业降低交易费用，提高企业效率，促进农民创业企业的快速成长。比如，发达的通信设施便于农业企业掌握最新的市场动态，适时调整生产策略，扩大市场占有率；便捷的交通设施有利于农民企业原材料的及时购进和产品的适时输出；良好的水、电、气设施是农民企业正常发展的物质条件。

（6）资源禀赋环境对农民创业绩效影响不显著。资源禀赋环境没有通过显著性检验，这可能是因为：近年来，随着国家对鄱阳湖区生态和环境保护力度的加大，鄱阳湖区的许多资源开发受到限制，农民对当地丰富的资源反而不能充分利用，所以在一定程度上限制了农民创业过程中对自然资源的依赖，影响了创业绩效。

12.7 简要结论与政策含义

通过构建结构方程模型实证分析了创业环境对农民创业绩效的影响。得出如下结论：

第一，农民创业是一个过程，在此过程中，创业农民依托家庭组织（或者亲戚朋友关系形成的松散的非正式组织）或者创建新组织，通过投入一定的生产资本，依托农村，通过扩大现有生产规模或从事新的生产活动开展一项新的事业以实现财富增加并谋求发展的过程。而农民创业绩效主要表现在增加农民收入、带动当地就业、优化农村产业结构、促进了农民企业家的发展以及带来的其他附加效应收益的总和。研究认为，推动鄱阳湖经济生态区农民创业，可以增加当地农民收入，提高农村居民生活水平，促进生态区经济发展。

第二，构建了创业环境评价指标体系，评价指标体系采用定性分析的方法，坚持经济效益和社会效益相结合的原则，对鄱阳湖经济生态区的创业环境进行指导性、激励性、科学性和方向性的评价。评价结果表明，政府仍需进一步优化创业环境，逐步加大公共财政对农民创业的扶持力度，发挥区域比较优势，突出鄱阳湖经济生态区的社会经济环境优势，并进一步完善农村基础设施环境。

第三，通过结构方程探索性因子分析抽取了 7 个创业环境因子（政策支持环境、社会经济环境、创业氛围环境、科技文化环境、金融服务环境、基础设施环境和资源禀赋环境）和 1 个农民创业绩效因子。

第四，利用结构方程验证性因子分析对 7 个创业环境因子和 1 个农民创业绩效因子进行了验证，结果表明，探索性因子分析的结果对数据的拟合度较高，可进行结构方程模型分析。

第五，创业环境对农民创业绩效有重要影响，其中，金融服务环境、社会经济环境和基础设施环境对农民创业绩效有直接的正向影响效应；政策支持环境通过金融服务环境对农民创业绩效产生间接正影响，创业氛围环境和科技文化环境通过社会经济环境对农民创业绩效产生间接正影响；资源禀赋环境对农民创业绩效影响不显著。

基于上述研究，提出相关建议如下：

第一，在促进农民创业的过程中，要进一步完善金融服务环境，通过健全金融服务体系，创新融资模式，拓宽融资渠道，以缓解农民创业的资金约束。在积极鼓励地方性金融机构对农民创业进行投资和放贷的同时，要充分发挥农村信用社和邮政储蓄银行等农村金融机构的优势，进一步对贷款数额和利率浮动范围进行调整，加大小额信用贷款的力度。此外，还可以设立农民创业基金，对符合条件的农民创业项目和创业企业进行资金帮扶，解决农民创业临时性资金短缺问题。

第二，在扶持江西欠发达经济省份农民创业过程中，需要推进产业优化升级，提升产业集聚水平，增强区域经济增长活力，加快城镇化和工业化进程，促进社会经济快速发展，实现社会经济活动的多样化。此外，在发展基础农业的同时，可以利用其独特的自然环境，大力发展旅游业，以拉动当地商贸流通、餐饮住宿和交通运输等行业的发展。

第三，政府要提高农民创业绩效，促进农民创业持续发展，需要进一步加强农村交通、通信设施和信息网络等方面的建设和供给，为当地农民提供一个广阔的交流平台，便于产品的生产和销售。同时，进一步改善农村水、电、气等公共配套设施，可以为农民创业活动提供便利，节省投入成本，创造更多价值。

第四，进一步加大政策支持力度，优化政策支持环境。政策制定者可以借鉴国外小企业政策的成功经验，制定专门的农民创业企业政策，提高政策实施效果。扩大涉农创业税收优惠政策的覆盖领域，在创业用地方面给予优惠，进一步简化农民创业注册、登记、审批程序，提高工作人员的办事效率，为创业农民提供专门的创业咨询服务。

第五，加大政府的财政投入，改善科技文化环境。相关政府部门应加强农民社会技能和创业技能的培训，对部分缺乏管理和工作经验的农民，可以提供更具针对性的培训服务。创业农民自身也要有意识加强相关技能的学习，积极向周围的创业典型学习，交流心得体会和成功经验。

第六，相关部门要培育农村创业氛围环境，宣传农民创业典型，弘扬创业精神，营造宽容失败、鼓励尝试的创业氛围，鼓励创造和创新，效仿周围成功的创业榜样，逐渐改变公众对创业行为的风险偏好，促进农民创业活动，提升农村地区的创业活动水平。

第13章　创业环境对农民创业效率的影响分析

13.1　引言与文献回顾

创业过程本质上是创业者在环境的影响下做出反应、不断改善和适应环境的发展过程，并且这种对外部环境的改善和适应过程往往会带来一定的“创新”。所以在创业研究中，外部创业环境是影响创业一个非常重要的因素，并且创业环境逐渐成为创业的研究热点。当前，对于创业环境的研究有很多视角，关于创业环境构成维度的研究，大部分学者认为创业环境是一个多维度的概念。例如，Gartner（1985）认为，创业环境是在创业者创立企业的整个过程中，能够对企业成长产生影响的一系列外部因素所组成的有机整体。Gnyawali 和 Fogel（1994）提出，从创业和管理技能、社会经济条件、创业资金支持、政府政策和规制、创业的非资金支持部分 5 个维度对创业环境进行分析。Austin（2006）认为，创业环境包括宏观经济环境、税收、规则结构和社会政治环境。全球创业观察（GEM）把创业环境要素归为 9 个方面：金融支持、政府政策、政府项目支持、教育与培训、研究开发转移、商业和专业基础设施、进入壁垒、有形基础设施、文化与社会规范。罗山（2010）将创业环境进行了划分：无形因素环境；有形因素环境。郭蓉等（2011）从政府政策、文化与社会规范、金融支持政策、商业环境、基础设施建设、教育和培训、研究开发转移 7 个方面对创业环境进行研究。

有关创业环境与创业绩效之间关系的研究也较为丰富。例如，Miller（1978）指出，创业环境不断变化所带来的不确定性与新创企业的高绩效紧密相关。

Lumpkin 和 Dess（2001）研究发现，一般企业的创业决策都在一定程度上受到环境变化程度和环境宽松程度的影响。Grundstén（2004）研究认为，环境资源要素的可获得性对创业企业的成长有积极的影响。Wiklund 和 Shepherd（2005）发现，创业环境的不断变化在小企业创业绩效与其创业导向相关关系中起到调节作用。沈超红等（2010）研究表明，创业环境与创业成功间存在着很强的关联性。从资源角度看，创业环境作为一种资源，具体到创业环境对农民新创企业绩效的影响方面，朱红根等（2012）认为，服务环境对新创企业绩效影响显著，而政策环境、融资环境对新创企业绩效影响不显著。

以上成果为本章研究奠定了坚实的理论基础，但目前对于农民创业环境的研究较少。我国正处于经济转型期，环境存在高度不确定性，资源短缺是农民创业过程中普遍面临的问题。为提升农民创业绩效、实现创业可持续发展，农民更需要关注如何从外部获取创业所需要的各种环境资源。因此，深入研究农民创业环境，探寻创业环境各维度与农民创业绩效之间的关系，挖掘内在深层次的原因，有助于农民协调自身创业活动与创业环境之间的平衡关系，从而更好地提升农民创业绩效，促进成功创业和可持续性创业。

13.2 变量测量与因子分析

13.2.1 变量测量

（1）农民创业绩效。现有大部分文献都是用主观线效或财务绩效测量创业效率，很少用 DEA 的方法测量创业绩效，因此，本章用 DEA 方法来测量农户创业绩效，进一步验证创业环境对农民创业绩效的影响。DEA 模型中设定创业资金投入、创业雇用人数、固定资产投入 3 个为投入变量，创业年利润和创业年纳税额为产出变量。

（2）政策支持环境。政策支持是指政府为激发农民创业热情或促进农民开展创业活动而制定的税收政策、法制环境、创业制度、信息咨询、行政审批等相关政策或措施。参考全球创业观察（GEM）的相关成果，本章构建了政策支持测量量表，主要包括政府会提供优惠的税收政策，创业注册、登记、审批程序简捷，政府工作人员办公效率较高，政府为农民创业提供咨询服务，政府规范创业行为的相关制度完善，政府会提供用地优惠政策，政府会提供创业项目，政府会规范创业的法制环境 8 个测量项目。

（3）经济发展环境。根据经济发展环境的基本内涵，结合农村创业实际，本章构建了经济发展环境测量量表，主要包括当地经济发展速度很快，当地经济活动比较多样化，身边有成功的创业榜样可以效仿，当地有很多农民创业成功 4 个测量项目。

（4）创业氛围环境。创业氛围指的是人们在创业活动中形成的一种社会“气候”，即该地区创业活动开展的整体态势，以及这一地区社会公众在创业相关活动过程中表现出来的精神面貌。本文构建了创业氛围环境测量量表，主要包括当地文化鼓励创造和创新，创业会得到家人的支持，公众对创业失败会比较宽容，当地有公平的竞争环境 4 个测量项目。

（5）科技文化环境。科技文化环境主要表现为创业服务的培训、教育，是创业活动顺利开展的必要条件。本章构建了科技文化环境测量量表，主要包括本地会举办创业教育活动，本地会举办创业人才培训，本地会举办创业技能培训，本地会举办职业技术培训，本地中小学教育关注创业和创办公司，本地创业培训教育得到很好的发展 6 个测量项目。

（6）金融服务环境。持续的资金投入是促进创业机会转变为创业实施的重要前提，而良好的金融环境是创业成功和新创企业实现可持续发展的重要保障。本章构建了金融环境测量量表，主要包括本地有多种可供选择的融资渠道，本地容易获得银行提供的低息贷款，本地容易获得政府提供的创业基金或补贴，本地创业有多种信贷担保方式，本地金融机构对创业有充足的投资意愿，本地金融机构之间竞争激烈 6 个测量项目。

（7）基础设施环境。基础设施环境是创业农民进行创业活动所不可缺少的，基础设施环境可从其道路、通信、水、电、气等相关设施的提供和可获得性入手，本章构建了基础设施环境测量量表，主要包括本地有良好的交通设施，本地有良好的通信设施，本地有良好的水、电、气设施 3 个测量项目。

（8）资源禀赋环境。资源禀赋又称为要素禀赋，指一国或一个地区拥有劳动力、资本、土地等各种生产要素的丰歉。结合农村创业实际，本章构建了资源禀赋环境测量量表，主要包括本地有良好的土地资源，本地有许多可供创业的原材料，本地有许多可供创业的自然资源 3 个测量项目。

本章采用李克特 5 级量表法对政策支持环境、经济发展环境、创业氛围环境、科技文化环境、金融服务环境、基础设施环境和资源禀赋环境所涉及的测量项目进行测量，答案选项分别为完全符合、符合、不确定、不符合、完全不符合，分别赋值 5 分、4 分、3 分、2 分和 1 分。

13.2.2 因子分析

对测量政策支持环境的变量进行 KMO 检验和 Bartlett 球形检验。结果显示，KMO 值达到了 0.899，Bartlett 球形检验值为 4874.058，表明反映政策支持环境的样本数据适合做因子分析。采用限定抽取公共因子法进行因子分析时，输入因子数量为 1，因子累计贡献率为 59.925%，即对政策支持环境具有 59.925%的解释能力，如表 13–1 所示。

表 13–1　政策支持环境的因子分析结果

因子	测量变量	均值	标准差	因子载荷值	贡献率（%）
政策支持环境	政府会提供优惠的税收政策	3.608	0.820	0.712	59.925
	创业注册、登记、审批程序简捷	3.637	0.777	0.693	
	政府工作人员办公效率较高	3.507	0.816	0.781	
	政府为农民创业提供咨询服务	3.475	0.826	0.835	
	政府规范创业行为的相关制度完善	3.458	0.780	0.811	
	政府会提供用地优惠政策	3.374	0.815	0.781	
	政府会提供创业项目	3.233	0.821	0.788	
	政府规范创业的法制环境	3.443	0.800	0.783	

对测量经济发展环境的变量进行 KMO 检验和 Bartlett 球形检验。结果显示，KMO 值达到了 0.676，Bartlett 球形检验值为 1617.000，表明反映经济发展环境的样本数据适合做因子分析。采用限定抽取公共因子法进行因子分析时，输入因子数量为 1，因子累计贡献率为 62.177%，即对经济发展环境具有 62.177%的解释能力，如表 13–2 所示。

对测量创业氛围环境的变量进行 KMO 检验和 Bartlett 球形检验。结果显示，KMO 值达到了 0.739，Bartlett 球形检验值为 927.557，表明反映创业氛围环境的样本数据适合做因子分析。采用限定抽取公共因子法进行因子分析时，输入因子

表 13-2　经济发展环境的因子分析结果

因子	测量变量	均值	标准差	因子载荷值	贡献率（%）
经济发展环境	当地经济发展速度很快	3.543	0.899	0.822	62.177
	当地经济活动比较多样化	3.479	0.8726	0.837	
	身边有成功的创业榜样可以效仿	3.613	0.7846	0.764	
	当地有很多农民创业成功	3.493	0.8303	0.726	

数量为 1，因子累计贡献率为 56.300%，即对创业氛围环境具有 56.300%的解释能力，如表 13-3 所示。

表 13-3　创业氛围环境的因子分析结果

因子	测量变量	均值	标准差	因子载荷值	贡献率（%）
创业氛围环境	当地文化鼓励创造和创新	3.377	0.828	0.757	56.300
	创业会得到家人的支持	3.979	0.642	0.676	
	公众对创业失败会比较宽容	3.518	0.775	0.760	
	当地有公平的竞争环境	3.549	0.781	0.802	

对测量科技文化环境的变量进行 KMO 检验和 Bartlett 球形检验。结果显示，KMO 值达到了 0.853，Bartlett 球形检验值为 4883.9468，表明反映科技文化环境的样本数据适合做因子分析。采用限定抽取公共因子法进行因子分析时，输入因子数量为 1，因子累计贡献率为 70.475%，即对科技文化环境具有 70.475%的解释能力，如表 13-4 所示。

表 13-4　科技文化环境的因子分析结果

因子	测量变量	均值	标准差	因子载荷值	贡献率（%）
科技文化环境	本地会举办创业教育活动	3.115	0.897	0.854	70.475
	本地会举办创业人才培训	3.281	0.876	0.890	
	本地会举办创业技能培训	3.385	0.858	0.882	
	本地会举办职业技术培训	3.438	0.839	0.822	
	本地中小学教育关注创业和创办公司	2.795	0.860	0.746	
	本地创业培训教育得到很好的发展	3.056	0.877	0.836	

对测量基础设施环境的变量进行 KMO 检验和 Bartlett 球形检验。结果显示，KMO 值达到了 0.704，Bartlett 球形检验值为 1149.000，表明反映基础设施环境的样本数据适合做因子分析。采用限定抽取公共因子法进行因子分析时，输入因子数量为 1，因子累计贡献率为 73.225%，即对基础设施环境具有 73.225%的解释能力，如表 13–5 所示。

表 13–5 基础设施环境的因子分析结果

因子	测量变量	均值	标准差	因子载荷值	贡献率（%）
基础设施环境	本地有良好的交通设施	3.951	0.763	0.886	73.225
	本地有良好的通信设施	4.144	0.531	0.848	
	本地有良好的水、电、气设施	3.799	0.806	0.832	

对测量金融服务环境的变量进行 KMO 检验和 Bartlett 球形检验。结果显示，KMO 值达到了 0.877，Bartlett 球形检验值为 3231.701，表明反映金融服务环境的样本数据适合做因子分析。采用限定抽取公共因子法进行因子分析时，输入因子数量为 1，因子累计贡献率为 62.866%，即对金融服务环境具有 62.866%的解释能力，如表 13–6 所示。

表 13–6 金融服务环境的因子分析结果

因子	测量变量	均值	标准差	因子载荷值	贡献率（%）
金融服务环境	本地有多种可供选择的融资渠道	3.064	0.913	0.780	62.866
	容易获得银行提供的低息贷款	2.779	0.951	0.818	
	容易获得政府提供的创业基金或补贴	2.879	0.925	0.805	
	创业有多种信贷担保方式	3.108	0.880	0.840	
	金融机构对创业有充足的投资意愿	3.016	0.857	0.841	
	本地金融机构之间竞争激烈	3.220	0.850	0.659	
	当地经济活动比较多样化	3.479	0.8726	0.837	
	身边有成功的创业榜样可以效仿	3.613	0.7846	0.764	
	当地有很多农民创业成功	3.493	0.8303	0.726	

对测量自然资源环境的变量进行 KMO 检验和 Bartlett 球形检验。结果显示，KMO 值达到了 0.650，Bartlett 球形检验值为 1472.000，表明反映自然资源环境的样本数据适合做因子分析。采用限定抽取公共因子法进行因子分析时，输入因子

数量为 1，因子累计贡献率为 73.927%，即对自然资源环境具有 73.927%的解释能力，如表 13-7 所示。

表 13-7　自然资源环境的因子分析结果

因子	测量变量	均值	标准差	因子载荷值	贡献率（%）
自然资源环境	本地有良好的土地资源	3.731	0.791	0.751	73.927
	本地有许多可供创业的原材料	3.386	0.939	0.914	
	本地有许多可供创业的自然资源	3.385	0.944	0.905	

13.3　模型估计结果及分析

首先，运用 DEA 方法对农民创业绩效进行测量，本章把创业资金投入、创业雇用人数、固定资产投入等作为投入变量，创业年利润和创业年纳税额为产出变量。

然后，运用 Tobit 模型分析创业环境对农民创业绩效的影响。由于 DEA 计算出的效率数值是分布于 0~1 的双截尾数据，将该数值作为因变量时，普通最小二乘法（OLS）就不再适用，要解决这类问题需要采用基于最大似然估计原理的 Tobit 模型。则可构建如下创业环境对农民创业绩效影响的 Tobit 回归模型，其形式如下：

$$\begin{cases} E_i^* = \beta_0 + \sum_{j=1}^{k} \beta_j X_{ji} + \mu_i \\ E_i = E_i^*,\ \text{if}\quad E_i \in (0,\ 1] \\ E_i = 0,\ \text{if}\quad E_i \in (-\infty,\ 0) \\ E_i = 1,\ \text{if}\quad E_i \in (1,\ +\infty) \end{cases}$$

式中，E_i 是由 DEA 模型得到的第 i 个农民的创业效率，E_i^* 为潜变量，β_j 为回归参数向量，X_{ji} 为影响第 i 个农民第 j 个创业效率的创业环境，包括政策支持环境、经济发展环境、创业氛围环境、科技文化环境、金融服务环境、基础设施环境和资源禀赋环境。回归结果如表 13-8 所示。

表 13–8 创业环境对农民创业绩效影响的 Tobit 结果

变量	模型 1	模型 2	模型 3	模型 4	模型 5	模型 6	模型 7	模型 8
政策支持环境	–0.009	—	—	—	—	—	—	0.002
经济发展环境	—	0.012**	—	—	—	—	—	0.021***
创业氛围	—	—	0.002	—	—	—	—	0.007
科技文化环境	—	—	—	–0.018***	—	—	—	–0.023***
金融服务环境	—	—	—	—	–0.0134	—	—	–0.012
基础设施环境	—	—	—	—	—	0.012**	—	0.015**
资源禀赋环境	—	—	—	—	—	—	–0.012**	–0.015**
常数项	0.214	0.214	0.214	0.214	0.214	0.214	0.214	0.214
R–squared	0.001	0.002	0.003	0.007	0.002	0.001	0.001	0.0344
Log likelihood	330.786	332.305	329.735	335.055	332.720	331.996	331.945	350.047

（1）政策支持环境对农民创业绩效没有显著影响。政策支持环境没有通过显著性检验，但比较模型 1 和模型 8 的系数可知，当全部创业环境的变量纳入模型中进行回归后，政策支持环境的系列符号从负数变为正数，表明政策支持环境对农民创业绩效影响大小主要依赖于其他创业环境的好坏，只有当其他创业环境变好时，政策支持环境在促进农民创业过程中的作用发挥得更好，才能更好地提高农民创业绩效。

（2）经济发展环境对农民创业绩效具有显著正影响。从模型 2 和模型 8 中可知，经济发展环境分别通过了 5%和 1%水平的显著性检验，表明经济发展环境越好，农民的创业绩效越高，与前面的研究假设一致。其主要原因在于，市场环境越好，越能为企业带来更大的消费人群，消费市场更大，企业产品销售越好，这有利于提高农民的创业收入和创业绩效。另外，社会经济环境越好反映了市场化程度越高，创业过程中的信息、资源流通越通畅，交易成本越小，从而能更好地提高农民的创业绩效。

（3）创业氛围对农民创业绩效没有显著影响。创业氛围在模型中都没有通过显著性检验，表明创业氛围不是影响农民创业绩效的重要因素，与前面的研究假设不一致。其可能原因在于农民创业的目的大多数为提高自身收入，受到周围文化方面影响小。另外，创业氛围与其他创业环境的性质并不一致，其他创业环境对创业活动的影响更为直接，对创业绩效的促进作用也更为明显，而创业氛围不是直接作用于某一种创业活动，而是适用于整个特定的区域范围，因此，它与农民的创业绩效的关系不十分明显也在情理之中。

（4）科技文化环境对农民创业绩效有显著负影响。从模型 4 和模型 8 可知，科技文化环境通过了显著性检验但其系数符号为负，表明科技文化环境越好，农民的创业绩效越差，这一结果与前面的研究假设不一致。通常情况下，完善的科技文化环境对提高农民的人力资本具有重要的作用，但在我国现有的农村情景下，农村人力资本越高，农民外出就业的可能性越大，而留在农村的高素质的人口越少，这样，良好的科技文化环境反而会导致农村高素质的人力资本和劳动力资源双重流出，对农民创业绩效产生负面影响。

（5）金融服务环境对农民创业绩效没有显著影响。金融服务环境在模型中没有通过显著性检验，与前面的研究假设不一致，其可能原因在于，农民新创企业大多为小企业且处于创业初期，其融资需求少，加之目前我国的农村融资体系不完善，因此金融服务环境对农民的创业绩效影响不显著。

（6）基础设施环境对农民创业绩效有显著正影响。基础设施环境在模型 6 和模型 8 中都通过了 5%的显著性检验且其系数为正，表明基础设施环境越好，农民的创业绩效越高，与前面的研究假设一致。主要原因在于：一方面，基础设施环境中的信息、交通等要素越完善，越便于创业农民掌握最新的市场动向并及时作出相应的市场决策，同时有利于农民获取创业资源提供便利的渠道，减少交易成本，从而提高创业绩效；另一方面，基础设施环境中的水、电、气等要素越充足，越能为农民创业活动提供基础保障，保证农民创业活动的正常顺利进行。

（7）资源禀赋环境对农民创业绩效有显著负影响。资源禀赋环境在模型中都通过了显著性检验，但其系数为负，表明资源禀赋环境越好，农民的创业绩效越差，与前面的研究假设不一致。主要可能原因在于：江西虽然资源丰富，但为了保护江西良好的生态资源，政府长期以来制定了许多限制资源开发的政策措施，使得农民对当地丰富的资源反而不能充分利用，所以在一定程度上限制了农民创业过程中对自然资源的使用，影响了农民的创业绩效。

13.4　简要结论与管理启示

创业环境的不同维度对农民创业绩效的影响存在以下特征：经济发展环境和

基础设施环境都能显著提高农民的创业绩效，而科技文化环境和资源禀赋环境对农民创业绩效有显著负影响。政策支持环境、创业氛围、金融服务环境等对农民创业绩效影响不显著。本研究揭示了创业环境的不同要素对于农民创业绩效影响的差别，这对政府部门在资源条件的约束下，完善创业环境各项指标的优先次序决策提供了理论依据。

管理启示：对于创业环境的改善，政府应当扮演主要角色。在有限资源条件的情况下，率先加强经济发展环境和基础设施建设更为重要，同时，科技文化环境和政策支持环境的发展要因地制宜，不能盲目发展。具体来说：

第一，政府应该大力营造良好经济发展环境，一方面能为农民创业活动提供市场消费空间，另一方面为农民提供创业过程中所需要的各种生产要素。

第二，大力加强基础设施建设，进一步加快交通、通信、水电气等设施的建设，为农民创业提供良好的基础设施环境，提高创业绩效。

第三，在农村改善科技文化环境时，要注意可能带来的负面影响，要防止农村人力资本和劳动力资源的大量外流，从而给农村经济发展和农民创业活动带来抑制。

第四，政府在完善政策支持环境时，要注重其他创业环境的完善和营造，只有这样，政策支持环境对农民创业绩效的影响才能发挥更好的作用。

第五，资源禀赋环境对农民创业绩效有显著负影响，这给政府的管理启示是：为保护生态环境而不断改善资源禀赋环境时，可能会抑制农民创业的积极性，政府应当制定生态补偿机制，为创业农民提供生态补偿，从而推动农民创业的发展。

第 14 章　家庭资本禀赋对农民创业绩效影响

14.1　引　言

我国是农业大国，目前仍拥有近 7 亿农村人口，摆在我们面前的一个现实的问题是，7 亿农民的出路何在？而农民创业是促进农村经济增长和保持农村经济活力的重要方式，是减贫增收、带动就业的重要力量，扮演着缩小城乡差距的重要角色。因此，鼓励农民创业已成为解决“三农”问题的一项重要措施。近年来，国外对农民创业的相关研究有增多趋势，并主要集中于研究农民创业的驱动力和影响因素，认为影响农民（尤其是农村妇女）创业的因素主要有：农民创业技能和创业态度、受教育程度（Surendra et al.，2006），个性品质和管理能力（Abdolhamid et al.，2008），微观信贷支持（Sharmina et al.，2008）和外部政策环境等。

国内的农民创业研究主要集中于农民创业类型及创业意识（赵西华、周曙东，2006；郭军盈，2006），农民创业影响因素（韦吉飞，2008），农民创业面临问题及其扶持政策（辜胜阻、武兢，2009），农民创业地点选择（赵浩兴，2012）等。但是，只有少数学者涉及农民创业成长及家庭资源禀赋与创业成长关系的研究，例如，陈聪、庄晋财、程李梅（2013）分析了网络能力对农民工创业成长的影响。危旭芳（2013）研究了资源禀赋与创业成长关系，结果发现，与非农创业者相比，农民创业者的先前工作经验和管理经验明显偏低，且对创业成长绩效无显著贡献，经验、专业培训等人力资本的关键作用尚未得到应有重视和发挥。农民创业者普遍受“家文化”和恋土情结的影响更深，表现为更倾向于采用家族治理模式和从事涉农行业，但现阶段农民创业者并未在现代农业领域创业中表现出优势。

通过对现有文献的梳理与分析可知，目前关于农民创业及创业绩效的影响因素研究上，许多学者进行了一定程度的探讨，但大多数文献仅引入个别家庭变量，分析其对个人行为或意愿的影响，未能从家庭资本禀赋这一角度对其进行系统、综合的考察。有鉴于此，本章试图从家庭资本禀赋这一视角出发，利用课题组 2012 年 7~8 月在江西农村地区的调研资料，构建计量经济模型，实证探讨家庭资本禀赋对农民创业绩效的影响机制。

14.2 理论分析与研究假说

资源禀赋在一定程度上影响个体行为决策的方式与结果，表现为个体在应对外部不确定性过程中以资源为基础进行的理性选择（J. B. Barney，1986），而创业者的资源禀赋正是这组资源集合的重要组成部分（J. B. Barney，1991）。因此，创业者的资源会通过影响创业者的行为决策进而决定其行为过程，并外化为微观创业行为的多元性和随机性（J. B. Barney，2001）。同样，农民创业活动实质上是不断学习和适应变化，实现资源、机会等不同要素间的变换匹配和动态性平衡的过程，而创业者资源是农民创业行为过程的关键资源，影响创业的成败。因此，本章在上述已有研究成果的基础上，运用企业资源基础理论来分析资本禀赋对农民创业绩效的影响。资源基础理论认为企业是一系列异质性资源的集合体，是一组生产性资源束（E. G. Penrose，1959），由于各种不同的原因，企业拥有的资源各不相同，具有异质性，这种异质性决定了企业竞争力的差异。具体讲，决定企业竞争力差异主要表现在三个方面：第一，特殊的异质资源是企业竞争优势的来源，是企业获利能力不同的重要原因；第二，资源的不可模仿性是企业竞争优势持续性的重要保障；第三，重视特殊资源的获取与管理，可以通过组织学习，知识管理和建立外部网络等来发展企业独特的优势资源。为此，我们将家庭资本禀赋定义为整个家庭所拥有的、可供其家庭成员加以利用的资源、能力和技术的总和。同时结合农民创业的“乡土”特征，选择了人力资本、社会资本、经济资本、金融资本和政策资本五个维度的家庭资本，作为影响农民创业绩效的待验证因素，如图 14–1 所示。

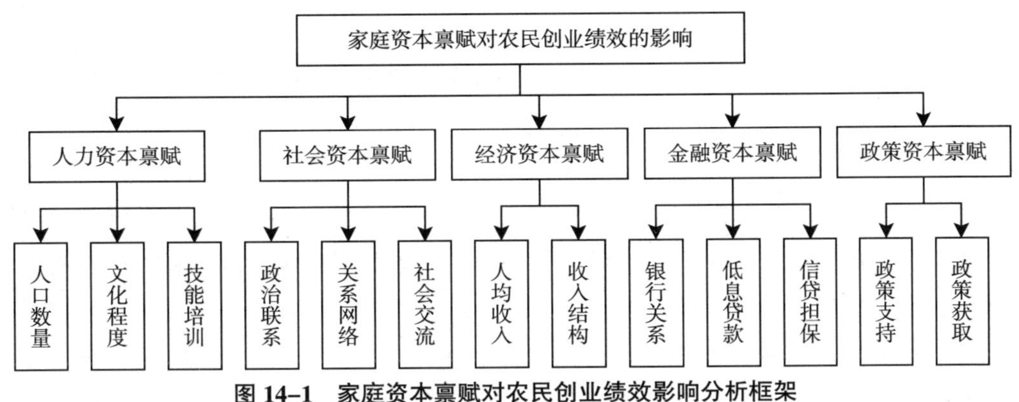

图 14-1　家庭资本禀赋对农民创业绩效影响分析框架

14.2.1　家庭人力资本禀赋

本章用家庭人口数量、农民受教育程度和参加培训情况来表征家庭人力资本禀赋。

第一，通常情况下，人口数量是家庭人力资源的重要体现，而人力资源又是家庭人力资本禀赋的基础和前提，在一定程度上体现了家庭人力资本的数量，所以家庭人口资源越丰富，在满足家庭现有生产经营活动劳动需求的前提下，才有可能将更多的富余劳动力用于创业投资。

第二，农民受教育程度不仅可以提高农民个人的能力，开阔眼界，提升人力资本的质量，增强农户接受掌握新事物、新技术的能力，即所谓的“正内部作用”；亦可带来“正外部作用”，即正规教育的高回报会促进周边农户家庭对人力资本投资的增加，进而影响改善技术环境，为农民创业营造一个良好的外部环境。

第三，参加技术培训是农户除接受正规教育外提高自身能力和学习掌握新技术的重要途径，可以使农户更加系统全面地了解创业技能，市场信息，提高创业的管理能力。实践也表明，农民外出打工、“干中学”、师带徒、在职培训等经历与创业行为有着十分密切的联系。

因此，基于以上分析，本章提出假说 1：

家庭人口数量、农民受教育程度和参加技术培训对农民创业绩效产生正向影响。

14.2.2　家庭社会资本禀赋

本章用家庭与政府高层的联系程度、各种类型朋友数和参加各类社会活动三个变量来表征家庭社会资本禀赋。

第一，在现行的制度下，与政府高层的联系越紧密，农民在创业过程中获取的信息资源越多，交易成本越小，农民的创业绩效越好。

第二，各种类型朋友数在一定程度上可以反映家庭的“弱关系网络”。根据关系强度理论，“弱关系网络”通常由“熟人”“老乡”构成，“强关系网络”一般是由亲属和亲密的朋友构成。由于“强关系网络”中的成员具有相似的社会背景、道德规范及行为方式，因此导致他们之间所拥有的信息差异不大，这样的关系对于农民创业绩效并没有太大帮助。而“弱关系网络”，其成员间通常拥有充分异质性的有价值的信息，这反而对农民创业绩效更有帮助。

第三，参加各类社会活动。参加各类社会活动越多，农民一方面获取各种信息的渠道越多；另一方面结识的朋友越广，而这些朋友中在一定程度上能给予农民创业更多的支持和帮助。因此，本章提出假说 2：

家庭与政府高层的联系程度、各种类型朋友数和参加各类社会活动对农民创业绩效有正向影响。

14.2.3 家庭经济资本禀赋

本章用农业收入比重和家庭人均年纯收入两个变量来表征家庭经济资本禀赋。一方面，以农业收入为主的家庭，农业是其主要的生产经营活动，对农业的依赖性也较强，因而对农业生产的重视程度较高，而分配到创业活动的时间和精力相应较少；另一方面，家庭人均年纯收入决定其预算约束。家庭人均年纯收入越高，约束线越开阔，抵御风险的能力越强，同时投入到农民创业的资金越多。因此，本章提出假说 3：

农业收入比重对创业绩效可能有负面影响，家庭人均年纯收入会产生积极的正向作用。

14.2.4 家庭金融资本禀赋

本章用与国有银行的关系、获取低息贷款的难易程度和信贷担保方式的多样化程度 3 个变量表征家庭金融资本禀赋。大量研究表明，良好的金融资本对促进社会创业具有重要的推动作用。在发展中国家，缺少创业资金和信贷支持以及金融体系的制约是影响潜在创业者创新和成功的最大障碍（Meier and Pilgrim，1994）。改善融资渠道的可获性有利于提高新创企业出生率（Pennings，1982）。

创业者通过信用保证协会或地方政府获得贷款，促进了创业的发展（Hawkins，1993）。Klappera 等（2006）认为，完善的信贷市场和充分的创业信贷支持将有利于促进创业的产生和企业的成长。因此，本章提出假说 4：

与国有银行的关系、获取低息贷款的难易程度和信贷担保方式的多样化程度对农民创业绩效有积极的正向影响。

14.2.5　家庭政策资本禀赋

本章用是否得到政府支持和农民从政府部门获取政策支持的难易程度这两个变量表征家庭政策资本禀赋。在经济社会转型过程中，政策资本被认为是一种有价值的企业资源，特别是大量的稀缺资源仍处于政府的控制之下，私人企业家通过各种渠道培育社会关系网络并获取各种资源是民营企业持续发展的基本条件。显然，农民是否拥有政策资本及其影响力强弱会影响农民创业的直接或间接利益。直接利益包括优惠融资和投资待遇等，间接利益则包括政治荣誉和作为正式制度的替代品，解决经营合法性、政治歧视、政治谈判能力等问题。许多研究成果也论证了政策资本对创业影响，如 Fonseca、Paloma 和 Christopher（2001）认为，政府制定的各种政策和法律对于创业者的意愿和行为都具有重要的影响，但不同国家之间存在巨大的创业成本差异，在创建企业成本高的国家中，个人成为创业者的意愿就很低。李路路（1997）研究发现，私营企业家所拥有的体制资本越多，企业发展或成功的机会就越大。因此，本章提出假说 5：

是否得到政府支持和从政府部门获取相关政策支持的难易程度对农民创业绩效会产生积极的正向作用。

14.3　家庭资本禀赋与农民创业绩效的交互分析

本部分按不同分类标志对家庭资本禀赋与农民创业绩效进行交互分析。具体如下：

14.3.1　家庭人力资本与农民创业绩效的交互分析

表 14-1 显示人力资本与农民创业绩效的交互分析，结果表明：

（1）文化程度与农民创业绩效呈正相关，且在5%水平上显著，在一定程度上表明农民的文化程度越高，其创业绩效越好，高中文化程度的农民其创业成功的比例比小学文化程度的农民高7.5个百分点。但统计还发现，在不同的文化层次中，文盲文化程度的农民其创业的成功率反而最高。

（2）技能培训与农民创业绩效呈正相关，且在5%水平上显著，表明参加了技能培训的农民，创业绩效越好，其创业成功的比例要比没有参加技能培训的农民高3.7个百分点。

（3）家庭人口数与农民创业绩效的关系没有通过显著性检验。

表14–1　人力资本与农民创业绩效的交互关系

变量名称	变量分类	不成功（%）	一般（%）	成功（%）	合计	χ^2 显著水平
文化程度	文盲	22.2	33.3	44.4	100.0	16.705**
	小学	24.3	44.9	30.8	100.0	
	初中	15.4	45.9	38.6	100.0	
	高中	14.9	46.8	38.3	100.0	
	中专及以上	31.6	33.3	35.1	100.0	
是否参加了技能培训	是	14.6	46.2	39.2	100.0	7.214**
	否	20.8	43.8	35.5	100.0	
家庭人口数	1个	28.6	57.1	14.3	100.0	26.934
	2个	20.0	30.0	50.0	100.0	
	3个	25.0	38.9	36.1	100.0	
	4个	16.6	49.3	34.1	100.0	
	5个	16.7	47.5	35.8	100.0	
	6个	15.9	36.0	48.1	100.0	
	7个	9.1	54.5	36.4	100.0	
	8个	20.0	46.7	33.3	100.0	
	9个	18.2	36.4	45.5	100.0	
	10个及以上	11.1	33.3	55.6	100.0	

注：** 代表5%的显著性水平。

14.3.2　家庭社会资本与农民创业绩效的交互分析

表14–2显示家庭社会资本与农民创业绩效的交互分析，结果表明：

（1）是否与政府高层存在联系与农民创业绩效呈正相关，且在 1%水平上显著，表明与政府高层存在联系的农民，其创业绩效越好，其创业成功的比例要比与政府高层没有联系的农民高 30.1 个百分点。

（2）是否有很多各种类型的朋友与农民创业绩效呈正相关，且在 1%水平上显著，表明有很多各种类型朋友的农民，其创业绩效越好，其创业成功的比例要比没有各种类型的朋友的农民高 10.7 个百分点。

（3）是否参加各类社会活动与农民创业绩效的相关性在 1%水平上通过了显著性检验，表明参加各类社会活动的农民，其创业绩效越好，其创业成功的比例要比参加各类社会活动的农民高 7.7 个百分点。

表 14–2　社会资本与农民创业绩效的交互关系

变量名称	变量分类	不成功（%）	一般（%）	成功（%）	合计	χ^2 显著水平
与政府高层是否存在联系	是	9.6	24.7	65.8	100.0	26.267***
	否	17.7	46.7	35.7	100.0	
是否有很多各种类型的朋友	是	14.2	45.6	40.2	100.0	24.051***
	否	26.8	43.7	29.5	100.0	
是否参加各类社会活动	是	13.8	44.2	41.9	100.0	9.931***
	否	19.8	46.0	34.2	100.0	

注：*** 代表 1%的显著性水平。

14.3.3　家庭经济资本与农民创业绩效的交互分析

表 14–3 显示家庭经济资本与农民创业绩效的交互分析，结果表明：

（1）家庭人均年纯收入与农民创业绩效呈正相关，且在 1%水平上显著，表明家庭人均年纯收入越高，农民的创业绩效越好，家庭人均年纯收入在 7500 元以上的农民，其创业成功的比例要比 5001~6500 元和 5000 元及以下的农民分别高 18.8 个和 28.8 个百分点。

（2）农业收入占总收入比重与农民创业绩效呈负相关，且在 10%水平上显著，表明农业收入比重越高的农民，其创业绩效越差，农业收入比重在 51%及以上的农民，其创业成功的比例要比比重为 20%及以下的农民各低 3.8 个百分点。

表 14–3 经济资本与农民创业绩效的交互关系

变量名称	变量分类	不成功（%）	一般（%）	成功（%）	合计	χ^2 显著水平
家庭人均年纯收入	5000 元及以下	28.8	50.4	20.9	100.0	62.449***
	5001~6500 元	18.0	51.2	30.9	100.0	
	6500~7500 元	20.8	47.8	31.4	100.0	
	7500 元以上	11.3	39.0	49.7	100.0	
农业收入占总收入比重	20%及以下	17.3	42.4	40.3	100.0	8.825*
	21%~50%	16.8	52.3	30.9	100.0	
	51%及以上	16.7	46.9	36.5	100.0	

注：*、*** 分别代表 10%、1%的显著性水平。

14.3.4 家庭金融资本与农民创业绩效的交互分析

表 14–4 显示家庭金融资本与农民创业绩效的交互分析，结果表明：

（1）获得银行低息贷款难易程度与农民创业绩效呈正相关，且在 1%水平上显著，表明获得银行低息贷款越容易的农民，其创业绩效越好。

（2）是否与国有银行关系良好与农民创业绩效呈正相关，且在 1%水平上显著，表明与国有银行关系良好的农民，其创业绩效越好，并且其创业成功的比例要比与国有银行关系不良好的农民高 11.7 个百分点。

（3）创业信贷担保方式多样化与农民创业绩效呈正相关，且在 1%水平上显著，表明创业信贷担保方式越多，农民的创业绩效越好。

表 14–4 金融资本与农民创业绩效的交互关系

变量名称	变量分类	不成功（%）	一般（%）	成功（%）	合计	χ^2 显著水平
获得银行低息贷款难易程度	完全不符合	21.9	45.2	32.9	100.0	50.440***
	不符合	19.1	49.9	31.0	100.0	
	不确定	19.2	47.7	33.1	100.0	
	符合	8.8	36.6	54.6	100.0	
	完全符合	21.4	21.4	57.1	100.0	
是否与国有银行关系良好	是	8.8	45.4	45.7	100.0	28.252***
	否	20.9	45.1	34.0	100.0	

续表

变量名称	变量分类	不成功（%）	一般（%）	成功（%）	合计	χ^2 显著水平
创业有多种信贷担保方式	完全不符合	37.0	33.3	29.6	100.0	27.761***
	不符合	21.4	50.0	28.6	100.0	
	不确定	17.0	45.6	37.4	100.0	
	符合	13.0	43.5	43.5	100.0	
	完全符合	13.5	32.4	54.1	100.0	

注：*** 代表 1%的显著性水平。

14.3.5　家庭政策资本与农民创业绩效的交互分析

表 14–5 是家庭政策资本与农民创业绩效的交互分析，结果表明：

（1）政府支持与农民工返乡创业意愿呈正相关，且在 1%水平上显著，表明创业过程中得到了政府支持的农民，其创业绩效越好，创业成功的比例要比没有得到政府支持的农民高 16.9 个百分点。

（2）从政府部门获取相关政策支持的难易程度与农民创业绩效呈正相关，且在 1%水平上显著，表明从政府部门获取相关政策支持越容易，农民的创业绩效越好。统计显示，从政府部门获取相关政策支持较易的农民，其创业成功的比例要比从政府部门获取相关政策支持较难的农民高 30.2 个百分点。

表 14–5　政策资本与农民创业绩效的交互关系

变量名称	变量分类	不成功（%）	一般（%）	成功（%）	合计	χ^2 显著水平
创业过程中是否得到了政府支持	是	15.0	40.0	45.1	100.0	32.291***
	否	19.9	51.9	28.2	100.0	
从政府部门获取相关政策支持的难易程度	非常难	41.5	46.3	12.2	100.0	90.163***
	较难	22.1	49.1	28.8	100.0	
	一般	14.6	45.3	40.1	100.0	
	较易	4.9	36.1	59.0	100.0	
	非常容易	0.0	66.7	33.3	100.0	

注：*** 代表 1%的显著性水平。

14.4 模型与方法选择

上述交互分析只是检验了单个影响因子与被解释变量之间是否存在显著的相关关系以及影响方向，由于农民创业绩效是多个因素共同作用的结果，各因素也可能存在相互作用，因此，有必要运用经济计量模型把这些因素对农民创业绩效的影响程度及其显著性水平做进一步的估计。

我们将农民创业绩效设为因变量 y，当农民认为“创业很不成功或不成功”时，定义“y = 1”；当农民认为“创业一般或说不清楚”时，定义“y = 2”；当农民认为“创业比较成功或很成功”时，定义为“y = 3”。因变量为多元有序，因此，本章采用多元有序 Logistic 模型进行分析，其模型形式表示如下：

$$\ln\left[\frac{P(y \leqslant j)}{1-P(y \leqslant j)}\right] = \alpha_j + \sum \beta_j HC_j + \sum \delta_j SC_j + \sum \varphi_j EC_j + \sum \gamma_j FC_j + \sum \kappa_j PC_j$$

式中，α_j 为截距参数；β_j，δ_j，φ_j，γ_j，κ_j 为回归系数；HC_j，SC_j，EC_j，FC_j，PC_j 分别代表人力资本、社会资本、经济资本、金融资本及政策资本等各维度的变量。

表 14-6 显示了模型中各变量的含义和描述性统计。

表 14-6 模型变量选择及说明

	变量名称	变量定义	平均值	标准差	预期方向
人力资本	HC_1 文化程度	文盲=1；小学=2；初中=3；高中=4；中专及以上=5	3.234	0.764	+
	HC_2 技能培训	是否参加过技能培训：参加=1；没有参加=0	0.585	0.493	+
	HC_3 人力资源	家庭人口数（人）	4.860	1.392	+
社会资本	SC_1 政治联系	与政府高层存在联系：是=1；否=0	0.068	0.251	+
	SC_2 关系网络	是否有很多各种类型的朋友：是=1；否=0	0.765	0.424	+
	SC_3 社会交流	是否参加各类社会活动：是=1；否=0	0.448	0.498	+

续表

	变量名称	变量定义	平均值	标准差	预期方向
经济资本	EC_1 人均收入	人均年纯收入：5000 元及以下=1；5001~6500 元=2；6500~7500 元=3；7500 元以上=4	2.931	1.083	+
	EC_2 收入结构	农业收入占总收入比重：20%及以下=1；21%~50%=2；51%及以上=3	1.420	0.649	–
金融资本	FC_1 银行关系	是否与国有银行关系良好：是=1；否=0	0.314	0.464	+
	FC_2 低息贷款	“容易获得银行提供的低息贷款”，采用李克特 5 点量表态度法：完全不符合=1；不符合=2；不确定=3；符合=4；完全符合=5.	2.779	0.9511	+
	FC_3 信贷担保	“创业有多种信贷担保方式”，采用李克特 5 点量表态度法：完全不符合=1；不符合=2；不确定=3；符合=4；完全符合=5.	3.108	0.880	+
政策资本	PC_1 政策支持	创业过程中是否得到了政府支持：是=1；否=0	0.563	0.496	+
	PC_2 政策获取	从政府部门获取相关政策支持的难易程度：非常难=1；较难=2；一般=3；较易=4；非常容易=5	2.745	0.801	+
创业绩效	y 创业成功性	认为创业很不成功或不成功=1；创业一般或说不清楚=2；创业比较成功或很成功=3	2.206	0.712	

14.5　模型结果分析

本章分别建立 6 个模型：Logistic Ⅰ（只含家庭人力资本禀赋变量）、Logistic Ⅱ（只含家庭社会资本禀赋变量）、Logistic Ⅲ（只含家庭经济资本禀赋变量）、Logistic Ⅳ（只含家庭金融资本禀赋变量）、Logistic Ⅴ（只含家庭政策资本禀赋变量）、Logistic Ⅵ（含全部家庭资本禀赋变量）。对模型进行回归分析，运行结果如表 14–7 所示。

Logistic Ⅵ模型的卡方检验统计量 LR chi2(13) = 172.857，对应 P 值 Prob >

chi2 = 0.000，表明模型的有效性十分显著；Pseudo-R^2 = 0.078，运行结果分析如下：

（1）家庭人力资本禀赋对农民创业绩效的影响。人力资源规模给农民创业绩效带来了非常显著的正向效应。模型结果显示，家庭人口数量多，意味着家庭拥有更强的生产能力，越能够满足创业过程中的劳动力投入要求，显著提高其创业的成功率。

参加技能培训在 Logistic Ⅰ模型中通过了 1%的显著性水平检验，且在其他条件不变的情况下，与未参加过技能培训的农民相比，参加过技能培训的农民的创业成功的可能性更大，创业绩效更好，表明以技术培训表征的非正规教育对农民创业绩效产生了显著且强大的正效应。在引入全部家庭资本禀赋变量（Logistic Ⅵ）后，参加技能培训的系数变小了，表明其他家庭资本禀赋变量弱化了技能培训对创业绩效产生的正效应。

文化程度与农民创业绩效没有通过显著性检验，甚至其系数符号为负，这与预期假设恰好相反，反映了一个很有意思的现象：现实生活中，对创业农民来讲，其学历层次往往不高，正规学历教育对提高创业成长绩效作用不大，甚至有负向影响（如降低风险承担性等）。当然，可以预期，随着现有正规教育体制的改进和创业知识和技能逐步融入正规教育课程体系，这种状况会有所改观。

（2）家庭社会资本禀赋对农民创业绩效的影响。实证模型很好地支持了政治联系这一社会资本对农民创业绩效具有正向效应的理论假设。在现行的制度下，与政府高层的联系在很大程度上决定了农民获取的信息资源和交易成本，在其他条件不变的情况下，与政府高层的联系越紧密，农民获得信息资源越及时，创业过程中的交易成本越小，从而其创业的成功率越高。此外，比较 Logistic Ⅱ与 Logistic Ⅵ可知，其他家庭资本禀赋变量弱化了政治联系对农民创业绩效产生的正效应。

关系网络对农民创业绩效产生了正向影响。从在 Logistic Ⅱ和 Logistic Ⅵ可知，各种类型朋友数都通过了显著性检验，表明在其他条件不变的情况下，各种类型朋友数越多，农民的创业绩效越好，与研究假设一致，其主要原因在于类型朋友数越多，其朋友间拥有更多的异质性的有价值的信息，这对农民创业绩效更有帮助。

（3）家庭经济资本禀赋对农民创业绩效的影响。家庭人均纯收入对农民创业绩效产生了显著的正向作用。人均纯收入是家庭经济实力的象征，收入越高，具有越强的创业投资能力，同时农民也会具有较强的风险偏好，愿意尝试创业活动这一新事物，而冒险精神正是创业成功的品质之一。调查中也发现，人均年纯收入在 7500 元以上的农民，其创业成功的比例为 49.7%，而人均年纯收入在 5000 元及以下的农民，该比例仅为 20.9%，两者相差达 28.8 个百分点。

农业收入比重对农民创业绩效具有强大且显著的负效应。农业收入比重越高，说明农民投入到创业活动的时间和精力相应越少，其创业绩效越差。并且由 Logistic Ⅲ、Logistic Ⅵ可知，引入全部家庭禀赋变量后，农业收入比重变量的系数有所提高，其对农民创业绩效的负效应得到了进一步强化。

（4）家庭金融资本禀赋对农民创业绩效的影响。与国有银行关系对农民创业绩效产生了显著的正向作用，表明与国有银行关系良好能显著提高农民创业的成功率，而在引入全部家庭资本禀赋变量（Logistic Ⅵ）后，与国有银行关系变量的系数变得不显著了，表明其他家庭资本禀赋变量弱化了与国有银行关系对创业绩效产生的正效应。

低息贷款对农民创业绩效有显著的正向影响，表明在其他条件不变的情况下，农民获得低息贷款越容易，其创业过程中的资金约束越小，创业成功率越高。统计结果显示，认为完全容易获得银行低息贷款的农民，其创业成功率的比例比认为完全不容易获得银行低息贷款的农民高出 24.2 个百分点。

（5）家庭政策资本禀赋对农民创业绩效的影响。政策支持在 Logistic Ⅴ和 Logistic Ⅵ中都通过了显著性检验，表明是否得到政府支持对农民创业绩效有显著的正向影响，这主要是因为农民创业过程中获得的政策资源不仅可以为农民降低创业风险，还可以为农民低成本提供各种创业资源，降低创业成本，从而提高农民创业绩效。

政策获取难易程度对农民创业绩效有重要影响，该变量在 Logistic Ⅴ和 Logistic Ⅵ中都通过了 1%统计水平的显著性检验，表明农民从政府部门获取相关政策支持越容易，其创业的成功率越高。调查显示，从政府部门获取相关政策支持越较易的农民，其创业成功的比例为 59.0%，要比从政府部门获取相关政策支持较难的农民高出 30.2 个百分点。

为了使估计结果更具可靠性，除建立 Logistic 模型外，还需再建立 Probit 模型以及 LPM 模型进行回归，以检验家庭资本禀赋对农民创业绩效影响模型估计结果的稳健性，所采用的解释变量和被解释变量均与上述 Logistic 模型相同。回归结果如表 14-8 所示。

表 14-7　多元有序 Logistic 模型运行结果

变量	Logistic Ⅰ		Logistic Ⅱ		Logistic Ⅲ		Logistic Ⅳ		Logistic Ⅴ		Logistic Ⅵ	
	系数	标误	系数	标误	系数	标误	系数	标误	系数	标误	系数	标误
HC_1	-0.015	0.077	—	—	—	—	—	—	—	—	-0.044	0.080
HC_2	0.271**	0.119	—	—	—	—	—	—	—	—	0.244**	0.125
HC_3	0.110***	0.042	—	—	—	—	—	—	—	—	0.106***	0.044
SC_1	—	—	1.027***	0.253	—	—	—	—	—	—	0.688***	0.274
SC_2	—	—	0.482***	0.147	—	—	—	—	—	—	0.339**	0.151
SC_3	—	—	0.129	0.126	—	—	—	—	—	—	-0.052	0.133
EC_1	—	—	—	—	0.395***	0.054	—	—	—	—	0.371***	0.057
EC_2	—	—	—	—	-0.154*	0.089	—	—	—	—	-0.205**	0.091
FC_1	—	—	—	—	—	—	0.436***	0.131	—	—	0.050	0.146
FC_2	—	—	—	—	—	—	0.212***	0.078	—	—	0.164**	0.081
FC_3	—	—	—	—	—	—	0.121	0.083	—	—	0.038	0.088
PC_1	—	—	—	—	—	—	—	—	0.351***	0.121	0.271***	0.130
PC_2	—	—	—	—	—	—	—	—	0.604***	0.078	0.469***	0.083

表 14-8　Probit 与 LPM 模型回归结果

变量		Probit 模型		LPM 模型	
		系数	标准误	系数	标准误
人力资本	HC_1	-0.0349	0.047	-0.023	-0.852
	HC_2	0.143*	0.074	0.084**	1.981
	HC_3	0.058**	0.026	0.032**	2.178
社会资本	SC_1	0.380**	0.161	0.174**	2.017
	SC_2	0.204**	0.089	0.120**	2.303
	SC_3	-0.033	0.079	-0.017	-0.382
经济资本	EC_1	0.218***	0.034	0.126***	6.537
	EC_2	-0.112**	0.054	-0.064**	-2.070
金融资本	FC_1	0.062	0.086	0.041	0.824
	FC_2	0.096**	0.048	0.052*	1.884
	FC_3	0.024	0.052	0.015	0.504
政策资本	PC_1	0.148*	0.077	0.084*	1.883
	PC_2	0.289***	0.049	0.168***	6.009

由表 14-8 可知，家庭人力资本禀赋、社会资本禀赋、经济资本禀赋、金融资本禀赋和政策资本禀赋仍是影响农民创业绩效的重要因素，这与 Logistic 模型估计的结果是一致的，表明模型结果具有稳健性。

14.6　简要结论与启示

本章通过利用江西省 1080 个农民创业样本数据，构建实证模型研究了家庭人力资本禀赋、社会资本禀赋、经济资本禀赋、金融资本禀赋和政策资本禀赋对农民创业绩效的影响，结果表明，农民创业绩效是其家庭人力资本禀赋、社会资本禀赋、经济资本禀赋、金融资本禀赋和政策资本禀赋综合作用的结果。其中，在人力资本方面，家庭人口数量多，农民创业绩效越好；参加技能培训能显著提高农民的创业绩效。在社会资本方面，农民与政府高层的联系越紧密，其创业的成功率越高；各种类型朋友数能提高农民的创业绩效。在经济资本方面，家庭人均纯收入的提高能促进农民创业的成功率，而农业收入比重对农民创业绩效具有强大且显著的负效应。在金融资本方面，与国有银行保持良好的关系和低息贷款获得的难易程度都会对农民创业绩效会产生显著的正向作用。政策资本方面，获得政府支持的农民其创业绩效更好，同时，从政府部门获取相关政策支持越容易，农民创业的成功率越高。

为了进一步提高农民创业绩效，本章得出如下政策启示：

（1）提升农民家庭人力资本。一方面，由于大部分农民创业都集中在劳动力密集行业，对劳动力的需求量较大，所以，在农民创业过程中，政府要进一步健全农村劳动力市场，以满足农民创业对劳动力数量的需求；另一方面，在强化农民职业技能培训的同时，还要注意改革正规教育课程体系，增加创业教育和创业知识在正规教育中的比重和份额。

（2）丰富农民家庭社会资本。一方面，大力鼓励家庭社会资本丰富的农民积极创业，提高农民创业的成功率；另一方面，积极引导农民加强与外界的交流沟通，拓展信息获取渠道，同时增强获取信息的异质性。

（3）强化金融扶持力度。金融机构要不断进行金融创新，加大对农民创业的信贷支持力度，同时降低担保门槛和贷款抵押标准，解决农民创业贷款难的问题。

（4）加大政策扶持力度。一方面，要不断完善政策支持体系，进一步规范政策执行程序，强化政策执行力度，努力提高农民政策资源获取能力；另一方面，要不断强化政府扶持，积极为农民创业提供政策性资源。例如，要为农民提供创业培训、企业诊断、市场信息，从而提升农民应对创业成长不足的能力。要加大用地、税收和创业贷款方面的政策扶持，帮助农民解决资金、技术上的燃眉之急。

第 15 章　关系资本对农民创业成长影响分析

在当前大众创新创业背景下，积极鼓励和支持农民创业对提高农民收入水平、促进农村经济发展、拓宽农村劳动力就业渠道以及缩小城乡差距具有重要意义。而当前我国农村仍是传统农业社会和现代工业并存的社会经济形态，乡土社会的典型特征依然广泛存在，农户的经济行为也往往围绕着关系资本而展开，从而导致关系资本在农村经济社会中有举足轻重的影响，起着共享信息、分担风险、平滑消费以及改善集体决策等作用。从个体层面看，农户关系资本可以缓解贫困和提高收入；从制度层面看，作为一种非正式制度，它能缓解资源配置中的市场失灵，有效缓解信息不对称问题。本章将以关系资本和融资约束为切入点，考察转型期间我国农户创业成长问题，以期为促进我国农户创业提供一个更加开放的视角。本章的创新点在于：现有研究成果更多关注的是关系资本和融资约束各自对创业行为的影响。然而，实证上将二者联系起来的讨论也并不多见，因此，本章实证考察关系资本与融资约束及其交互作用对农户创业成长的影响，以此揭示随着正规金融市场的发展，关系资本对农户创业成长的作用效果如何，非正规金融是否弥补了正规金融市场发育不足的状况。

15.1　文献回顾及假说提出

关系资本又可称为社会网络，是一种非正式制度。对微观个体而言，由于社会网络最容易测量，影响最直接，因此受到的关注也最多。例如，许多文献中常提到的有美国俱乐部网络、非洲国家以种族为纽带的网络以及中国农村以血缘为纽带的宗族网络等（Hsu，1963）。这些关系网络可以分担风险（Munshi and

Rosenzweig，2009)，促进劳动力迁移（郭云南和姚洋，2013)，减少贫困和收入分配差距（Chantarat and Barrett，2011；张爽等，2007）以及增加融资的可能性(Kinnan and Townsend，2012；金烨和李宏彬，2009；胡枫和陈玉宇，2012）等。例如，Zhang（2007）等研究发现，社会网络能起到传递劳动力市场信息的作用，使人们更加便利地外出务工。张爽（2007）等发现，只有社区层面社会网络对农村减贫有显著影响，而家庭层面并无显著作用。赵剑治（2009）等发现，社会网络对农村收入不平等有重要影响。Zhao（2003）发现，一个村庄中较早外出打工的人越多，越能够通过信息传递促使其他村民外出打工。

从对社会网络指标的度量上看，大部分学者主要从行为指标度量社会网络。例如，章元、陆铭（2009）利用“亲友间的礼金往来”指标测量，张爽等(2007）采用“需要时可提供帮助的亲友数量”指标测量。但马光荣、杨恩艳(2011）认为，这些行为指标难免会产生内生性问题。不过，也有少量文献以相对外生的姓氏宗族度量农村社会网络，如Peng（2004）运用“第一大姓在村庄中所占人口比例”度量农村企业家的社会网络，Tsai（2007）运用“村庄是否有祠堂”度量村庄层面的社会网络。

然而，直接探讨关系资本或社会网络影响创业行为的文献相对有限，但有部分学者进行了有益探讨，如Peng（2004）从村庄层面研究发现，姓氏网络可以促进村庄企业发展。而阮荣平和郑风田（2012）却发现，宗族网络的信任短半径效应反而限制了乡村企业的交易范围。从农户个体层面探讨二者关系的研究也不多见，主要包括：Allen（2000）、Yueh（2009）分别利用美国威斯康星州数据和中国13个城市的工作人口数据证实了社会网络与自主创业具有正相关性。Zhang、Zhao（2011），马光荣、杨恩艳（2011）分别选取亲友数目、礼金往来数量作为社会网络的代理变量，结果发现社会网络对中国居民个体创业有促进作用。郭云南、张琳弋、姚洋（2013）研究发现，以家庭姓氏的人口比例衡量的宗族网络规模对家庭创业的影响不大，而真正发挥作用的是宗族网络的强度。丁冬、傅晋华、郑风田（2013）研究认为，拥有较多社会资本的新生代农民工更容易获得民间借贷，从而更可能进行创业行为。李霞等（2007）研究表明，社会资本与创业绩效呈正相关关系。李路路（1995）认为，亲戚和朋友的职业地位和权力地位对私营企业发展具有重要作用。Hoang和Antonei（2003）指出，具有互补性创业团队的社会资本对创业绩效的影响显著高于独自创业者社会资本所产生的绩效。吴文锋、刘晓薇（2008）研究也发现，企业高管的政府背景正向显著影响创业绩效。巫景飞、何大军等（2008）得出，整合网络资源对企业战略选择有重要影响。

综上所述，现有成果从关系资本视角对农户创业行为及其作用机制的研究还不多，因此，本章从融资约束角度，强调关系资本可以帮助农户获得民间创业资金，但随着创业不断发展，仅从民间获取创业资金远远不能满足创业成长的需要，因此，从正规金融机构获取资金更是其成功创业的关键。所以，为了揭示关系资本缓解资金束缚的机制，本章构建理论模型分析关系资本的监督功能与物质抵押品之间的关系，如表 15–1 所示。

表 15–1　创业农户与贷款方收益

	创业农户	贷款方
创业成功	$R-C-(1+r)$	$1+r$
创业失败	$-(C+D)$	D

假设农户创业投资所需的信贷量为 1，若创业农户有效使用借贷资金，创业成功率为 p_h，则创业农户获得的收益为 $p_h[R-C-(1+r)]$，若 R 代表着总收入，C 为需要支出的各项成本，r 是贷款的利率；若创业农户未将借款用到创业投资而降低了资金使用效率，创业成功的概率为 $p_l(p_l<p_h)$，创业农户因此得到的私人收益为 M。贷款方为了防止由于信息不对称导致创业农户的道德风险，创业农户需要向贷款方提供价值为 D 的抵押物。另外，若贷款方将资金投入到无风险市场获得固定收益率为 $i(i<r)$。

构建创业农户收益最大化模型：$\text{Max}\{p_h[R-C-(1+r)]-(1-p_h)(C+D)\}$

避免创业农户道德风险的激励相容条件：

创业农户：$p_h[R-C-(1+r)]-(1-p_h)(C+D)\geqslant p_l[R-C-(1+r)]-(1-p_l)(C+D)+M$

贷款方：$p_h(1+r)+(1-p_h)D\geqslant i$

求解可得无监督下贷款方发放给创业农户贷款的最低抵押品为：

$$D\geqslant i-p_hR+\frac{M}{1-\dfrac{p_l}{p_h}}$$

可得，创业农户最低抵押品由三部分决定，分别是贷款机会成本（i）、创业成功的收益（p_hR）以及有限责任约束（$M/(1-p_l/p_h)$）。其中，贷款机会成本（i）

和收入（R）可视为固定变量，降低抵押（D）可通过提高创业农户的努力程度或者降低其道德风险实现，二者均可通过有效监督来避免。由此可以看出，监督和抵押物具有替代效应，从而影响创业农民融资的可获性。具体来说，当金融机构能有效监督资金使用情况时，则会降低对创业农户抵押物的要求；当金融机构无法有效监督资金使用情况时，则会提高对创业农户抵押物的要求。由于我国农户财富水平低，缺乏有效抵押物，因此，监督就作为抵押的有效替代，一方面，关系资本具有抵押担保功能，有助于创业者在正规金融市场寻找担保人，增加其获得金融机构信贷的可能性；另一方面，关系资本具有一定的监督功能，有助于降低创业农户的道德风险，提高农户创业融资能力、缓解金融约束，进而促进农户创业的成长，如图 15-1 所示。

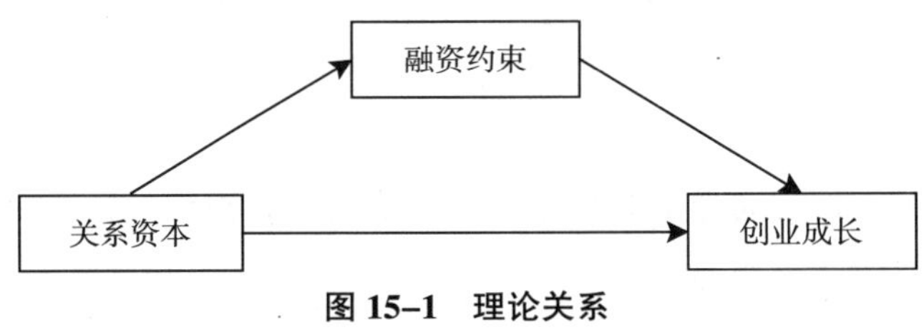

图 15-1　理论关系

关系资本、融资约束与农户成功成长的关系如图 15-1 所示。据此，本章提出以下 4 个假说：

假说 1：拥有更多关系资本的农户，其创业成功的概率更大；

假说 2：拥有更多关系资本的农户更容易从金融机构获得融资，其融资约束越小；

假说 3：农户融资约束越小，其创业成功的可能性越大；

假说 4：关系资本会随着金融市场的不断完善，融资约束的减少，其对创业成长发挥的作用有所减弱。

15.2　模型变量选择

本章用政治关系资本和人际关系资本刻画家庭的关系资本。政治关系资本用与政府高层是否存在联系测量，人际关系资本用是否有很多各种类型的朋友测量，并且政治关系资本可以反映农户关系资本的质量，人际关系资本在一定程度上可以反映农户关系资本的规模。

在 1080 户创业农户中，与政府高层存在联系的农户只有 73 户，占样本农户的 6.8%，而与政府高层不存在联系的农户的 1007 户，占了样本农户的 93.2%，这意味着大多数农户没有与政府高层存在联系，说明农户的政治资本不强。另外，1080 户创业农户中有很多各种类型的朋友的农户 826 户，占样本农户的 76.5%，说明创业农户与外界联系比较紧密，人际关系资本还比较丰厚。从融资约束来看，1080 户创业农户中，从金融机构融资比较难或非常难的农户有 618 户，占样本农户的 56.9%，融资容易或比较容易的农户有 75 农户，只占样本农户的 7.0%，这一定程度上说明大部分还存在融资约束问题。从农户创业成长看，有 185 户农户表示创业不成功，占样本农户的 16.1%，只有 407 户表示创业成功，占样本农户的 37.7%，这说明农户大部分在创业成长方面还不错。

从关系资本、融资约束与农户创业成长的交互关系看，如表 15-2 所示。

表 15-2　关系资本、融资约束与农民创业成长的交互关系

变量名称	变量分类	不成功（%）	一般（%）	成功（%）	合计	χ^2 显著水平
与政府高层是否存在联系	是	9.6	24.7	65.8	100.0	26.267***
	否	17.7	46.7	35.7	100.0	
是否有很多各种类型的朋友	是	14.2	45.6	40.2	100.0	24.051***
	否	26.8	43.7	29.5	100.0	
从金融机构融资的难易程度	非常难	29.3	55.2	15.5	100.0	85.070***
	比较难	20.0	44.2	35.8	100.0	
	一般	10.8	43.7	45.5	100.0	
	容易	4.3	39.1	56.5	100.0	
	比较容易	16.7	0.0	83.3	100.0	

注：***、**、* 分别代表在 1%、5%、10%的水平下显著。以下各表同。

（1）与政府高层是否存在联系与农民创业成功呈正相关，且在 1%水平上显著，表明与政府高层存在联系的农民，其创业绩效越好，创业成功的比例要比与政府高层没有联系的农民高 30.1 个百分点。

（2）是否有很多各种类型的朋友与农民创业绩效呈正相关，且在 1%水平上显著，表明有很多各种类型朋友的农民，其创业成功的可能性越高，其创业成功的比例要比没有各种类型的朋友的农民高 10.7 个百分点。

（3）从金融机构融资的难易程度与农民创业成长的相关性在 1%水平上通过了显著性检验，表明农户从金融机构融资越容易，其创业成功的概率更高，获取资金比较容易的农户创业成功的比例要比获取资金比较难的农户高 47.5 个百分点。模型变量如表 15–3 所示。

表 15–3　模型变量的描述统计

变量名	变量定义	均值	标准差	最大值	最小值
ENS	创业成功（不成功=1；一般=2；比较成功=3）	2.2056	0.7116	3	1
YEAR	户主年龄（岁）	40.4463	8.1780	68	20
SE	性别（男=1；女=0）	0.8889	0.3144	1	0
MAR	婚姻状况（已婚=1；其他=0）	0.9648	0.1843	1	0
EDU	文化程度（文盲=1；小学=2；初中=3；高中=4；中专及以上=5）	3.2343	0.7640	5	1
TRA	技能培训（参加过=1；没有参加过=0）	0.5852	0.4929	1	0
POP	家庭人口数（个）	4.8602	1.3917	11	1
LAND	家庭耕地面积（亩）	4.5438	7.2741	180	2
INC	家庭人均收入（5000 元及以下=1；5001~6500 元=2；6501~7500 元=3；7500 元以上=4）	2.9306	1.0831	4	1
POCA	政治关系资本（与政府高层存在联系=1；其他情况=0）	0.0676	0.2512	1	0
SOCA	人际关系资本（有很多各种类型的朋友=1；其他情况=0）	0.0676	0.2512	1	0
FAM	家族大姓（有众多家族成员=1，没有=0）	0.7648	0.4243	1	0
LOAN	融资约束（从金融机构融资难易程度，非常难=1；比较难=2；一般=3；容易=4；比较容易=5）	2.9268	18.9762	5	1

15.3　关系资本与农户创业成长

为考察关系资本对农户创业成长的影响，我们构造如下检验方程：

$$ENS = \alpha_0 + \beta_1 POCA + \beta_2 SOCA + \alpha_1 YEAR + \alpha_2 SE + \alpha_3 MAR + \alpha_4 EDU + \alpha_5 TRA + \alpha_6 POP + \alpha_7 LAND + \alpha_8 INC + \varepsilon \quad (15\text{–}1)$$

式中，ENS 表示农户创业成长，用农户创业成功来表示，分别赋值为：不成功=1，一般=2，成功=3。关系资本用农户的政治关系资本和人际关系资本两个变量表示，其中，POCA 表示政治关系资本，用“是否与政府高层存在联系”测量，SOCA 表示人际关系资本，用“是否有很多各种类型的朋友”测量。其他变量为控制变量，如 SE 表示农户性别、MAR 表示婚姻状况、EDU 表示农户文化程度、TRA 表示参加技能培训状况、POP 表示家庭人口规模、LAND 表示家庭耕地面积、INC 表示家庭人均收入水平。

然而，该回归可能存在反向因果的内生性问题，一方面，农户可能需要更强大的关系资本来支持自己创业，促进自己创业成功；另一方面，创业成功后，农户更有意结交部分政府高层和社会上的各类朋友，这时内生性会造成系数估计偏小。为解决可能存在的内生性问题，借鉴相关学者的做法，本章选取在本村是否有众多家族成员作为农户关系资本的工具变量。因为，传统上，我国关系资本以宗族为关系纽带，大部分事务以血缘关系、宗族关系为中心展开。通常，家族在本村庄是大族或望族的农户往往在外拥有更多的、优质的政治关系、人际关系或社会资源。因此，本章推断，如果农户所属家族有众多家族成员，那么其可交往的朋友范围会更广，与政府高层联系的概率更大，拥有的关系资本也会更多。

表 15-4 报告了回归结果，模型（1）和模型（2）为没有加入控制变量的关系资本对创业成长影响的 Oprobit 模型结果，模型（3）和模型（4）分别对应模型（1）和模型（2）并且加入了控制变量的 IV-Oprobit 模型结果。模型（1）~(4）结果一致发现，无论添加控制变量与否，政治关系资本（POCA）和人际关系资本（SOCA）的系数均显著为正，这表明，与政府高层联系的越多、各类不同类型的朋友越多，农户创业成功的概率就越大，可以验证本文的假说 1，即拥有更多关系资本的农户，其创业成功的概率更大。此外，技能培训状况、家庭人口规模、家庭人均收入水平也与农户创业成功呈现显著正向关系，这些结果表明参加技能培训的农户，其创业成功的可能性越大；家庭人口规模越大、人均收入水平越高，农户创业成功概率越高。

另外，为了对内生性问题进一步做稳健性检验，我们将样本范围缩小为仅包括“在本村有众多家族成员”的子样本，对方程进行重新回归。以没有众多家族成员的农户作为对照组进行比较，以确定政治关系资本和人际关系资本对农户创业成长的作用。模型结果如表 15-5 所示，政治关系资本（POCA）和人际关系

表 15-4 关系资本对农户创业成长的影响

	模型（1）Oprobit（未加控制变量）		模型（2）Oprobit（未加控制变量）		模型（3）IV-Oprobit		模型（4）IV-Oprobit	
	系数	Z 值	系数	Z 值	系数	Z 值	系数	Z 值
YEAR	—	—	—	—	0.0008	0.19	0.0021	0.45
SE	—	—	—	—	-0.0230	-0.20	-0.0523	-0.46
MAR	—	—	—	—	0.1793	0.92	0.1703	0.87
EDU	—	—	—	—	-0.0314	-0.66	-0.0314	-0.66
TRA	—	—	—	—	0.1798***	2.50	0.1809***	2.52
POP	—	—	—	—	0.0736***	2.88	0.0767***	3.02
LAND	—	—	—	—	-0.0033	-0.71	-0.0042	-0.91
INC	—	—	—	—	0.2280***	6.90	0.2307***	7.00
POCA	0.6773***	4.59	—	—	0.5655***	3.75	—	—
SOCA	—	—	0.3634***	4.52	—	—	0.3167***	3.87
LR	21.93		20.42		84.19		84.65	
Pseudo R^2	0.0099		0.0092		0.0379		0.0381	

资本（SOCA）的系数均依然显著为正，意味着相对于没有众多家族成员的农户，有众多家族成员的农户政治关系资本和人际关系资本越强，其创业成功的可能性越高。

表 15-5 关系资本对农户创业成长的影响（内生性稳健性检验）

	模型（1）Oprobit		模型（2）Oprobit		模型（3）Oprobit		模型（4）Oprobit	
	系数	Z 值	系数	Z 值	系数	Z 值	系数	Z 值
YEAR	—	—	—	—	0.0003	0.05	0.0012	0.21
SE	—	—	—	—	-0.0780	-0.52	-0.1150	-0.76
MAR	—	—	—	—	0.3465	1.44	0.3305	1.37
EDU	—	—	—	—	-0.0562	-0.96	-0.0470	-0.81
TRA	—	—	—	—	0.1734*	1.87	0.1781*	1.92
POP	—	—	—	—	0.0562**	1.81	0.0649**	2.10
LAND	—	—	—	—	-0.0043	-0.51	-0.0066	-0.80
INC	—	—	—	—	0.2252***	5.31	0.2298***	5.44
POCA	0.6586***	2.06	—	—	0.5433***	3.13	—	—

续表

	模型（1）Oprobit		模型（2）Oprobit		模型（3）Oprobit		模型（4）Oprobit	
	系数	Z 值	系数	Z 值	系数	Z 值	系数	Z 值
SOCA	—	—	0.3789***	3.54	—	—	0.3189***	2.93
LR	15.88		12.54		53.90		52.36	
Pseudo R^2	0.0115		0.0091		0.0390		0.0378	

15.4　作用机制：融资约束

15.4.1　关系资本对农户融资约束的影响

为考察关系资本对家庭融资约束的影响，类似方程（1），在此进行如下检验：

$$LOAN = \alpha_0 + \beta_1 POCA + \beta_2 SOCA + \alpha_1 YEAR + \alpha_2 SE + \alpha_3 MAR + \alpha_4 EDU + \alpha_5 TRA + \alpha_6 POP + \alpha_7 LAND + \alpha_8 INC + \varepsilon \quad (15\text{-}2)$$

其中，LOAN 为农户融资约束状况，用从金融机构融资难易程度表示。方程（15-2）中的其他变量与方程（15-1）相同。由表 15-6 的模型结果可知，政治关系资本（POCA）的系数显著为正，说明以没有众多家族成员的农户为对照组，与政府高层保持联系的农户，其从金融机构融资越容易；人际关系资本（SOCA）的系数也显著为正，表明有各种类型朋友的农户，其更容易获得金融机构贷款，从而假说 2 得到了验证。

表 15-6　关系资本对农户融资约束影响的估计结果

	模型（1）Oprobit		模型（2）Oprobit		模型（3）Oprobit	
	系数	Z 值	系数	Z 值	系数	Z 值
YEAR	−0.0096**	−2.22	−0.0077**	−1.81	−0.0089**	−2.08
SE	0.0242	0.22	−0.0221	−0.21	0.0229	0.21
MAR	0.1130	0.61	0.0954	0.51	0.1089	0.58
EDU	−0.0727	−1.63	−0.0681	−1.52	−0.0856*	−1.91
TRA	0.0268	0.39	0.0303	0.44	0.0211	0.31

续表

	模型（1）Oprobit		模型（2）Oprobit		模型（3）Oprobit	
	系数	Z 值	系数	Z 值	系数	Z 值
POP	0.0211	0.89	0.0275	1.16	0.0198	0.83
LAND	–0.0017	–0.39	–0.0027	–0.59	–0.0022	–0.49
INC	0.0334	1.07	0.0412	1.33	0.0251	0.80
POCA	0.7124***	5.38	—	—	0.6589***	4.94
SOCA	—	—	0.3194***	4.07	0.2742***	3.47
LR	37.72		25.32		49.77	
Pseudo R^2	0.0141		0.0094		0.0186	

另外，从表 15–6 的模型（3）可知，同时把政治关系资本（POCA）和人际关系资本（SOCA）两个变量纳入模型进行检验时，两个变量的系数依然显著为正，但前者系数更大，从经济意义上而言，前者比后者的作用也更大。这意味着，农户通过加强与政府高层的交流联系，从而形成比较强的政治关系资本使得家庭更容易从金融机构获取融资机会，究其原因可能在于传统农村逐步向现代农村转变的过程中，政治关系资本可能发挥着更重要的作用。

15.4.2 融资约束对农户创业成长的影响

为验证融资能提高农户创业成长的可能性，我们采用如下方程：

$$ENS = \alpha_0 + \beta_1 LOAN + \alpha_1 YEAR + \alpha_2 SE + \alpha_3 MAR + \alpha_4 EDU + \alpha_5 TRA + \alpha_6 POP + \alpha_7 LAND + \alpha_8 INC + \varepsilon \quad (15\text{–}3)$$

式中，LOAN 为农户融资约束程度，其余变量与方程（15–1）相同。β_1 是我们关心的系数，它表示，农户从金融机构融资越容易，家庭创业过程中受到的融资约束越小，农户创业成功的可能性就越大。

然而，融资约束对创业成功的影响可能同样存在两者之间的双向因果关系而引起的内生性问题。一方面，家庭因做创业发展而需要扩大融资能力；另一方面，因创业发展而累积的资产设备，也使得家庭更有实力去获得金融机构融资，这样会造成 β_1 系数被高估。为此，我们使用“本地有多种可供选择的融资渠道”作为融资约束的工具变量，替代方程（15–3）中的“Loan”，进行回归，这在一定程度上会弱化创业成功对融资机会的反向作用。同时，由于截面数据较容易产生异方差现象，本部分在做 IV–Oprobit 回归的同时也对模型进行了 Robust 稳健回归，模型回归结果列于表 15-7。在考虑了潜在的内生性后，融资约束变量 β_1 的估计值均显著为正，这意味着，从金融机构融资越容易的农户，其创业成功的可能性越大，从而验证了假说 3。

表 15-7 融资约束对农户创业成长的影响

	IV-Oprobit 回归		Robust 回归	
	系数	Z 值	系数	Z 值
YEAR	0.0015	0.32	0.0015	0.30
SE	-0.0530	-0.47	-0.0530	-0.49
MAR	0.1714	0.88	0.1714	0.82
EDU	-0.0162	-0.35	-0.0162	-0.32
TRA	0.1870***	2.61	0.1870***	2.61
POP	0.0767***	3.01	0.0767***	2.91
LAND	-0.0036	-0.78	-0.0036	-1.11
INC	0.2411***	7.34	0.2411***	7.39
LOAN	0.0031**	1.23	0.0031**	-2.39
LR	71.30		70.83	
Pseudo R^2	0.0321		0.0321	

15.4.3 关系资本、融资约束对农户创业成长的交互影响

上述实证分析表明，关系资本（政治关系资本和人际关系资本）有助于促进农户创业成功，并且这一促进作用主要来自政治关系资本和人际关系资本对农户融资借贷的积极影响。换言之，政治关系资本和人际关系资本作为融资借贷的载体，会替代正规金融制度的部分职能。那么，随着正规金融市场的不断完善，人们能更便捷地从金融机构获得融资，政治关系资本和人际关系资本作为传统组织将可能不再是人们进行融资的唯一渠道，农户对政治关系资本和人际关系资本的依赖性也因此会有所减弱。所以我们用方程（15-4）检验政治关系资本和人际关系资本对农户创业成长的影响是否会随着金融市场的不断发展而趋于弱化：

$$ENS = \alpha_0 + \beta_1 POCA + \beta_2 SOCA + \beta_3 LOAN + \beta_4 POCA \times LOAN + \beta_5 RECA \times LOAN + \gamma Z + \varepsilon \tag{15-4}$$

式中，POCA 表示政治关系资本，SOCA 表示人际关系资本，LOAN 表示农户融资约束程度，模型中加入了政治关系资本、人际关系资本与融资约束的交互项，用以反映两个变量的交互作用及影响；Z 表示控制变量，与式（15–1）的控制变量相同，包括户主年龄、性别、婚姻状况、文化程度、技能培训情况、家庭人口规模、家庭耕地面积、家庭人均收入等变量。值得注意的是，如果参数 β_4、β_5 为负，则表明随着金融市场的不断完善，农户从金融机构获取贷款越容易，其受到的融资约束越小，那么农户通过关系资本获取金融信贷的依赖性会减少，从而导致关系资本（政治关系资本和人际关系资本）对农民创业成长的影响会减弱。同样，表 15–8 列出了 IV–Oprobit 的回归结果和 Robust 回归。

表 15–8　关系资本对农户创业成长影响的内在机制分析

	IV–Oprobit 回归		Robust 回归		IV–Oprobit 回归		Robust 回归	
	系数	Z 值	系数	Z 值	系数	Z 值	系数	Z 值
YEAR	0.0032	0.71	0.0032	0.67	0.0028	0.61	0.0028	0.58
SE	–0.0096	–0.08	–0.0096	–0.09	–0.0410	–0.36	–0.0410	–0.37
MAR	0.1810	0.92	0.1810	0.86	0.1849	0.94	0.1849	0.88
EDU	–0.0238	–0.50	–0.0238	–0.47	–0.0252	–0.53	–0.0252	–0.50
TRA	0.1720**	2.38	0.1720**	2.37	0.1913***	2.65	0.1913***	2.66
POP	0.0635**	2.45	0.0635**	2.37	0.0667***	2.60	0.0667***	2.52
LAND	–0.0029	–0.61	–0.0029	–0.90	–0.0047	–1.01	–0.0047	–1.38
INC	0.2242***	6.72	0.2242***	6.84	0.2340***	7.07	0.2340***	7.14
LOAN	0.3426***	7.70	0.3426***	8.23	0.3864***	4.44	0.3864***	4.61
POCA	1.4318***	7.13	1.4318***	7.31				
POCA*LOAN	–0.3509***	–6.78	–0.3509***	–8.13				
SOCA					1.1617***	5.65	1.1617***	5.94
SOCA*LOAN					–0.3902***	–4.48	–0.3902***	–4.65
LR	149.96		154.76		106.77		115.95	
Pseudo R^2	0.0675		0.0675		106.77		0.0481	

从表 15–8 的模型中我们发现，无论是政治关系资本，还是人际关系资本，它们与融资约束变量的交互项系数 β_4 和 β_5 都显著为负，而 β_1、β_2 基本上显著为正。这些结果一致表明，一方面，在农户创业成长过程中，政治关系资本和人际

关系资本发挥着重要作用；另一方面，随着金融市场的不断完善，农户从金融机构融资更容易，其受到的融资约束越小，那么政治关系资本和人际关系资本在农户创业过程中会随着金融市场的不断完善而发挥的作用相对减小，在金融市场相对不完善的时期，以政治关系资本和人际关系资本为基础形成的关系资本对农户创业成长的影响会更大。

15.5　简要结论与政策建议

本章利用 1080 户农户创业数据，以关系资本为切入点，考察关系资本对农户创业成长的影响、作用机制及关系资本作用随金融市场化的变化。结果发现：

第一，关系资本在农户创业成长过程中发挥着重要作用，政治关系资本和人际关系资本越多的农户，其创业成功的概率越高。

第二，政治关系资本和人际关系资本越多，农户越便利地从金融机构获得融资，从而为农户的创业成长提供资金支持。同时，农户从金融机构融资越便利，其受到的融资约束就越小，从而农户创业成功的可能性就越大。

第三，在金融市场相对不完善时，以政治关系资本和人际关系资本为基础形成的关系资本对创业成长的影响会更大，但随着农村金融市场的不断完善，农户依托关系资本进行民间融资的依赖性会越小，从而导致关系资本对农户创业成长的影响会有所减弱。

根据实证分析结论，提出如下政策建议：

第一，大力引导农户拓展政治关系资本。研究结果表明，农户的政治关系资本越好，其获取金融机构融资越容易，创业成功的可能性越大。因此，一方面要引导农户积极参与村委会换届选举，提高自身的政治地位；另一方面积极与政府加强沟通交流，建立良好的互动关系。

第二，积极鼓励农户构建人际关系资本。鼓励农户通过各种机会进一步加强对外交流联系，结交不同类型的朋友，充分利用一些重要节假日或场合构建和维护人际关系资本。

第三，金融机构应充分利用农户关系资本，将单一外部监督转化为内外双重监督，降低农户借贷的违约概率，激发其创业积极性，提高创业成功的概率。

第四，规范民间非正规金融有序发展。在金融市场不完善时，适当发挥关系资本在非正规金融中的积极作用，从而促进农民创业的成长，同时要进一步加强监管，规范非金融机构的发展，防范潜在金融风险。

第 16 章　农村创业环境优化研究

农村创业环境是指影响农民创业行为的各种条件和因素的总和，有关农村创业环境及其影响因素的研究有很多。蒋玉姣（2011）在前人研究的基础上，深入探讨创业环境的作用机制，认为启动社会力量参与创业环境建设的研究，将成为未来农村创业环境研究的主要趋势。朱嘉蔚、朱晓姝（2009）通过影响农民创业外部环境因素为视角，从政治、政策、经济、社会以及自然环境等具体因素分析了江西省农民创业环境。孙红霞（2010）从农村自然、社会、经济以及政策环境分析了农民创业的环境条件及其对创业的影响。邓俊淼（2010）从资本、制度、技术以及社会网络环境分析了中部地区农民工的创业环境。张海丽、魏凤（2011）基于 GEM 模型，从经济环境、市场环境、融资环境、人力资源环境、文化环境和交通、通信环境 6 个层面分析了西部地区返乡农民工创业环境。罗新阳（2009）根据要素组合模型和 GEM 模型，结合农村的特点，探索了优化农村创业环境的路径。王文明（2011）、肖娜（2015）均从政府的职业培训滞后、公共服务性资源分配不公以及政府基层组织不作为因素等方面，对农村创业发展环境的优化措施进行研究。目前，我国农村创业环境存在的主要问题表现如下：

一是政府创业政策制定及执行效果不佳。政府部门是政策执行的主体，但政府政策执行的效果并不理想。即使政府有制定优惠的税收、用地等政策，但农村创业者并未享受到这些权利，得到的反而是烦琐的创业程序及政府工作人员低效率的办公态度。创业政策的不完善及较低的政策执行效果，制约了农村创业环境的发展。

二是农村创业氛围及传统观念的制约。由于根深蒂固的小农思想，在农村仍存在着对创业持不认可甚至反对的思想，特别体现在针对农村女性创业的问题上，这大大减少了农村女性创业的可能性，也制约了农村创业的发展。

三是农村缺乏创业教育及培训。教育培训是开展创业活动的重要条件，也是将创业想法转变为创业现实的思想前提。在信息化发展的社会，缺少创业教育及创业培训，农村创业环境的发展就会滞后于社会总体发展水平，甚至停滞不前。

四是农村创业金融支持力度小、创业融资难度高。资金的获取直接影响农村创业的发展，然而在农村，由于金融体系的不健全，创业者融资渠道、融资门槛都被限制，这显然不利于农村创业的发展。

五是农村自然资源优势下降。农村创业领域多与农业相关，因此农村创业的发展受自然环境及自然资源的影响较大。而如今，随着农村自然资源的破坏及减少，农村创业的自然资源优势也有所下降，必然影响到农村创业的可持续发展。

本部分将从政策支持环境、社会经济环境、科技文化环境、金融服务环境以及基础设施环境共五个层面提出农村创业环境的优化建议。

16.1 政策支持环境优化

（1）打造高效透明的政务环境。①要坚决抓好领导干部的表率作用。各级领导干部不仅要有较高的政策水平，较强的业务能力，还要有优良的服务意识，能够为农村创业者提供全方位、全过程服务。②要以建设服务型政府为目标，推进政府管理的创新，规范行政行为，提升政府的执行力和公信力，建立廉洁高效、运转协调、行为规范的行政支撑体系。③要进一步深化行政审批制度，规范行政审批行为，简化农村创业企业的注册、登记和审批程序，缩短创业者办理审批程序的时间，为农村创业者提供市场准入便利。④实施目标管理和责任制考核。增加群众对政府所提供的各项服务满意度的指标，形成一套科学的考核公务员政绩的指标体系，制定有效的奖惩办法，从而促使政府部门以及公务人员能真正为农村创业者提供良好的服务和帮助。⑤要明确各层级监督责任，强化行政效能监察，确保督查落实，严肃查处损害农村创业者利益、阻碍创业活力的行为。⑥做到信息透明、政务公开，改变农村创业者信息不对称的情况，让农村创业者能够第一时间了解创业信息，营造公平公正的创业政策环境。

（2）建立健全创业服务体系。按照政府引导、社会投资、市场运作的模式组建农村创业服务中心，为农村创业人员提供工商注册、税务登记、科技项目申报、财务管理、法律咨询、企业诊断、知识产权保护、技术产权交易、检验检测认证、风险投资、人才引进、培训交流等全过程全方位的专业化服务，引导和支持各类农村创业公共服务平台和服务机构蓬勃发展，不断完善农村创业服务体系。

（3）进一步优化商务环境。商业基础设施是重要的创业环境条件要素。GEM 认为创业的商务环境至少包括 4 个方面的内容：创业企业能够获得哪些资源，例如分包商、供应商、咨询机构；创业企业能够获得哪些服务，包括银行服务、法律服务、会计服务等；创业企业能够找到这些资源的程度；创业企业能否用得起这些资源和服务。从调查结果看，目前江西的商务环境有较大的改善，这主要得益于政府与一些商业组织、行业协会在商业环境建设方面的工作。

（4）搭建创业服务载体。政府可以尝试建立创业园区。在园区集中创业企业。这些企业可以通过单一代理机构获得广泛的政府支持。在政府项目方面政府可以引入技术投资推广项目，令本地及外地人士接触更多投资、创业机会。在部分招商活动中，政府也可以通过创业培训中心的功能，将创业者与外来投资者结合配对，有条件地让初次创业者参与。利用外商的经验，培训中心扶助，让本地创业者能有提升的机会。

16.2　社会经济环境优化

16.2.1　增强文化认同引领

第一，从文化层面提升农村社会对创业创新者的认可和尊重，塑造激励创业的文化环境，帮助农村创业者树立正确、理性的创业观，使“鼓励创业、支持创业、投身创业”成为社会价值取向，让人们在创造财富的过程中，更好地实现精神追求和自身价值，来提升农村创业者的创业精神，激发创业动力。

第二，加大创业文化宣传。利用报纸、广播、电视、互联网等多种传媒工具，引导舆论提倡创业精神、鼓励创新、宽容失败。激励人们抓住机遇，勇于冒险，即使失败了也不应有羞辱感；倡导人们在对待他人的失败时要宽容，不要冷嘲热讽，而是给予积极帮助和支持，善待失败者。

第三，营造良好的舆论环境。深入挖掘创业先进典型，积极宣传创业的典型企业、人物和先进事迹，通过树立农村创业示范企业和人物，激发更多的人自主创业。让农村创业带头人的言传身教，培养和提高更多人的创业能力；大力推广农村创业榜样发展创业经济的经验，组织各种有效的创业讲座、论坛等，促进农村创业者创业经验的交流。

第四，营造公平公正的法治环境。结合新农村建设，提倡制定广大群众认可的村规民约，加大农村的精神文明以及社会治安的建设，支持有利于农村创业经营的各种行会等民间组织的发展，强化对农村社会治安环境综合的治理。

第五，做好农村创业者及创业企业间的联合工作，营造合作共赢、互惠互利的创业文化环境，倡导农村创业的合作精神，提升农村整体的创业效应。

16.2.2 提高经济发展水平

良好的创业文化氛围只能为农村创业者提供精神支持，而要实现创业，必须要有相适应的经济发展条件。

第一，各地政府部门要提高认识，真正把实施“农村创业经济”纳入到当地社会主义新农村建设、促进经济发展的重要议事日程中。制定促进创业经济发展的专题规划，并且建立领导负责制度，实现各部门的紧密配合，共同为创业经济发展创造出良好的经济制度环境。

第二，建立促进农村创业经济发展的激励机制，对有成效的企业给予政策扶持和资金支持等奖励，对不守信用的创业者进行严惩，鼓励农村创业者讲信用，做信用产品。同时，通过市场形成对产品正常的竞争模式，以净化、规范农村创业市场环境，激发广大农村劳动力进行创业的激情和意识。

第三，完善市场体制机制，优化创业市场环境。充分发挥市场在配置创业资源中的决定性作用，坚持让市场选择创业的方向和路径，消除束缚市场活力的“枷锁”，更好地为创业者清障搭台。

第四，构建更加完备的市场经济法律体系，坚持依法治理，统一执法标准，促进市场主体依法经营。

第五，完善产权保护制度，调动农村创业主体积极性，加强知识产权立法，形成知识产权市场化产业化的完整机制，保证市场竞争的公平性，按照市场规则建立优胜劣汰的机制。制止不正当竞争和垄断行为，加大对危害农村创业安全、扰乱经济秩序、侵害投资创业者合法权益等违法犯罪行为的查处力度。

16.3　科技文化环境优化

16.3.1　完善农村创业教育体系

目前我国农村创业教育体系还不完善，创业教育水平与城市相比差距较大，政府需要大力开展对农村创业教育体系的引导和推动工作。加大对农村创业教育的重视和关注，把创业教育课程纳入到农村中小学教育中，在中小学普及创业知识，从小树立创新、创业意识，为农民创业提供创业基础知识的普及和启蒙。同时，政府要结合高校特色，指导高校进行创业教育课程的设置及创新，借鉴国内外先进经验，在高校课程中构建科学合理的创业教育课程体系，满足各专业、各层次学生的创业需求。并注重创业教育与实践的结合，创建高校创业实习、孵化基地，为学生提供实践机会，既提高学生创业的兴趣，也为其今后的创业积累知识与经验。

16.3.2　建立农村创业人才培育体系

第一，要重视农村创业人才的培育。由政府牵头，联合农村民间协会等组织机构，有组合、有计划地定期开展创业人才培训活动。可以开设创业相关的课程，为创业人员搭建获取创业基础知识平台，不仅为农村创业培育有知识有文化的人才，也可以提高群众创业积极性；组织专家、学者及成功创业者开展创业讲座，以座谈会、论坛、创业沙龙等其他创业培训活动为创业人员进行专项培训，促进创业人员的交流，提高农村创业人员的素质水平。

第二，积极鼓励、引导创业人才在农村开展创业活动。培育农村创业人才，就要建立有关政策留住人才，落实创业，提升农村创业水平。一方面，政府可以实行奖励以及政策优惠等方式，鼓励参加创业培训的优秀人员积极开展创业活动，留住人才；另一方面，吸引高素质人才到农村创业。这需要强化农村创业政策激励，激发创新创造活力，同时加快制定事业单位科研人员兼职管理办法，鼓励高校、科研院所科研人员到农村企业在职或离岗回乡创办企业，建立健全科研人员双向流动机制，调动科研人员创业积极性，提高农村创业的发展水平。同时，要优化农村创业人才生活保障。积极采取各种措施为农村创业者提供便利、舒适的生活环境，妥善解决创业人才落户、住房、医疗、子女入学等现实问题。

16.3.3 加强创业教育培训的实践性

目前的创业教育虽然也注重创业知识的教学和创业实践的指导，但着力点往往是理论和实践的融合以及创业项目的实际转化，而创业效能的训练更加强调对创业者核心理念的调整、关键任务的落实和具体技能的练习，通过经常性的创新实验、任务管理和情绪调整等途径使创业者对已有的能力产生积极的信念，不断提高机会识别效能感、关系效能感、管理效能感、风险效能感，以此来促进创新创业能力的形成和提升。

16.3.4 建立健全培训保障体系

政府可以通过制定政策、法规来规范农村创业的教育培训活动，无论是农村创业企业自发开展的交流活动，还是民间组织的创业教育培训活动，都应该在公平竞争、互惠共通的合法环境下开展，这不仅有利于农村创业教育培训活动的健康发展，还为创业人员参加创业活动提供了一定的法律保障。

16.4 金融服务环境优化

（1）提高农村创业的金融支持力度，制定农村创业专项金融政策，降低农村创业获取创业补贴、创业贷款及担保的门槛，提高农村创业者获取创业金融支持的可能性，为创业者提供政策上的支持。同时，鉴于目前大银行不愿对规模小、风险大的农村创业提供扶持，国家应设立“农村创业基金”，建立带有政策扶持性的专门扶持农村创业经济发展融资的金融机构，向农村创业提供更多的贷款。

（2）充分发挥财政资金撬动社会资本的杠杆作用，通过市场机制引导更多社会资本支持农村创业活动。不断拓宽农村创业融资渠道，积极发展多种融资方式，破解农村创业企业融资难题。在继续加大政府投入的同时，各级政府也要积极引导民间资本服务农村创业，创造条件支持风险投资基金的发展，引导协调民间资本建立产业投资基金和风险投资基金支持农村创业，并制定相应的鼓励措施和监管机制。

（3）支持农村创业担保机构的发展，健全农村创业企业信用担保体系。建立多种形式的信贷担保机构，发挥政府在创办农村企业信用担保体系中的主导地位的同时，开辟多渠道筹集担保资金，增加筹资范围，例如可以在农村信用社做好对农村创业企业的贷款，适当提高对农村创业企业贷款的比例，以满足农村创业者合理的信贷需求。另外，可以鼓励社会各类组织和个人创办担保机构，扩大为农村创业企业发展提供融资担保的规模。

（4）政府可以建设农民自主创业帮扶制度，建设适合农民工创业的融资机制，使农民能够用住房或者是土地进行创业贷款抵押，从而进行自主创业；政府可以成立公益性的土地中心，保证创业失败的农民能够从土地中心得到一定的补偿；农民自身可以成立互助合作的金融组织，方便农民创业经济融资；为了提高农民自主创业的积极性，政府应建立促进农村创业发展的激励制度，设立基金，激发农民的创业信心和创业意识，加强农村创业的有序发展，并进行一定的监督管理工作。

（5）创新农村金融服务渠道运作模式。一要推动将实体营业网点客户信息的电子化工程建设，逐步建立规范的面向客户的在线信贷申请、审批和风险监控体系；二要改善农村基层金融服务网点的人力资源结构，提升基层服务网点的综合和服务能力；三要丰富涉农金融产品创新，优化涉农金融产品组合，提升对创业农户的资金支持力度；四要创新银保合作模式，推广“信贷+担保+保险”业务运作模式，有效完善支持农户创业项目的信贷风险分散机制；五要探索跨金融机构的金融服务渠道共享模式，定位农村金融机构之间、创业农户和基层金融组织之间的利益交集并实现各方的利益最优化目标。

16.5　基础设施环境优化

（1）完善农村基础设施建设。完善的交通、通信、水电气等基础设施会促进农村创业的发展进度。政府需要加大公共服务资源对农村转移投入的力度，改善目前农村基础设施建设不足的局面。增加对农村的交通、水、电、气、通信、网络等方面建设的投资力度，并加大对投入资金使用以及建设的监督力度，保证这些投资能及时有效地落实到位，真正为农村基础设施的建设所用。

（2）自然资源应当保护与开发并举。大部分的农村创业领域集中在与农业相关的农、林、牧、渔及其衍生产品。无论哪一领域，与当地的自然资源条件都有着重要的联系，可以说，自然环境的好坏直接影响大部分农村创业企业的发展。如果拥有可供创业的自然资源，对于农村创业企业来说就是锦上添花，而某一自然资源的缺失，也可能直接导致创业失败。因此，一要加强对环境保护的监管，设立环境监管部门，严格执行环保政策，注重保护特色生态资源；二要做好环境保护的宣传工作，通过广播、新闻、网络等媒介将环保观念植入基层群众的内心，引导群众树立正确的环保观念，提高群众环保意识；三要建立农村环境保护奖惩机制，对破坏资源的创业者进行严厉的惩罚，同时奖励举报破坏环境的创业企业的群众以及奖励坚持绿色环保理念的创业企业；四要积极挖掘具有当地特色，为农村创业锦上添花的自然资源，不仅可以拓展农村创业领域，丰富创业层次，还可以提升农村创业企业的市场竞争力，打造特色农村创业企业。

（3）解决好农村创业用地问题。目前，国家一直坚守保证 18 亿亩耕地红线不变的原则。然而一些地方农村发展创业经济受到用地的限制，这与政策明显冲突，解决农村创业用地与保证红线的矛盾愈加凸显。国家应该针对各地发展的情况，适度放宽农村创业用地的限制，而不是实行“一刀切”办法，即在保证总体耕地面积不变的情况下，适度增加农村创业用地面积。

（4）加大农村网络建设力度。当今社会是一个信息化高度发达的网络时代，“互联网+”的创业模式发展得风生水起。可以说，现在没有一个创业企业能够离开互联网而单独生存。然而，大部分农村的互联网并不完善，即使有网络，呈现的也多是网点少、网速慢的状态，难以跟上信息高速传递的社会节奏，从而严重影响着农村创业企业的规模化、时代化的发展。因此，政府有关部门要加强农村网络的建设，保证户户通网。同时，建立农村创业互联网培训基地，组织技术人员对农村创业者进行相应的创业网络知识培训，为农村创业者解决技术问题。即针对农村创业企业网络化提供硬件、软件及专业技术上的支持，为其走出农村，走向世界开疆辟土。

附　录

《创业环境对农民创业的影响及环境优化》课题问卷调查

问卷编号：________；调查时间：________；调查员：________

尊敬的农民朋友，您好！

非常感谢参与本次调查，本问卷仅用于开展课题研究（创业环境对农民创业的影响及环境优化），没有任何政府、商业机构介入。问卷不记名，不会泄露您的个人信息。为了您的切身利益，请按实际情况作答，以期课题研究能够为政府完善农民创业政策提供有益的参考。真诚感谢您的合作！

注：农民创业：主要指农民从事特色种植养殖业、加工业、小型工矿企业、餐饮服务业、运输业、经商、农村旅游业及创办合作组织或协会以获得财富。

一、农民个体、家庭基本信息

1. 家庭地址：__________省__________县（市、区）__________乡镇（街）

2. 您年龄______岁（填周岁）；性别（　　）

①男；②女；

3. 您的婚姻状况（　　）

①已婚；②未婚

4. 您的文化程度（　　）

①文盲；②小学；③初中；④高中；⑤中专及以上

5. 您的风险偏好（　　）

①冒险型；②中间型；③保守型

6. 您的社会经历（　　）

①当过村干部；②当过兵；③外出打工过；④担任过人大或政协委员

7. 您是否有一技之长？（　）

①是；②否

8. 您是否参加过技能培训？（　）

①是；②否

9. 您的家庭有多少人？（　）个

10. 家庭是否有老人或未成年人？（　）

①是；②否

11. 您家有耕地多少？（　）亩

12. 您家目前人均年纯收入（　）

①5000 元及以下；②5001~6500 元；③6501~7500 元；④7500 元以上

13. 您家农业收入占总收入的比重（　）。

①20%及以下；②21%~50%；③51%及以上

14. 您父亲文化程度（　）

①小学及以下；②初中；③高中（中专）及以上

15. 您母亲文化程度（　）

①小学及以下；②初中；③高中（中专）及以上

16. 您父亲是否曾经创业（　）

①是；②否

如果曾创业，其创业领域是（　）

①特色种植养殖业；②加工业；③小型工矿企业；④餐饮服务业；⑤运输业；⑥经商；⑦农村旅游业；⑧创办合作组织或协会

17. 您母亲是否曾经创业（　）

①是；②否

如果曾创业，其创业领域是（　）

①特色种植养殖业；②加工业；③小型工矿企业；④餐饮服务业；⑤运输业；⑥经商；⑦农村旅游业；⑧创办合作组织或协会

18. 您是否与政府工作人员有联系？（　）

①是；②否

19. 您是否与国有银行以及其他政府机构存在良好关系？（　）

①是；②否

20. 您是否与政府高层存在联系？（　　）

①是；②否

21. 您家庭是否具有众多的家族成员？（　　）

①是；②否

22. 您的家族成员相互认识，并且是否会定期聚会？（　　）

①是；②否

23. 家族中的大部分成员是否都参与重大的家族决定？（　　）

①是；②否

24. 您家是否常与亲戚来往？（　　）

①是；②否

25. 您是否有很多各种类型的朋友？（　　）

①是；②否

26. 您是否经常与朋友们保持联系？（　　）

①是；②否

27. 您是否会参加各类社会活动？（　　）

①是；②否

二、农民创业环境特征

（一）政策支持环境（在表格右边对应的数字打“√”）

政策支持环境		完全不符合	不符合	不确定	符合	完全符合
1	政府会提供优惠的税收政策	1	2	3	4	5
2	创业注册、登记、审批程序简捷	1	2	3	4	5
3	政府工作人员办公效率较高	1	2	3	4	5
4	政府为农民创业提供咨询服务	1	2	3	4	5
5	政府规范创业行为的相关制度完善	1	2	3	4	5
6	政府会提供用地优惠政策	1	2	3	4	5
7	政府会提供创业项目	1	2	3	4	5
8	政府规范创业的法制环境	1	2	3	4	5

（二）社会经济环境（在表格右边对应的数字打“√”）

社会经济环境		完全不符合	不符合	不确定	符合	完全符合
1	当地经济发展速度很快	1	2	3	4	5
2	当地经济活动比较多样化	1	2	3	4	5
3	身边有成功的创业榜样可以效仿	1	2	3	4	5
4	当地有很多农民创业成功	1	2	3	4	5
5	当地文化鼓励创造和创新	1	2	3	4	5
6	创业会得到家人的支持	1	2	3	4	5
7	公众对创业失败会比较宽容	1	2	3	4	5
8	当地有公平的竞争环境	1	2	3	4	5

（三）科技文化环境（在表格右边对应的数字打“√”）

科技文化环境		完全不符合	不符合	不确定	符合	完全符合
1	本地会举办创业教育活动	1	2	3	4	5
2	本地会举办创业人才培训	1	2	3	4	5
3	本地会举办创业技能培训	1	2	3	4	5
4	本地会举办职业技术培训	1	2	3	4	5
5	本地中小学教育关注创业和创办公司	1	2	3	4	5
6	本地创业培训教育得到很好的发展	1	2	3	4	5

（四）金融服务环境（在表格右边对应的数字打“√”）

金融服务环境		完全不符合	不符合	不确定	符合	完全符合
1	本地有多种可供选择的融资渠道	1	2	3	4	5
2	容易获得银行提供的低息贷款	1	2	3	4	5
3	容易获得政府提供的创业基金或补贴	1	2	3	4	5
4	创业有多种信贷担保方式	1	2	3	4	5
5	金融机构对创业有充足的投资意愿	1	2	3	4	5
6	本地金融机构之间竞争激烈	1	2	3	4	5

（五）基础设施环境（在表格右边对应的数字打“√”）

基础设施环境		完全不符合	不符合	不确定	符合	完全符合
1	本地有良好的交通设施	1	2	3	4	5
2	本地有良好的通信设施	1	2	3	4	5
3	本地有良好的水、电、气设施	1	2	3	4	5
4	本地有良好的土地资源	1	2	3	4	5
5	本地有许多可供创业的原材料	1	2	3	4	5
6	本地有许多可供创业的自然资源	1	2	3	4	5

三、农民创业意愿行为特征

（一）农民创业意愿特征（在表格右边对应的数字打“√”）

农民创业意愿		完全不符合	不符合	不确定	符合	完全符合
1	我职业的发展目标是成为农民企业家	1	2	3	4	5
2	我会尽一切努力创办自己的企业	1	2	3	4	5
3	我认真考虑过有关创业的事情	1	2	3	4	5
4	我决定将来要自己创业	1	2	3	4	5
5	我已经做好了成为创业者的所有准备	1	2	3	4	5
6	我坚信自己将来一定会创办企业	1	2	3	4	5

（二）农民创业行为特征

1. 您曾经是否创业过？（　　）

①是；②否

2. 您创业曾持续的时间多长？（　　）年

3. 您目前是否在创业？（　　）

①是；②否

——第 3 题回答“否”的，问卷调查结束；回答“是”的，请继续回答下列问题。

4. 您今后是否打算扩大创业规模？（　　）

①是；②否

5. 您创业的动机是（　　）

①解决生存问题；②自我发展的需要；③证明自己的能力

6. 您创业的形式是（　　）

①个体户；②合伙企业；③股份制；④其他形式

7. 您创业的领域是（　　）

①特色种植养殖业；②加工业或小型工矿企业；③餐饮服务业或商贸业；④运输业或农村旅游业；⑤创办合作组织或协会；⑥其他

8. 您创业的区域是（　　）

①本村；②本乡镇；③本县城；④县城以外

9. 您创业资金投入多少？（　　）万元

10. 您创业初始资金主要来源是（　　）

①自有资金；②银行借贷；③民间借贷

11. 您目前创业雇用的人员数多少？（　　）人

12. 您目前创业的固定资产多少？（　　）万元

13. 您创业的年利润多少？（　　）万元

14. 您创业每年纳税额多少？（　　）万元或（　　）元

15. 您创业目前面临的最主要困难有哪 3 项？（　　）（按困难程度选择最困难的前 3 项）

①缺乏信息；②缺乏资金；③缺乏技术；④创业环境不好；⑤找不到合适项目；⑥缺乏市场需求；⑦基础设施跟不上；⑧缺乏人才；⑨手续繁多

16. 您创业过程中是否得到了政府支持？（　　）

①是；②否

如果得到支持，得到了下列哪些支持？（　　）（可多选）

①得到了税收减免支持；②得到了创业培训支持；③得到了用地优惠支持；④得到了创业项目支持；⑤得到了信贷支持；⑥得到了信息咨询服务

17. 您最需要政府在哪些方面进行创业扶持（　　）（按重要程度选择最需要的 3 项）

①提供创业项目；②提供税收减免；③提供用地优惠；④简化工商登记手续；⑤提供信贷扶持；⑥提供信息咨询；⑦提供创业技能培训

18. 您从多种渠道获取创业所需资源的难易程度（　　）

①非常难；②较难；③一般；④较易；⑤非常容易

19. 您从金融机构获取所需资金的难易程度（ ）

①非常难；②较难；③一般；④较易；⑤非常容易

20. 您从竞争者手中获取相关信息资源的难易程度（ ）

①非常难；②较难；③一般；④较易；⑤非常容易

21. 您从政府部门获取相关政策支持的难易程度（ ）

①非常难；②较难；③一般；④较易；⑤非常容易

22. 您认为现在创业是否成功？（ ）

①很不成功；②不成功；③说不清楚；④比较成功；⑤很成功

23. 与去年相比：

（1）您的营业收入增长速度如何？（ ）

①很低；②较低；③一般；④较高；⑤很高

（2）您的净利润如何？（ ）

①很低；②较低；③一般；④较高；⑤很高

（3）您的投资收益率如何？（ ）

①很低；②较低；③一般；④较高；⑤很高

（4）您的资产回报率如何？（ ）

①很低；②较低；③一般；④较高；⑤很高

24. 与周围的主要竞争对手相比：

（1）您的营业收入增长速度如何？（ ）

①很低；②较低；③一般；④较高；⑤很高

（2）您的利润增长速度如何？（ ）

①很低；②较低；③一般；④较高；⑤很高

（3）您的市场份额如何？（ ）

①很低；②较低；③一般；④较高；⑤很高

（4）您的员工数量增长如何？（ ）

①很低；②较低；③一般；④较高；⑤很高

25. 与同行业内其他创业者相比：

（1）您的营业收入增长速度如何？（ ）

①很低；②较低；③一般；④较高；⑤很高

（2）您的利润增长速度如何？（ ）

①很低；②较低；③一般；④较高；⑤很高

（3）您的市场份额如何？（　　）

①很低；②较低；③一般；④较高；⑤很高

（4）您的员工数量增长如何？（　　）

①很低；②较低；③一般；④较高；⑤很高

参考文献

[1] Abdolhamid, .P., Kiumars, Z., Malekeh, TandMahya, P. Determining Factors Influencing Rural Entrepreneurs' Success: A Case Study of Mahidasht township in Kermanshah province of Iran. African [J]. Journal of Agricultural Research, 2008, 3 (9): 597-600.

[2] Aidis, Mickiewicz, Sauka. Why Are Optimistic Entrepreneurs Successful-An Application of the Regulatory Focus Theory [J]. William Davidson Institute Working Paper, 2008 (6): 914.

[3] Akin H B. An evaluation of business environment in Turkey from the perspective of entrepreneurship and economic freedom [J]. Bilig, 2010 (55): 21-49.

[4] Allen D. Social Networks and Self-employment [J]. Journal of Socio Economics, 2000 (29): 487-501.

[5] Andreas Eckert. African Rural Entrepreneurs and Labor in the Cameroon Littoral [J]. The Journal of African History, 1999, 40 (1): 109-126.

[6] Austin J, Skillern J.W. Social and Commercial Entrepreneship Same, Different, or both? [J]. ET&P, 2006 (1): 7-14.

[7] Bartik T. Jobs for the Poor: Can Labor Demand Policies Help [M]. New York: Russell Sage Foundation, 2001.

[8] Batun J R, Loeke E A, Smith K G, A Multidimensional model of venture growth [J]. Academy of Management Journal, 2001, 4 (2): 292-303.

[9] Blanchflower, D. G.: Self-employment in OECD Countries [J]. Labour Economics, 2000, 7 (5): 471-505.

[10] Blesa A, Ripolles M. The Role of Market Orientation in the Relationship between Entrepreneurial Proactiveness and Performance [J]. Journal of Entrepreneurship, 2003, 12 (1): 1-19.

[11] Bosma, N, Hardlng, R. Global Entrepreneurship Monitor GEM 2006 Results [R]. London Business School, 2007.

[12] Cantillon, R. Essai sur la nature du commerce en general. In H. Higgs & W. S. Jevons (Eds.), Richard Cantillon and the nationality of political economy [M]. London: Macmillan&Co. 1734.

[13] Chakravarthy, B. Measuring Strategic Performance [J]. Strategic Management Journal, 1986 (7): 437–458.

[14] Chantarat S. and C. Barrett. Social Network Capital, Economic Mobility and Poverty Traps [J]. Journal of Economic Inequality, 2011, 2 (2): 1–22.

[15] Chen, C. C.; Greene, P. G. and Crick, A. Does Entrepreneurial Self–efficacy Distinguish Entrepreneurs from Managers [J]. Journal of Business Venturing, 1998, 13 (3): 295–316.

[16] Christian, B., &Julien P. A. Defining the field of research in entre Preneurshi P [J]. Journal of Business Review, 2000 (16): 165–180.

[17] Christo Pher L. Shoo, Richard L. Priem, Jeffrey E. McGee. Venture creation and the enterprising individual: a review and synthesis [J]. Journal of Management, 2003, 29 (3): 379–399.

[18] Connolly, T., Conlon, E. J. & Deutsch, S. J. Organizational effectiveness: A multiple–constituency approach [J]. Academy of Management Review, 1980, 5 (2): 211–218.

[19] Cooper, A. C.; Gimeno–Gascon, F. J. and Woo, C. Y.: Initial Human and Financial Capital as Predictors of New Venture Performance [J]. Journal of Business Venturing, 1994, 19 (5): 371–395.

[20] Dana, L. P.: A Case Study of the Effects of Culture on Economic Development [J]. Journal of Small Business Management, 1990, 28 (4): 91–98.

[21] Davidsson, P. Culture, Structure and Regional Levels of Entrepreneurship [J]. Entrepreneurship and Regional Development, 1995, 7 (1): 41–62.

[22] Demirguc Kunt, A. and Maksimovic, V. Law, Finance and Firm Growth [J]. Journal of Finance, 1998, 53 (6): 2107–2137.

[23] Dimitris Skuras, Efthalia Dimara, Aleka Vakrou. The Day After Grant–Aid: Business Development Schemes for Small Rural Firms in Lagging Areas of Greece

[J]. Small Business Economics, 2000, 14 (2): 125–136.

[24] Eckert, A. African rural entrepreneurs and labor in the Cameroon littoral [J]. Journal of African History, 1999, 40 (1): 109–126.

[25] E. G. Penrose. The Theory of the Growth of the Firm [M]. New York: Wiley. 1959.

[26] Fonseca, R., Lopez, G. P. and Pissarides, C. A.: Entrepreneurship: Startup Costs and Employment [J]. European Economic Review, 2001, 45 (4): 692–705.

[27] Fox, W. F, & Porca, S. Investing in rural infrastructure [J]. International Regional Science Review, 2001, 24 (1): 103–133.

[28] Galloway, L., & Mochrie, R. The use of ICT in rural firms: A policy–orientated literature review [J]. Info, 2005, 7 (3): 33–46.

[29] Gartner, W. B. A Conceptual Framework for Describing the Phenomenon of New Venture Creation [J]. Academy of Management Review, 1985, 10 (4): 696–706.

[30] George J. Avlonitisa, Helen E. Salavoub. Entrepreneurial Orientation of SMEs, Product Innovativeness, and Performance [J]. Journal of Business Research, 2007, 60 (5): 566–575.

[31] Gnyawali, Fogel. Environments for Entrepreneurship Development: Key Dimensions and Research Implications [J]. Entrepreneurship Theory and Practice. 1994 (4): 43–62.

[32] Grundstén H. Entrepreneurial intentions and the entrepreneurial environment [D]. Helsinki University of Technology, 2004.

[33] Hawkins, D. L. New Business Entrepreneurship in the Japanese Economy [J]. Journal of Business Venturing, 1993, 8 (2): 137–150.

[34] Henrig. Entrepreneurial Intentions and the Entrepreneurial Environment [D]. Helsinki University of Technology, 2004.

[35] Henry, C, Hill, F, and Leitch, C. Entrepreneurship Education and Training: Can Entrepreneurship be Taught? [J]. Education Training, 2005 (2): 98–111.

[36] Hoang H and Antoncic B. Network–Based Research in Entrepreneurship: A Critical Review [J]. Journal of Business Venturing, 2003, 18 (2): 165–187.

[37] Hofer, C. W. Improving New Venture Performance: The Role of Strategy, Industry Structure, and the Entrepreneur [J]. Journal of Business Venturing, 1987, 2 (1): 5-28.

[38] Hoy, F, McDougall P. P. & D, Souza, D. E. Strategies and environments of high growth firms [A]. Chapter in The State of the Art of Entrepreneurship [M]. edited by Donald Sexton and John Kasarda. Boston, MA: PWS-KENT Publishing Company, 1992.

[39] Hsu F., Clan, Caste and Club [M]. Published by Van Nostrand Reinhold Company Press.1963.

[40] Huselid, M. A. The impact of human resource managemengt practices on turnover, productivity, and corporate financial performance [J]. Academy of Management Journal, 1995 (38): 635-672.

[41] Ireland, R. D., ReutZel, C. R. & Webb, J. W. Entrpreneurship research in AMJ: What has been Publislied and what might the future hold [J]. Academy of Management Journal, 2005, 48 (4): 556-564.

[42] Iyigun, M. F. and Owen, A. L.: Risk, Entrepreneurship and Human Capital Accumulation [J]. American Economy Review, 1998, 88 (2): 454-457.

[43] J. B. Barney. Firm Resources and Sustained Competitive Advantage [J]. Journal of Management, 1991, 17 (1): 99-120.

[44] J. B. Barney. Is the Resource-Based "View" a Useful Perspective for Strategic Management Research? Yes [J]. Academy of Management Review, 2001, 26 (1): 41-56.

[45] J. B. Barney. Strategic Factor Markets: Expectations, Luck and Business Strategy [J]. Management Science, 1986, 32 (10): 1231-1241.

[46] Johannisson, B.: Existential Enterprise and Economic Endeavour-Women's Use of Personal Networks in the Entrepreneurial Career, in NUTEK: Aspects of Women's Entrepreneurship, Swedish National Board for Industrial and Technical Development, Stockholm [R]. 1996.

[47] Johan Wiklund, Dean Shepherd. Knowledge-Based Resources, Entrepreneurial Orientation, and Performance of Small and Medium-Sized Businesses [J]. Strategic Management Journal, 2003, 24 (13): 1307-1314.

[48] Jo. Hyungrae & Lee. Jinjoo. The relationship between an entrepreneur's background and performance in a new venture [J]. Technovation, 1996, 16 (4).

[49] J. Wiklund. The Sustainability of the Entrepreneurial Orientation Performance Relationship [J]. Entrepreneurship Theory and Practice, 1999, 24 (1): 37–48.

[50] Kader, R. A., Mohamad, M. R. B, & Ibrahim, A. A. H. C. Success factors for small rural entrepreneurs under the one–district–one–industry programme in Malaysia [J]. Contemporary Management Research, 2009, 5 (2), 147–162.

[51] Kaushik, S. K. et al .How higher education in rural India helps human rights and entrepreneurship [J]. Journal of Asian Economics, 2006 (17): 29–34.

[52] Kinnan C. and R. Townsend. Kinship and Financial Networks, Formal Financial Access and Risk Reduction [J]. American Economic Review, 2012, 102 (3): 289–293.

[53] Klappera, L.; Luc, L. and Raghuram, R. Business Environment and Firm Entry: Evidence from International Data [N]. NBER Working Paper, No. 10380, 2004.

[54] Klappera, L., Laevena, L., Rajan, R.. Entry Regulation as a Barrier to Entrepreneurship [J]. Journal of Financial Economics, 2006, 82 (3): 591–629.

[55] Kuratko, D.F., Hornsby, J.S., Naffziger, D.W. An examination of owner' goals in sustaining entrepreneurship [J]. Joural of Small Business Management, 1997, 35 (1): 24–33.

[56] Lafuente, Vaillant, Rialp. Regional Differences in the Influence of Role Models: Comparing the Entrepreneurial Process of Rural Catalonia [J]. Regional Studies, 2006, 41 (6): 779–795.

[57] Low M.B., Macmillan I.C. Entrepreneurship: Past Research and Future Challenge [J]. Journal of Management, 1988 (14): 139–161.

[58] LumPkin, G.T. & Dess, G. G. Linking two dimensions of entrepreneurial orientation to firm Performanee: The moderating role of environment and industry life cycle [J]. Journal of Business Venturing, 2001, 16 (5), 429–451.

[59] Matsuno K, Mentzer J. T, Zsomer A. The Effects of Entrepreneurial Proclivity and Market Orientation on Business Performance [J]. Journal of Marketing, 2002, 66 (3): 18–32.

[60] Meccheri, N., & Pelloni, G. Rural entrepreneurs and institutional assistance: An empirical study from mountainous Italy [J]. Entrepreneurship and Regional Development, 2006, 18 (5), 371-392.

[61] Meier, R., Pilgrim, M..Policy-induced Constraints on Small Enterprise Development in Asian Developing Countries [J]. Small Enterprise Development, 1994, 5 (2): 32-38.

[62] Miller, Friesen. Archetypes of strategy formulation [J]. Management Science, 1978 (9).

[63] Minnitti M, Bygrave W D. The Microfoundations of Entrepreneurship [J]. Entrepreneurship Theory and Practice, 1999, 23 (4): 21-35.

[64] Morris M, Lewis P. The Determinants of Entrepreneurial Activity: Implications for Marketing [J]. European Journal of Marketing, 1995, 29 (7): 31-48.

[65] Munshi K. and M. Rosenzweig. Why is Mobility in India So Low? Social Insurance, Inequality, and Growth [N]. NBER Working Paper. No.14850, 2009.

[66] Murphy, G.B., Trailer, J.W. &Hill, R. C. Measuring performance in entrepreneurship research [J]. Journal of Business Research, 1996, 36 (1): 15-23.

[67] Pennings, J. M. Organizational Birth Frequencies: An Empirical Investigation [J]. Administrative Science Quarterly, 1982, 3 (27): 420-434.

[68] Peng Y. Kinship Networks and Entrepreneurs in China's Transitional Economy [J]. American Journal of Sociology, 2004, 109 (5): 1045-1074.

[69] Qulnn. & Carroll, G. R.Organizational foundings: An ecological study of the newspaper industries of Argentina and Ireland [J]. Administrative Science Quarterly, 1983, 32 (6): 274-291.

[70] Raijman, Rebeca: Determinants of Entrepreneurial Intentions: Mexican Immigrants in Chicago [J]. Journal of Socio-Economics, 2001, 30 (5): 393-411.

[71] Rananelli M, Quisumbing, A.R. Social Roles, Human Capital and the Intra Household Division of Labor: Evidence from Pakistan [D]. Oxford Economic Papers, 1998.

[72] R. D. Hisrich. Entrepreneurship and Intrapreneurship: Metdods for Creating New Companies That Have an Impactonthe Economic Renaissance of an Area [M]. Entrepreneurship, Intrapreneurship, and Venture Capital, ed. R. D. Hisrich,

1986.

[73] R. Fonseca, P. Lopez Garzia, C. A. Pissarides. Entrepreneurship, start-up costs and employment [J]. European Economic Review, 2001.

[74] Ring, J. K., Peredo, A. M., & Chrisman, J. J. Business networks and economic development in rural communities in the United States [J]. Entrepreneurship Theory and Practice, 2010, 34 (1), 171-195.

[75] Robert C. Ronstadt, Entrepreneurship [M]. Lord Publishing Co., 1984.

[76] Robichaud, Y., Egbert, M., Roger, A. Toward the development of a measuring instrument for entrepreneurial motivation [J]. Journal of Developmental Entrepreneurship, 2001, 6 (2): 189-201.

[77] Romanelli E.: Environments and strategies of organization start-up: Effects on early survival [J]. Administrative Science Quarterly, 1989, 34 (3): 369-387.

[78] Sahlman W A. Some Thoughts on Business Plan. The Entrepreneurial Venture [M]. HBS Publication, 1999.

[79] Sandeep, Mohapatra. Scott Rozelle Rachael Goodhue. The Rise of Self-employment in Rural China: Development or Distress [J]. World Development, 2007 (1): 163-181.

[80] Sankaran, M. Micro credit in India: An overview. World Review of Entrepreneurship [J]. Management and Sustainable Development, 2005, 1 (1): 91-100.

[81] Schiller, B. I. and Crewson, P. E.Entrepreneurial Origins: A Longitudinal Inquiry [J]. Economic Inquiry, 1997, 35 (3): 523-532.

[82] Shamina, A., Nazrul, I., Shahid, U. A. A Multivariate Model of Micro Credit and Rural Women Entrepreneurship Development in Bangladesh [J]. International Journal of Business and Management, 2008 (8): 169-185.

[83] Shane S, Locke E A, Collins C J. Entrepreneurial Motivation [J]. Human Resource Management Review, 2003 (13): 257 -279.

[84] Shane S., Ventakaraman S. The Promise of Entrepreneurship as a Field of Research [J]. Academy of Management Review, 2000, 25 (1): 217-226.

[85] Shields, J. F. Does rural location matter? The significance of a rural setting for small businesses [J]. Journal of Developmental Entrepreneurship, 2005, 10 (1), 49-63.

[86] Singh R. A Common on Developing the Field of Entrepreneurship through the Study of Opportunity Recognition and Exploitation [J]. Academy of Management Review, 2001 (26): 12–20.

[87] Skuras. D. Meccheri. N. & Moreira. M. B. et al. Entrepreneurial human capital accumulation and the growth of rural businesses: a four-country survey in mountainous and lagging areas of the European union [J]. Journal of Rural Studies, 2005, 21 (1): 67–79.

[88] Solymossy E. Push/Pull Motivation: Does It Matter in Venture Performances? [C]. Paper Presents at the Frontiers of Entrepreneurship Research, 1997.

[89] Stathopoulou, S., Psalopoulos, D., and Skuras, D. Rural entrepreneurship in Europe [J]. International Journal of Entrepreneurial Behaviour & Research, 2004 (6): 404–425.

[90] Stel, Storey, Thurik. The effect of business regulations on nascent and young business entrepreneurship [M]. Holland: University of Erasmus Press, 2006.

[91] Stevenson. J, Soh, P.H., Wong, P. K. Entrepreneurial Resource Acquisition through Indirect Ties: Compensatory effects ofprior knowledge [J]. Journal of Management, 2001 (1): 7–14.

[92] Stuart, R. W. and Abetti, P. A.: Impact of Entrepreneurial and Management Experience on Early Performance [J]. Journal of Business Venturing, 1990, 5 (3): 151–162.

[93] Surendea K. K., Shorav. K., Shobha K. How Higher Education in Rural India Helps Human Rights and Entrepreneurship [J]. Journal of Asian Economics, 2006 (17): 29–34.

[94] Suzuki, K., Kim, S. H. & Bae, Z. T. Entrepreneurship in Japan and Silicon Valley: A Comparative Study [J]. Tech-innovation, 2002 (1): 7–14.

[95] Tate, G. Entrepreneurship and the Environment for Rural SMEs in the Shropshire Hills, UK, 1997–2009 [J]. Journal of Entrepreneurship, 2010, 19 (2): 191–207.

[96] Thompson, E. R. Individual Entrepreneurial Intent: Construct Clarification and Development of an Internationally Reliable Metric [J]. Entrepreneurship Theory and Practice, 2009, 3 (3): 669–694.

［97］ Timmons，J. A. New Venture Creation：A Guide to Entrepreneurship ［M］. Irwin McGraw-Hill，1999.

［98］ Tsai L .Accountability Without Democracy：Solidary Groups and Public Goods Provision in Rural China ［M］. Published by Cambridge University Press.2007.

［99］ Vaillant，Y.，& Lafuente，E. Do different institutional frameworks condition the influence of local fear of failure and entrepreneurial examples over entrepreneurial activity［J］. Entrepreneurship and Regional Development，2007，19（4）：313-337.

［100］ Vial V. Micro-entrepreneurship in a hostile environment：evidence from Indonesia［J］. Bulletin of Indonesian Economic Studies，2011（2）：233-262.

［101］ Wiklund，Shepherd. Entrepreneurial orientation and small business performance：A configurational approach［J］. Journal of Business Venturing，2005（1）：7-14.

［102］ Winter S G. The satisfying principle in capability learning ［J］. Strategic Management Journal，2000 （21）：981-996.

［103］ Young，E. C. and Welsch，H. P.：Major Elements in Entrepreneurial Development in Central Mexico［J］. Journal of Small Business Management，1993，31（4）：80-85.

［104］ Yueh L. Self employment in Urban China：Networking in a Transition Economy［J］. China Economic Review，2009 （20）：471-484.

［105］ Zhang X，LI G. Does "Guan-xi" Matter to Nonfarm Employment? ［J］. Journal of Comparative Economics，2007 （31）：315-331

［106］ Zhao Y. The Role of Migrant Networks in Labor Migration：The Case of China［J］. Contemporary Economic Policy，2003，21（4）：500-511.

［107］ 巴纳德. 经理人员的职能 ［M］. 北京：中国社会科学出版社，1998.

［108］ 曹卫秋，冯健等. 西部地区青年农民创业问题调查：以陕西省铜川市华源村为例［J］. 青年研究，2000 （11）：12-18.

［109］ 曹之然. 创业理论研究：共识、冲突、重构与观察［J］. 现代经济探讨，2008（9）.

［110］ 常冠群. 基于能力的资源获取与创业绩效关系研究 ［D］. 吉林大学博士学位论文，2009.

［111］ 陈波. 风险态度对回乡创业行为影响的实证研究 ［J］. 管理世界，2009

（3）：84–91.

［112］陈聪，庄晋财，程李梅. 网络能力对农民工创业成长影响的实证研究［J］. 农业经济问题，2013（7）：17–24.

［113］陈琪，金康伟. 创业环境问题研究述评［J］. 浙江师范大学学报（社会科学版），2008，33（5）：110–114.

［114］陈钦虹. 创业理论述评［J］. 商场现代化，2006（7）.

［115］陈兴淋. 南京创业环境现状评价：一项基于专家问卷的实证研究［J］. 南京社会科学，2007（7）：135–140.

［116］陈映薇. 大学毕业生村镇创业支持体系构建研究［D］. 中南林业科技大学博士学位论文，2016.

［117］陈震红，刘国新，董俊武. 国外创业研究的历程动态与新趋势［J］. 国外社会科学，2004（1）：21–27.

［118］程郁，罗丹. 信贷约束下农户的创业选择——基于中国农户调查的实证研究［J］. 中国农村经济，2009（11）：25–38.

［119］池仁勇. 美日创业环境比较研究［J］. 外国经济与管理，2002（9）：13–19.

［120］池仁勇，梁靓. 生存型和机会型创业者的行业选择研究［J］. 科技进步与对策.2010（5）：149–153.

［121］初明达. 农民创业可选择类型研究［J］. 调研世界，2008（3）.

［122］崔萌. 农民创业行为及其影响因素的研究——基于扬州市 5 县（市、区）495 名创业者的问卷调查［J］. 金融纵横，2010（4）.

［123］邓俊淼. 农民工创业环境管理研究［J］. 农业经济，2010（4）：86–89.

［124］丁冬，傅晋华，郑风田. 社会资本、民间借贷与新生代农民工创业［J］. 华南农业大学学报（社），2013，12（3）：50–56.

［125］段利民，杜跃平. 创业环境对大学生创业意愿的影响：兼对 GEM 模型的再检验［J］. 技术经济，2012（10）：64–70.

［126］樊永瑞. 农民工返乡创业行为的影响机制研究［D］. 陕西师范大学博士学位论文，2013.

［127］方凯. 创业意向影响因素研究［J］. 浙江大学学报（人文社会科学版），2007（4）.

［128］符志伟. 恩施州地区农民创业行为及影响因素研究［D］. 长江大学博

士学位论文，2012.

［129］高洁. 创业动机的影响因素及其与创业绩效的关系研究［D］. 北京师范大学硕士研究生论文，2007.

［130］高小锋，魏凤. 创业机会对农民新创企业绩效的影响研究［J］. 华南农业大学学报（社会科学版），2013（4）：66-71.

［131］辜胜阻，武兢. 扶持农民工以创业带动就业的对策研究［J］. 中国人口科学，2009（3）：2-13.

［132］郭德俊. 动机心理学：理论与实践［M］. 人民教育出版社，2012.

［133］郭红东，周慧珺. 先前经验、创业警觉与农民创业机会识别—— 一个中介效应模型及其启示［J］. 浙江大学学报（人文社会科学版），2013（4）：17-27.

［134］郭军盈. 我国农民创业的区域差异研究［J］. 经济问题探索，2006（6）：70-74.

［135］郭军盈. 中国农民创业问题研究［D］. 南京农业大学博士学位论文，2006.

［136］郭蓉，余宇新. 创业阶段差异与创业环境认知差异关系的实证研究［J］. 科技进步与对策，2011（12）.

［137］郭元源. 城市创业环境评价方法及应用研究［D］. 浙江工业大学博士学位论文，2005.

［138］郭云南，姚洋. 宗族网络与农村劳动力流动［J］. 管理世界，2013（3）：69-8l.

［139］郭云南，张琳弋，姚洋. 宗族网络、融资与农民自主创业［J］. 金融研究，2013（9）：136-149.

［140］韩俊，崔传义. 我国农民工回乡创业的困难及对策［J］. 经济纵横，2008（11）.

［141］郝朝艳，平新乔，张海洋，梁爽. 农户的创业选择及其影响因素——来自"农村金融调查"的证据［J］. 中国农村经济，2012（4）：57-65，95.

［142］胡豹. 金融支持农民工返乡创业研究［J］. 企业经济，2012（1）.

［143］胡春华. 鄱阳湖水环境特征及演化趋势研究［D］. 南昌大学博士学位论文，2010.

［144］胡枫，陈玉宇. 社会网络与农户借贷行为——来自中国家庭动态跟踪调查（CFPS）的证据［J］. 金融研究，2012（12）：178-192.

［145］胡望斌，张玉利，牛芳. 我国新企业创业导向、动态能力与企业成长关系实证研究［J］. 北京：中国软科学，2009（4）：7–14.

［146］黄敬宝，杨同梅，刘玉凤，郭学进. 农民创业问题研究——基于 106 位农民创业者的实证分析［J］. 聚焦三农，2012（1）：36–39.

［147］黄建新. 农民工返乡创业行动研究——结构化理论的视角［J］. 华中农业大学学报（社会科学版），2008（5）.

［148］黄菊屏，刘炳延. 基于创业家资源禀赋的创业行为过程分析［J］. 外国经济与管理，2000（2）：2–6.

［149］黄俊，许秀川，贾煜. 中国中西部地区农民创业意愿及其影响因素——基于 1524 份调查问卷数据［J］. 湖南农业大学学报（社会科学版），2014（12）：60–64.

［150］黄少安. 制约农民致富的制度分析［J］. 学术月刊，2003（6）：7–14.

［151］黄忠伟. 创业绩效的结构模型与效用评价研究［D］. 浙江大学博士学位论文，2007.

［152］金烨，李宏彬. 非正规金融与农户借贷行为［J］. 金融研究，2009（4）：63–79.

［153］简单单，段锦云，朱月龙. 创业意向的构思测量、影响因素及理论模型［J］. 心理科学进展，2010（1）.

［154］江虹，朱涵. 论省级区域创业环境评价指标体系的构建及其评估——以江苏省各市为例［J］. 生产力研究，2007（24）：54–56.

［155］蒋剑勇. 基于社会嵌入视角的农村地区农民创业机理研究［D］. 浙江大学博士学位论文，2014.

［156］蒋剑勇，郭红东. 创业氛围、社会网络和农民创业意向［J］. 中国农村观察，2012（2）.

［157］蒋玉姣. 农村创业环境研究综述［J］. 中国集体经济，2011，19：80–81.

［158］理查德·L.达夫特. 组织理论与设计［M］. 北京：清华大学出版社，2003.

［159］李长峰，庄晋财. 农民工创业初期行业选择影响因素的实证研究［J］. 农村经济，2014（1）：109–113.

［160］李含琳. 对我国农民工返乡创业问题的经济学思考［J］. 青海师范大学学报（哲学社会科学版），2008（5）.

[161] 李嘉，张骁，杨忠. 性别对创业行业进入的影响研究 [J]. 科学管理研究，2010（1）：79–83.

[162] 李嘉，张骁，杨忠. 男女企业家创业行业选择差异的影响因素及其作用机制研究 [J]. 科学学与科学技术管理，2010（2）：183–188.

[163] 李建华，刘建宏. 科技特派员引领农民创业的模式选择研究——以福建省为例 [J]. 福建农业学报，2009（4）：380–383.

[164] 李岭梅，赵鹏程. 以县农广校为基础构建创业培训新模式——基于武胜县农民创业培训调查的思考 [J]. 西华大学学报（社科版），2005（6）：64–67.

[165] 李路路. 社会资本与私营企业家——中国社会机构转型的特殊动力. 社会学研究，1995（6）：46–58.

[166] 李路路. 私营企业主的个人背景与企业“成功”[J]. 中国社会科学，1997（2）：134–146.

[167] 李霞，盛怡，毛雪莲. 社会资本对企业创业导向和创业绩效的中介效应. 经营与管理，2007（6）：42–43.

[168] 李晓. 区域创业环境评价指标体系的优化 [J]. 统计与决策，2009（15）：48–49.

[169] 李宇. 中小企业创业绩效影响因素研究 [D]. 吉林大学博士学位论文，2009.

[170] 李岳云. 城乡统筹发展 化解“三农”难题——南京市城乡经济发展对策研究 [J]. 经济与管理研究，2004（5）：14–19.

[171] 李哲，何云景，代强. 构建以乡镇为重点的创业支持系统 [J]. 中国集体经济，2011（1）：53–54.

[172] 梁巧转，孟瑶，刘炬，袁博. 创业团队成员人格特质和工作价值观与创业绩效——基于创业导向的中介作用 [J]. 科学学与科学技术管理，2012（7）：171–180.

[173] 林斐. 对安徽省百名“打工”农民回乡创办企业的问卷调查及分析 [J]. 中国农村经济，2002（3）.

[174] 林斐. 对 20 世纪 90 年代回流农村劳动力创业行为的实证研究 [J]. 人口与经济，2004（2）：50–54.

[175] 林强，姜彦福，张建. 创业理论及其架构分析 [J]. 经济研究，2001（9）：85–93.

［176］林嵩，姜彦福. 创业研究进展综述与分析［J］. 管理前沿，2005（6）：22–24.

［177］刘爱梅，张国良. 新农村建设中的农民自主创业模式研究——以浙江省为例［J］，2010（18）：45–46.

［178］刘炼春. 基于专业合作组织的农民创业绩效影响因素研究［D］. 长沙理工大学博士学位论文，2013.

［179］刘庆中. 我国开发区创业环境与创业绩效的关系研究［D］. 吉林大学博士学位论文，2007.

［180］刘唐宇. 农民工回乡创业的影响因素分析——基于江西赣州地区的调查［J］. 农业经济问题，2010（9）：81–88.

［181］刘唐宇. 农民工回乡创业环境评价研究——基于江西赣州地区的调查［J］. 河北科技大学学报，2011（3）：33–39.

［182］刘唐宇. 中部欠发达地区农民工回乡创业影响因素研究——以江西赣州地区为例［D］. 福建农林大学博士学位论文，2010.

［183］刘志. 大学生创业意向的结构、影响因素及提升对策研究［D］. 东北师范大学博士学位论文，2013.

［184］卢旭. 农民工创业行为发生的影响因素研究——基于重庆市荣昌县的实证［D］. 西南大学博士学位论文，2013.

［185］罗军，张叶平. 农民创业培训、创业选择与创业绩效的关系研究［J］. 广东农业科学，2013（2）：197–201.

［186］罗明忠. 个体特征、资源获取与农民创业——基于广东部分地区问卷调查数据的实证分析［J］. 中国农村观察，2012（2）：11–19.

［187］罗明忠，邹佳瑜. 影响农民创业因素的研究述评［J］. 经济学动态，2011（8）：133–136.

［188］罗明忠，邹佳瑜. 创业动机到创业选择与实施：农民创业中的社会资本因素［J］. 广东商学学报，2012（6）：52–58.

［189］罗明忠，邹佳瑜，卢颖霞. 农民的创业动机、需求及其扶持［J］. 农业经济问题，2012（2）：14–19，110.

［190］罗山. 城市创新型创业环境结构分析与设计［J］. 科技进步与对策，2010（18）：7–14.

［191］罗新阳. 农村创业环境评估体系研究［J］. 兵团党校学报，2009（2）：

66–78.

［192］罗媛杰. 个人特质对农民创业行为的影响研究——以泰国为例［D］. 浙江大学博士学位论文，2014.

［193］马富萍，李燕萍. 资源型企业高管社会资本、资源获取与技术创新［J］. 经济管理，2011（8）：7–14.

［194］马光荣，杨恩艳. 社会网络、非正规金融与创业. 经济研究，2011（3）：83–94.

［195］马海刚，耿晔强. 中部地区乡镇企业绩效的影响因素分析——基于结构方程模型的实证研究［J］. 中国农村经济，2008（5）：56–65.

［196］马鸿佳，李燕萍. 资源型企业高管社会资本、资源获取与技术创新［J］. 经济管理，2008（8）：7–14.

［197］潘杰. 失地农民创业绩效研究［D］. 西北农林科技大学博士学位论文，2014.

［198］攀永瑞. 农民工返乡创业行为的影响机制研究［D］. 陕西师范大学博士学位论文，2013.

［199］彭安明，朱红根. 农民工返乡创业政策扶持体系构建研究［J］. 江西农业大学学报（社会科学版），2013（2）：204–208.

［200］钱晓燕. 农民创业能力评估研究［D］. 西南大学博士学位论文，2009.

［201］乔蕊. 返乡农民工创业环境评估研究——以陕西省勉县为例［D］. 西北农林科技大学博士学位论文，2011.

［202］沈超红，罗亮. 创业成功关键因素与创业绩效指标研究［J］. 中南大学学报（社会科学版），2006（2）：231–235.

［203］沈超红，彭巍. 国外创业环境研究内容分析［J］. 湖南大学学报（社会科学版），2010（1）.

［204］沈志芳. 女性创业动机和其影响因素分析［D］. 上海交通大学硕士学位论文，2009.

［205］［美］史蒂夫·马诺. 青年创业指南［M］. 北京：经济日报出版社，2003.

［206］石智雷，谭宇，吴海涛. 返乡农民工创业行为与创业意愿分析［J］. 中国农村观察，2010（5）：25–37.

［207］宋克勤. 创业成功学［M］. 北京：经济管理出版社，2002.

[208] 孙红霞，孙梁，李美青. 农民创业研究前沿探析与我国转型时期研究框架构建 [J]. 外国经济与管理，2010 (6)：31-37.

[209] 谭颖，陈晓红. 我国中小企业创业环境的实证研究 [J]. 中南财经政法大学学报，2009 (4)：114-119.

[210] 王国华. 农民创业现状及其影响因素研究——基于顾高三镇的实证 [D]. 扬州大学博士学位论文，2009.

[211] 王辉. 我国中小企业发展的外部政策环境研究 [J]. 企业活力，2007 (9)：18-19.

[212] 王静，韩冰宇，韩宏华. 影响农民创业因素的实证研究——基于常州市 71 名农民创业者的调查 [J]. 人力资源管理，2011 (2)：124-126.

[213] 王文明. 优化农村创业发展环境对策探讨 [J]. 理论月刊，2011 (5)：170-173.

[214] 王鑫华. 民营企业创业文化特征、人力资源策略与创业绩效关系研究 [D]. 浙江大学博士学位论文，2004.

[215] 王振芳，滕国玲. 乌鲁木齐市农民创业行为影响因素分析 [J]. 农业科学研究，2012 (12)：61-65.

[216] 韦吉飞. 新形势下农民创业研究 [D]. 西北农林科技大学博士学位论文.2010.

[217] 韦吉飞，王建华，李录堂. 农民创业行为影响因素研究——基于西北五省区调查的实证分析 [J]. 财贸研究，2008 (5)：16-22.

[218] 魏江，焦豪. 创业导向、组织学习与动态能力关系研究 [J]. 北京：外国经济与管理，2008 (2).

[219] 危旭芳. 农民创业资源异质性与绩效差异——基于 3727 家农民和非农民创业企业的比较研究 [J]. 江汉论坛，2013 (5)：66-73.

[220] 文亮，李海珍. 中小企业创业环境与创业绩效关系的实证研究 [J]. 系统工程，2010 (10)：67-74.

[221] 温锐. 农民增收关键在强化农民自我创业四项功能 [J]. 福建师范大学学报 (哲学社会科学版)，2004 (3)：7-14.

[222] 吴昌华，戴天放，魏建美，周海波，郭玉珍. 江西省农民创业调查分析及对策研究 [J]. 江西农业大学学报 (社会科学版)，2006 (2)：8-11.

[223] 巫景飞，何大军，日韦林等. 高层管理者政治网络与企业多元化战略：

社会资本视角——基于我国上市公司面板数据的实证分析.管理世界，2008（8）：107–118.

［224］吴文锋，吴冲锋，刘晓薇. 中国民营上市公司高管的政府背景与公司价值.经济研究，2008（7）：130–141.

［225］吴新慧，黄兆信. 新生代农民工创业绩效及影响因素分析［J］. 江西社会科学，2013（10）：189–193.

［226］吴勇，蔡根女. 农村微型企业创业影响因素的实证研究——基于宏观层次的视角［J］. 生态经济，2010（6）：44–48.

［227］肖华芳，包晓岚. 农民创业的信贷约束——基于湖北省 930 家农村微小企业的实证研究［J］. 农业技术经济，2011（2）：102–110.

［228］肖娜. 农村创业发展环境优化措施探讨［J］. 商场现代化，2015（5）：149.

［229］萧志泳，林嵩. 澳门创业环境研究［J］. 中国软科学，2008（7）：77–82.

［230］解春艳. 创业环境对农民创业意愿的影响研究［D］. 江西农业大学博士学位论文，2013.

［231］谢勇才，张雅燕. 新生代农民工返乡创业的战略设计：动力、制约因素与发展战略［J］. 江西农业大学学报，2013（2）：209–215.

［232］信继欣，彭华涛. 创业环境的特性及形成机理［J］. 企业改革与管理，2007（2）：7–14.

［233］徐辉. 完善我国农民创业支撑体系的对策研究［J］. 经济纵横，2008（4）：3–6.

［234］徐仕敏. 论农民的信息意识［J］. 情报杂志，2002（7）：67–68.

［235］颜金钞. 基于 TPB 理论的农民创业行为影响因素研究［D］. 福建农林大学博士学位论文，2013.

［236］阳立高，廖进中，张文婧，李伟舵. 农民工返乡创业问题研究——基于对湖南省的实证分析［J］. 经济问题，2008（4）.

［237］杨文兵. 农民家庭创业环境、创业活动与创业绩效关系研究［J］. 绍兴文理学院学报，2011（8）：13–18.

［238］杨武斌. 创业环境是创业成功的外部条件［J］. 科技创业，2004（8）：20–21.

［239］杨新萍. 农民工返乡创业绩效影响因素研究［D］. 江西农业大学博士

学位论文，2012.

[240] 杨新萍，朱红根，李冬文. 返乡农民工加入创业园区意愿分析——基于江西省 463 个农户调查数据 [J]. 江西农业大学学报（社会科学版），2012（1）：21-26.

[241] 杨晔，俞艳. 上海创业环境的 GEM 模型分析和政策建议 [J]. 上海财经大学学报，2007（2）：82-89.

[242] 姚梅芳，马鸿佳. 生存型创业与机会型创业比较研究 [J]. 中国青年科技，2007（1）：37-43.

[243] 姚梅芳，张兰，葛晶，黄金睿. 基于中国情境的生存型创业环境要素体系构建 [J]. 预测，2010（5）：31-36.

[244] 叶依广，刘志忠. 创业环境的内涵与评价指标体系探讨 [J]. 南京社会科学，2004（9）：228-232.

[245] 易朝辉. 资源整合能力、创业导向与创业绩效的关系研究 [J]. 科学学研究，2010（5）：757-762.

[246] 郁义鸿，李志能，西斯瑞克编著. 创业学 [M]. 上海：复旦大学出版社，2000.

[247] 虞志方. 人的情报能力刍义 [J]. 情报杂志，1988（2）：25-27.

[248] 袁应文. 利益相关者态度与创业意愿关系的实证研究 [D]. 中山大学硕士学位论文，2008.

[249] 张广智. 创业者的调查研究 [J]. 西北农林科技大学学报（社会科学版），2012（6）：7-14.

[250] 张海丽，魏凤. 西部返乡农民工创业环境指标体系的构建 [J]. 商业经济，2011（14）：12-13+29.

[251] 张海涛. 企业信息能力的培育与评价研究 [D]. 吉林大学博士学位论文，2006（10）：87-89.

[252] 张海洋，袁雁静. 村庄金融环境与农户创业行为 [J]. 浙江社会科学，2011（7）：23-26.

[253] 张健，姜彦福，林强. 创业理论研究与发展动态 [J]. 经济学动态，2003（5）：71-74.

[254] 张康之. 对我国农民工返乡创业问题的经济学思考 [J]. 青海师范大学学报（哲学社会科学版），2008（5）.

[255] 张敏杰. 中国专业社会工作面临的三大问题 [J]. 浙江工商大学学报，2006 (4)：73-77.

[256] 张爽，陆铭，章元. 社会资本的作用随市场化进程减弱还是加强？来自中国农村贫困的实证研究. 经济学 (季刊)，2007 (2)：539-560.

[257] 张益丰，郑秀芝. 企业家才能、创业环境异质性与农民创业——基于3省14个行政村调研数据的实证研究 [J]. 中国农村观察，2014 (3)：21-28+81.

[258] 张应良，汤莉. 农民创业绩效影响因素的研究——基于对东部地区284个创业农民的调查 [J]. 华中农业大学学报 (社会科学版)，2013 (4)：19-20.

[259] 张应良，汤莉，刘幸希. 农民创业成功的影响因素——基于东、中、西部的区域比较 [J]. 西南大学学报 (社会科学版)，2014 (5)：41-48.

[260] 张玉利，陈立新. 中小企业创业的核心要素与创业环境分析 [J]. 经济界，2004 (3)：7-14.

[261] 章元，陆铭. 社会网络是否有助于提高农民工的工资水平 [J]. 管理世界，2009 (3)：45-54.

[262] 赵浩兴. 农民工创业地点选择的影响因素研究来自沿海地区的实证调研 [J]. 中国人口科学，2012 (2)：103-112.

[263] 赵剑治，陆铭. 关系对农村收入差距的贡献及其地区差异：一项基于回归的分解. 经济学，2009 (1)：363-390.

[264] 赵西华. 新型农民创业培植研究 [D]. 南京农业大学博士学位论文，2005.

[265] 赵西华，周曙东. 农民创业现状、影响因素及对策分析 [J]. 江海学刊，2006 (1)：217-222.

[266] 钟王黎，郭红东. 农民创业意愿影响因素调查 [J]. 华南农业大学学报 (社)，2010 (2)：23-27.

[267] 周惠珺. 农民创业绩效影响因素研究 [D]. 浙江大学博士学位论文，2014.

[268] 周菁华. 农民创业绩效的影响因素分析——基于366个创业农民的调查数据 [J]. 江西财经大学学报，2013 (3)：77-84.

[269] 周菁华，谢洲. 自身素质、政策激励与农民创业机理 [J]. 改革，2012 (6)：82-88.

[270] 周丽. 中小企业创业环境评价模型及实证研究 [J]. 中国流通经济，

2006（10）：42-45.

[271] 周怡. 旅行社信息能力研究 [D]. 华东师范大学博士学位论文，2006（9）.

[272] 朱红根. 农民工返乡创业自述偏好与现实选择的一致性——基于江西的实证研究 [J]. 经济管理，2012（3）：163-171.

[273] 朱红根. 外部环境与农民工返乡创业意愿关系的实证分析——基于江西省 1145 个农民工样本调查数据 [J]. 经济问题探索，2011（6）：7-14.

[274] 朱红根. 政策资源获取对农民工返乡创业绩效的影响——基于江西调查数据 [J]. 财贸研究，2012（1）：18-19.

[275] 朱红根，江慧珍，康兰媛. 创业环境对农民创业绩效的影响——基于 DEA-Tobit 模型的实证分析 [J]. 商业研究，2015（3）：112-118.

[276] 朱红根，康兰媛. 农民工创业动机及对创业绩效影响的实证分析——基于江西省 15 个县（市）的 438 个返乡创业农民工样本 [J]. 南京农业大学学报，2013（5）：59-66.

[277] 朱红根，康兰媛. 金融环境、政策支持与农民创业意愿 [J]. 中国农村观察，2013（5）：24-33.

[278] 朱红根，刘磊，康兰媛. 创业环境对农民创业绩效的影响研究 [J]. 农业经济与管理，2015（1）：15-25.

[279] 朱红根，翁贞林，陈昭玖. 政策支持对农民工返乡创业影响的实证分析——基于江西调查数据 [J]. 江西农业大学学报（社会科学版），2011（1）：19-27.

[280] 朱红根，解春艳. 农民工返乡创业企业绩效的影响因素分析 [J]. 中国农村经济，2012（4）：36-46.

[281] 朱嘉蔚，朱晓妹. 江西省农民创业的环境因素分析 [J]. 特区经济，2009（12）：200-202.

[282] 朱明芬. 农民创业行为影响因素分析——以浙江杭州为例 [J]. 中国农村经济，2010（3）：25-34.

[283] 朱仁宏. 创业研究前沿理论探讨——定义、概念框架与研究边界 [J]. 管理科学，2004（4）：71-77.

[284] 朱仁宏. 创业研究前沿理论探讨：理论流派与发展趋势 [J]. 科学学研究，2005（5）：688-696.

[285] 朱秀梅. 资源获取、创业导向与新创企业绩效关系研究 [J]. 科学学研究，2008 (3).

[286] 朱秀梅，费宇鹏. 关系特征、资源获取与初创企业绩效关系实证研究 [J]. 南开管理评论，2010 (3)：125–135.